연암 박지원의
글 짓는 법

연암 박지원의 글 짓는 법

박수밀 지음

2013년 7월 22일 초판 1쇄 발행
2021년 4월 20일 초판 4쇄 발행

펴낸이 한철희 | 펴낸곳 돌베개 | 등록 1979년 8월 25일 제406-2003-000018호
주소 (10881) 경기도 파주시 회동길 77-20 (문발동)
전화 (031) 955-5020 | 팩스 (031) 955-5050
홈페이지 www.dolbegae.co.kr | 전자우편 book@dolbegae.co.kr
블로그 blog.naver.com/imdol79 | 트위터 @Dolbegae79 | 페이스북 /dolbegae

편집 이경아·최양순
표지디자인 민진기디자인 | 본문디자인 이은정·박정영
마케팅 심찬식·고운성·조원형 | 제작·관리 윤국중·이수민
인쇄·제본 상지사P&B

ISBN 978-89-7199-556-3 (03810)

이 도서의 국립중앙도서관 출판시도서목록(CIP)은 e-CIP 홈페이지
(http://www.nl.go.kr/ecip)에서 이용하실 수 있습니다.(CIP제어번호: CIP2013011783)

책값은 뒤표지에 있습니다.

이 책은 2008년 정부 재원(교육과학기술부 인문사회연구역량강화사업비)으로 한국연구재단의 지원을 받아 연구
되었음(NRF-2008-812-A00178). · 원 과제명은 '박지원의 산문정신과 글쓰기 전략'임.
This work was supported by the National Research Foundation of Korea Grant funded by the Korean
Government(NRF-2008-812-A00178)

연암 박지원의
글 짓는 법

박수밀 지음

돌베개

책머리에

좋은 글을 쓰고 싶은 건 글 쓰는 이들의 공통된 소망이다. 그러나 좋은 글은 쉽게 써지지 않는다. 글쓰기는 퍽 괴롭고 힘들다. 거듭 생각하고 고치고 또 고쳐도 글은 생각만큼 써지지 않는다. 다행히 나는 글쓰기의 본이 되는 사람을 만났고, 그를 만나 20여 년을 함께하는 가운데 그에게서 좋은 글쓰기란 무엇인가에 대해 어렴풋이 배우게 되었다. 그가 연암 박지원이다.

이 책은 연암 박지원의 글이 일종의 전략으로 이루어졌다고 보고, 그 글쓰기의 본질과 정신, 전략에 대해 살피고 그가 성취한 글쓰기가 어디까지 나아갔는지에 대해 이야기한 것이다. 이용후생利用厚生을 대표하는 실학자이자 사상가로서 연암을 드러내 주는 수식어는 많지만, 그를 가장 잘 말해 주는 명칭은 '문장가'일 것이다. 그의 글은 가벼운 듯 진지하고, 유쾌하다가 불쾌하며, 통쾌하지만 슬프고, 상식에 맞는가 싶더니 새롭다. 그의 글은 능글맞되 삼엄하다. 그런 연암의 글쓰기를 이루는 본질은 무엇일까, 그는 무슨 생각으로 글을 썼으며 어떤 과정을 거쳐 글을 썼을까, 그의 글쓰기는 얼마나 치밀할까가 궁금해졌다.

나는 연암의 글쓰기를 이루는 본질이 생태 글쓰기에 있다고 생각한다. 이전부터 나는 생태 사상과 생태 글쓰기에 꾸준한 관심을 가져 왔는데, 연암의 글쓰기에서 그 접점을 찾았다. 고전 시대 문장가들은 늘 자연을 이야기했는데, 대개 인간과의 일치를 추구하거나 혹은 속세를 떠나 자연으로 돌아가고픈 마음을 노래했다. 하지만 연암은 자연에 대해서는 변화와 창조의 공간으로 생각한 반면, 인간과 사회는 병들었다고 생각했다. 그리하여 자연 사물의 원리를 들어 인간과 사회의 부조리와 불합리를 비판했다. 사물의 생태로부터 얻은 깨달음을 인간 사회를 고발하고 교정하는 데 활용했다. 자연 사물의 원리를 창작 활동과 연결시키는 그의 글쓰기를 생태 글쓰기라 명명하고, 그 개념의 적용 가능성에 대해 생각해 보았다.

글쓰기의 기본 방침에서는 그가 글을 쓸 때 어떤 태도와 자세로 쓰려 했는가를 살펴보았다. 연암은 진부하고 상투적인 글쓰기에 대해 깊은 문제의식을 갖고 새롭고 개성적인 글을 쓰기 위해 평생 애쓴 작가였다. 그는 글이란 한담閑談을 늘어놓아서는 안 되며, 남을 아프게 하고 가렵게 함으로써 독자를 깨우치고 근질거리게 해야 한다고 생각했다. 연암의 글쓰기의 목적은 이전의 도덕적인 기능과는 분명 다른, 쾌락적인 성격의 것이었다.

그의 글쓰기 과정이 어떠했는지도 살펴보았는데, 그 글쓰기 과정을 '탐구심으로 관찰하기—자연 사물과 교감하기—자료 모으기—제목에 따라 구상하기—협력적인 글쓰기—수정하기'로 정리해 보았다. 그는 반복해서 글을 고치고 또 고쳤으며, 협력적인 글쓰기를 수행하기도 했다. 연암의 글쓰기는 자신을 둘러싼 공동체와의 대화 속에서 탄생한 경우가 많았다. 그의 글은 끊임없이 독자와 대화하기를 원했다. 이로 보건대, 그의 작품에 접근할 때는 글을 고립된 결과물로 보기보다 하나의 담론 구조물로 바라보고 맥락 속에서 접근하는 것이 유효하겠다는 생각이 들었다. 그리하여 사회 구성주의 이론에서 시사점을 얻어 연암 작품에 접근하는 관점을 마련했다. 곧 작품이 이루어지는 맥락과 예상 독자를 고려

하면서 작품에 접근하는 것이다. 이 시도는 고전 시대 산문의 미학적 성취를 알아보려는 것이면서, 작품이 이루어지는 지식의 논리를 읽어 보려는 것이기도 했다.

그리하여 나는 「하룻밤에 강을 아홉 번 건넌 기록」一夜九渡河記, 「황금대기」黃金臺記, 「범의 꾸짖음」虎叱을 통해 이 구상에 접근해 보았다. 세 작품은 성취도와 문제의식에서 연암의 문예 수준을 가늠할 수 있는 대표성을 갖고 있다. 이들 작품을 맥락에 의거해 접근함으로써 기존에 밝히지 못한 새로운 해석과 연암의 글 짓는 방법을 밝혀내고자 했다.

「하룻밤에 강을 아홉 번 건넌 기록」은 문학 교과서에 꾸준히 실려 왔을 정도로 대중에게도 잘 알려진 작품이다. 중고등 교과에서는 '외물外物에 현혹되지 않는 삶의 자세'라는 주제를 이야기한 작품으로 다루고 있다. 그러나 맥락 속에서 바라본 「하룻밤에 강을 아홉 번 건넌 기록」에는 현실과 사회를 바라보는 작가의 현실 인식이 선명하게 드러나 있었다. 연암 산문 가운데 가장 잘 알려진 작품을 대상으로 삼아 새로운 해석을 시도함으로써 분석한 결과가 얼마나 타당한지 여부를 보다 많은 분들에게 판단 받고자 했다.

「황금대기」를 통해서는 공간의 문제까지 이야기하고자 했다. 공간은 단순히 물리적이고 객관적인 실체가 아니다. 공간은 인간의 실존이 이루어지는 생활 세계다. 나는 고전 시대 공간이 인간과 매우 가깝게 연결되어 있으며, 자기 정체성과 동일하게 인식된 장소였다는 점을 주목해 왔다. 특히 공간은 지배 이데올로기가 결합되면 매우 사회적이고 정치적인 곳으로 만들어진다. 연암은 '황금대'라는 공간이 고도의 정치성과 이데올로기가 숨어 있는 곳임을 갈파했다. 황금대 공간을 맥락에 주목해서 들여다보아 연암이 공간을 어떻게 이해하며 어떤 방식으로 자신의 속생각을 담아냈는가를 분석해 보았다. 연구자들이 연암의 통찰력을 흡수해서 고전의 공간을 새로운 관점에서 바라보고 공간에 담긴 의미와 자취를 찾아냈으면 하는 바람을 담았다.

「범의 꾸짖음」은 연암의 대표적인 소설로 알려진 작품이다. 이 작품은 현재까지도 연구자들 사이에선 원작자 논란이 분분하다. 맥락에 의거해서 접근해 작가 논란을 해결하고 작품의 구성 미학을 살펴, 이 작품이 고전이 낳은 최고의 성취를 보여 주는 작품임을 증명하고자 했다. 「범의 꾸짖음」은 내용면에서는 고전 시대 풍자 문학이 도달한 최대치를 보여 주며, 형식적으로는 연암의 글쓰기가 도달한 최고 수준의 성취를 보여 준다. 이 같은 나의 주장에 대해 질정叱正을 바란다.

각 단원의 끝에는 연암의 글쓰기 요령과 고전 문장가들의 글쓰기 비결을 실었다. 고전에서의 글쓰기 이론은 자못 추상적이고 구체성이 부족해 오늘날 글쓰기에 직접 적용하기 위해선 많은 고민이 필요하다. 그렇지만 연암의 글쓰기 방식은 지금의 현실에서 그대로 적용해도 꽤나 쓸모 있다. 연암의 마음으로 들어가 그가 글쓰기에서 다루었다고 생각되는 그만의 글 짓는 방법 몇 가지를 찾아내 소개하고, 지금 읽어도 적용할 만하다고 판단되는 고전 문장가들의 글쓰기 비결에 관한 글을 실었다.

연암의 글 짓는 법을 공부하면서 궁극적으로 과연 글이 인간의 삶, 그리고 나를 둘러싼 현실과 얼마만큼 관련 맺고 있는가에 대해 성찰할 수 있었다. 문학이 우리의 삶과 당면한 세계를 이야기하지 못한다면 얼마만큼의 진정성을 지닐 수 있을까? 연암은 내게 그 점을 계속 물었다. 이 책을 통해 연암이 생각한 문제의식을 지금 여기 현실에서 고민해 보고, 글을 쓴다는 것과 글의 형식이 갖는 힘에 대해 생각해 볼 수 있었으면 좋겠다.

앞으로 생태 글쓰기를 발전시켜서 실학자의 생태 글쓰기를 계속 탐구해 갈 것이다. 생태 글쓰기는 거칠고 황폐해진 오늘날의 글쓰기 현상을 치유할 좋은 대안이 될 수 있기에 의미가 있다. 더불어 작품을 객관적으로 이해할 수 있는 체계적인 틀을 고민해 갈 것이며, 맥락의 글쓰기를 계속 검증해 갈 생각이다.

　이 책을 최종적으로 다듬는 동안 아버지는 암 수술을 받으셨고, 엄마는 정밀 눈 검사를 받으셨다. 엄마는 어린 시절부터 한쪽 눈이 거의 보이지 않으셨다. 나는 그걸 지금에야 깨달았다. 부모님이 평생 가난의 질곡을 헤쳐 오시는 동안 장남인 나는 별 보탬이 되지 못했다. 깊은 슬픔은 말이 없다고 했던가. 표현을 잘 못하는 성격 때문에 하지 못한 말들이 늘 가슴에서만 울린다. 비단 부모뿐이랴. 미안한 것들이 주위에 참 많다. 차마 표현하지 못한 말들이 가슴에 쌓여 있다. 어쩌나 싶다. 좀 더 단단해져 가기를, 좀 더 진실하게 살아가기를, 좀 더 좋은 글을 쓰기를 소망해 본다. 이 책이 돌베개에서 나오게 된 것이 기쁘다.

2013년 여름
박수밀

차 례

책머리에 _5

시작하며 _13

1부
글쓰기의 본질
_21

연암의 글쓰기는 생태 글쓰기다 _25
인간과 사물의 평등 말하기 _37
자연의 복잡성과 다양성 자각하기 _44
사물간의 미묘한 사이에 주목하기 _53
자연 사물이 대신 말하게 하기 _60

생태 글쓰기는 상생과 공존을 이야기한다 _67

빗대어 표현하는 생태 글쓰기 _71

2부
글쓰기의
기본 방침
_77

연암의 글쓰기는 진부함을 꺼린다 _79
진심의 글을 써라 _83
아프고 가렵게 하라 _91
지금 눈앞을 담아내라 _97
흠과 결점을 보여 주어라 _105

연암의 글을 통해 본 글쓰기 요령 _111

3부
글쓰기의 과정
_119

관찰하기 _123
사물과 교감하기 _127
자료 모으기 _130
제목 정하기 _131
협력적인 글쓰기 _134
수정하기 _138

연암의 글쓰기는 과정 중심이다 _141

고전 문장가들의 글쓰기 비결 _143

4부
맥락의 글쓰기,
전략의 글쓰기
_151

연암의 글쓰기는 전략이다 _153

「하룻밤에 강을 아홉 번 건넌 기록」의 구성과 글쓰기 전략 _160
작품 읽기 _160   들어가며 _167

황금대의 장소성과 「황금대기」의 글쓰기 전략 _187
작품 읽기 _187   들어가며 _191

「범의 꾸짖음」의 작가와 글쓰기 전략 _220
작품 읽기 _220   들어가며 _233

미주 _295

시작하며

글쓰기에 대한 열망이 가득한 이에겐 글쓰기의 본보기가 될 만한 문학적 스승이나 선배가 있게 마련이다. 19세기의 문장가인 항해沆瀣 홍길주洪吉周(1786~1841) 역시 글쓰기에서 평생 흠모한 사람이 있었다.

> 수십 년 전에 한 사람이 있었는데, 기상은 세상을 가로지를 만하고 재주는 오랜 세월을 뛰어넘을 만하며 문장은 모든 것을 뒤엎을 만했다. 그는 세상에 있었고, 나도 이미 세상일을 잘 알았다. 하지만 그를 볼 수 없었고 함께 이야기도 나누지 못했다. 그럼에도 내가 한스럽게 여기지 않음은 어째서일까? 내가 수십 년 전의 나도 알지 못하는데 하물며 수십 년 전의 남을 어찌 알겠는가?
> 이제 내가 거울을 꺼내 지금의 나를 살펴보다 책을 펼쳐 그 사람의 글을 읽으니 곧 그의 글은 바로 지금의 나였다. 이튿날 또 거울을 꺼내 살펴보다 책을 펼쳐 그 글을 읽으니 그의 글은 곧 이튿날의 나였다. 이듬해 또 거울을 꺼내 살펴보다 책을 펼쳐 그 글을 읽으니 그의 글은 곧 이듬해의 나였다. 내 얼굴은 늙어 가면서 더욱 변해 가고 변하면서 그 옛 모습을 잊어버렸지만, 그 글은 변하지 않았다. 그러나 또한 읽을수록 더욱 색다르니 내 얼굴을 따라 닮았던 것이다. 홍길주, 「연암집을 읽고」 讀燕巖集

수십 년 전의 '한 사람'은 연암燕巖 박지원朴趾源(1737~1805)이다. 글을 쓴 항해는 연암보다 50년 뒤인 1786년에 태어났다. 항해는 어린 시절에 연암의 처남이었던 지계芝溪 이재성李在誠의 가르침을 받으며 자랐다. 지계는 연암과 아주 가깝게 지내며 연암을 가장 인정한 사람이었다. 항해는 지계에게서 연암 문장의 위대함에 대해 익히 들어 왔다. 스승이 가장 존경했던 그 사람을 꼭 보고 싶었을 터이나, 항해는 생전에 연암을 한 번도 만나지 못했다. 그러다가 연암이 죽은 지 23년이 지난 1828년, 항해의 나이 마흔셋에 그가 자나 깨나 그리던 『연암집』燕巖集을 손에 넣었다. 항해에게 『연암집』을 건네준 이는 이재성의 아들이자 항해의 친구였던 이정리李正履였다. 항해는 『연암집』을 처음 접하고 마치 절경絶景 속으로 들어가는 황홀함을 체험했다. 이후 연암의 글은 항해 자신이 되었다.

항해는 거울을 꺼내 자신을 들여다보다 연암의 글을 읽으면, 그 글이 지금의 자신이라고 고백한다. 그의 글이 자신에게 온전히 스며들었음을 말하려는 것이다. 그뿐만이 아니다. 다음 날 거울을 꺼내 자신을 살펴보다 그의 글을 읽자 그 글은 어김없이 다음 날의 자신과 똑같았고, 이듬해 그의 글을 읽자 역시 자신과 똑같았다. 연암의 글은 항해 자신의 생각과 똑같았고, 아마도 평생토록 똑같을 것이다.

얼굴은 세월의 흐름과 함께 변해 간다. 오랜 세월 변하는 가운데 과거의 모습은 잊힌다. 그러나 연암의 글은 변함이 없다. 변함이 없는데, 읽을 때마다 더욱 새롭고 기이하다. 왜일까? 그 글이 내 얼굴을 따라 닮아 왔던 것이다. 마지막 문장은 참 오묘하다. 한 번 쓰인 문자는 본래 변하지 않는 법이니, 그의 글은 어느 때든 변하지 않았다. 그러나 매일매일 변해 가는 자신의 얼굴을 똑같이 따라왔기에 읽을 때마다 새로웠다는 것이다. 이른바 연암 글의 홍길주 되기 또는 홍길주의 연암 글 되기! 글은 변함이 없는데도 읽을 때마다 새로운 모습을 보여 준다는 이 놀라운 고

백은 위대한 문장 앞에 던질 수 있는 최고의 찬사가 아닐까. 그렇다면 그가 연암을 못 본 것을 애석해하지 않은 것은 남을 모르는 것이 당연해서가 아니었다. 연암은 가고 없지만 그의 글이 온전히 자신과 하나 됨을 매일 경험한 것이다. 연암의 글은 곧 항해의 얼굴이고 항해의 생각이었다. 항해는 글을 통해 연암을 만났고 연암과 대화했고 연암의 생각을 들었으며, 그 글은 항해 자신이 되었다. 그의 글은 거울을 볼 때마다 변해 있는 자신처럼 읽을 때마다 새로운 모습을 보여 주었다. 연암의 글이 변화무쌍한 신기로움을 지니고 있음을, 그리하여 그 글이 자신의 모든 정신과 생각을 지배했음을 항해는 이렇게 표현했다.

한 세기 뒤에 창강滄江 김택영金澤榮(1850~1927)은 연암의 문장을 퇴계와 율곡의 도학道學, 충무공 이순신의 용병술과 더불어 조선의 세 가지 최고라고 치켜세웠다. 창강은 말하길, 연암의 글은 사마천司馬遷의 글을 쓰려 하면 사마천의 글을 썼고 한유韓愈나 소식蘇軾의 글을 쓰려 하면 한유나 소식의 글을 썼다고 하면서, 천 년 역사 가운데 그 탁월함은 우리나라 문장가 중에 없던 일이라고 했다.[1] 구한말의 문장가인 운양雲養 김윤식金允植(1835~1922)은 우리나라 문장가들은 입만 열면 성명性命을 말하고 성리학을 베끼는 폐단을 보였는데, 오직 연암만이 여기서 벗어났다고 칭송했다.[2] 역대로 수많은 학자들이 연암의 문장에 매료되었고, 연암을 우리 시대 최고의 문장가로 꼽기를 주저하지 않았다.

오늘날에도 실학자이자 사상가이며 소설가이자 산문가로서 연암에 대한 관심은 줄어들지 않았다. 그의 『열하일기』熱河日記는 세계 최고의 기행문으로 일컬어지며, 한 연구자는 영국에 셰익스피어가 있다면 조선에는 연암이 있다고까지 자부했다. 고전 문학을 통틀어 그 작품에 대한 논문을 가장 많이 쓴 이를 꼽으라면 단연 연암이다. 연암이 오늘날에도 끊임없이 호명되고 기림을 받는 까닭은 단순히 그의 사상과 문학이 갖는 크기 때문만은 아닐 것이다. 이상하게 들릴지 모르지만 연암에게는 중세와 근대, 탈근대의 모습이 다양하게 섞여 있다. 연암은 '그때'의 구조 속에 구속되어 있으면서도 그 구조를 성찰하고 구조 너머를 바라본다. 그는 모든 인간이 '그때 저기'를 향해 갈 때 '지금 이곳'을 이야기하자고 한다. 지금 이곳이 과연 제대로 돌아가고 있는지를 묻고 불합리한 세계와 치열하게 대결한다. 그와 같은 고심과 인문 정신은 지금 현실에서도 여전히 쓸모 있어 보인다. 그가 남긴 멋진 자산들을 지금 이곳에서 실제로 활용하기 위한 진지한 성찰이 필요하다.

그렇다면 지금 여기 현실에서 계승하고 발전시켜 가야 할 연암의 자산에 대해 생각해 보자. 연암의 존재감을 가장 잘 설명해 주는 수식어는 '문장가'다. 항해의 글은 그 점을 증명해 준다. 문장가로서 연암의 탁월함은 타의 추종을 불허한다. 고전이 낳은 가장 뛰어난 문장가로 불러도 손색이 없다. 연암은 글쓰기를 도道의 종속물로 여기지 않고 진실을 파헤치기 위한 도구로 활용했다. 그에게 글쓰기는 새로운 생각을 전파하는 수단이자 삶의 존재 근거이며, 글쓰기 자체가 목적이기도 했다. 그러므로 그의 글쓰기 정신과 전략을 탐구하는 것은 연암의 진실을 파헤치는 것이며, 연암 사상과 문학의 근원을 헤아리는 것이기도 하다. 아이러니하게도 그동안 연암의 문학 사상과 이론에 대한 논의는 많았어도 글쓰기의 본질과 성격에 대한 논의는 별로 없었다. 연암의 글쓰기는 지금의 현실에서도 충분히 의미 있으며, 글쓰기 교육에 실제로 적용할 수 있다.

어쩌면 그는 글쓰기를 전략으로 인식한 최초의 문장가였다. 연암은 「문단의 붉은 기에 쓴 머리말」騷壇赤幟引에서 글쓰기를 병법에 비유하고 글 쓰는 행위를 전쟁터에서의 전략 전술에 빗대었다. 글을 쓰는 행위를 치열한 전투로 본 것이다. 이전 문장가에게선 볼 수 없던 새로운 생각이다. 연암은 분명 현실을 싸워 이겨야 할 공간으로 인식했으며, 이에 따라 주제 의식을 보여 주기 위한 글쓰기 방식에서 매우 신중하게 접근했다. 겉으로 드러나는 풍자와 해학 너머에는 문장을 어떻게 조직해서 자신의 의도를 효과적으로 관철시킬 것인가에 대해 치밀하게 고민한 흔적들이 있다. 법고창신法古創新에 바탕을 둔 그의 작문 정신에는 고문古文과 금문今文, 우아함[雅]과 속됨[俗], 미美와 추醜, 이상과 현실 사이의 아슬아슬한 줄타기가 있다. 이른바 '경계'의 미학으로 불릴 만한 그의 작법 정신은 글 곳곳에서 발견된다. 따라서 어떤 맥락에서 접근하느냐에 따라 연암의 글은 다양한 빛깔을 보여 준다.

하나의 작품이 다양한 모습으로 읽힌다는 점이야말로 연암 글의 커다란 매력이다. 하지만 편의적 잣대로 접근하면 비약과 단순 과장의 위험이 따른다. 연암의 글쓰기에 접근하는 합리적이고 일관된 틀이 필요해 보인다.

이에 필자는 글(지식)을 하나의 '담론'으로 보고 '맥락'과 '관계'에 주목하고자 한다. 담론談論은 담화와 논의의 줄임말이다. 담론은 본래 '의사소통' 또는 '대화'라는 뜻을 지닌 일반적인 용어였는데, 푸코에 의해 특별한 개념이 된 용어다.* 푸코의 담론에 관한 논의는 모든 말과 글쓰기는 사회적임을 알려 준다. 담론은 사회적 맥락 안에서 활성화되고 사회적 맥락에 의해 결정되며 사회적 맥락이 계속 유지될 수 있도록 하는 발화發話, 문장의 집합체다.[3] 글도 하나의 담론 구성물이라고 보았을 때, 작품을 둘러싸고 있는 사회적 맥락에 주목해야 하는 것이다.

* 푸코의 담론 논의에서 중요한 세 요소는 지식, 권력, 진리의 관계다. 필자가 이 책에서 관심을 갖는 지식에 대해 살펴보자면, 그는 지식의 내용에 관심을 갖는 것이 아니라 지식을 둘러싼 관계에 의해 지식이 어떻게 구성되고 변화되는가에 관심을 갖는다. 푸코에 의하면 지식은 순수하거나 중립적이지 않으며 정치적이고 사회적이다. 지식은 권력과 동등한 역할을 하며, 따라서 모든 지식은 정치적이다. 지식은 객관적인 초월적 실재가 아니며, 그 시대의 지배적 담론에 의해 구성된다. 곧 푸코의 지식에 대한 관점은 오늘날의 사회 구성주의와 밀접한 관련이 있어 보인다.

연암의 많은 글은 그 시대를 함께 살아간 공동체와의 상호 토론과 대화 속에서 나왔다. 아들인 박종채의 증언에 따르면, 연암은 젊은 시절부터 지우知友들과 어울리며 글짓기를 즐겼으며, 이들과 만날 때마다 며칠을 함께 지내며 인간사의 흥망성쇠와 이용후생利用厚生, 경세제민經世濟民, 제도와 예술 등에 관한 담론을 벌였다.⁴ 그는 글을 쓸 때 가까운 지인들과 상호 협력해서 쓰기도 했으며, 제자나 지인들에게 초고를 쓰게 하고 자신이 다시 손질을 하기도 했다. 그의 생각과 사상은 그를 둘러싼 담화 공동체와의 끊임없는 대화와 토론 속에서 나왔다. 사회적 맥락에 관심을 갖고 연암의 글쓰기를 이해해야 하는 이유이다. 작품을 감상할 때 작가 고유의 개별적인 능력을 충분히 고려해야 하겠지만, 실학자들과 같이 한 개인의 세계관이 당시의 현실과 긴밀한 관련을 맺고 있는 경우엔 작품을 둘러싼 사회적 관계를 소홀히 해서는 안 된다.

담론 이론에 따르면 지식은 고정된 실체가 아니라 맥락과 관계에 따라 구성된다. 지식은 순수하고 객관적인 결과물이 아니라 사회 구조와 공동체 구성원에 따라 의미를 형성하기도 하고 바꾸어 가기도 한다. 곧 맥락과 관계에 의해 지식이 구성되는 것이다. 이를 글쓰기와 관련해서 생각해 보면 '인지주의'와 연관된다. 구성주의로도 불리는 인지주의는 지식을 그 자체로 완결된 실체로 보지 않고, 지식은 새롭게 구성된다고 본다. 인지주의에 입각한 글쓰기에서 중요한 것은 '전략'이라는 개념이다. 연암 역시 글쓰기를 '전략'으로 인식한다는 점에서 인지주의는 연암의 글쓰기 방식을 이해하는 데 좋은 시사점을 준다. 이에 따라 이 책은 담론과 인지주의에서 중요하게 여기는 맥락과 전략이라는 개념에 집중해 연암 글쓰기의 원리와 실체를 파헤쳐 갈 것이다.

연암이 성취한 글쓰기는 과연 어디까지 나아갔을까? 연암의 글쓰기에 대한 규명은 연암 한 사람을 이해하는 데 그치지 않는다. 궁극적으로는 글쓰기란 어떠해야 하며 글은 어떻게 구성되는가, 글의 사회적 책무는 무엇인가를 생각하는 근본적인 사유를 가능케 하리라 기대한다.

1부
글쓰기의 본질

필자는 연암 글쓰기의 본질은 창작의 영감을 자연 사물로부터 받은 데 있다고 본다. 물론 자연 사물에서 문학의 근원을 발견하려는 태도는 연암만의 생각은 아니다. 천기天機니 물아일체物我一體니 하는 개념에서도 쉽게 떠올릴 수 있듯 전통 성리학은 기본적으로 자연과 문학의 친연성親緣性을 강조한다. 그뿐만 아니라 불교, 노장사상에서도 자연과 문학, 자연과 사회가 깊은 연관을 맺고 있다. 그리하여 고전 시가詩歌의 경우 많은 작품이 자연을 노래한다. 자연 친화와 물아일체로서의 자연은 고전 시가에서 가장 흔한 주제이기도 하다. 강호가도江湖歌道를 노래하는 수많은 시조는 자연의 아름다움을 찬미하고 자연을 가까이하자고 말한다. "인간을 돌아보니 멀수록 더욱 좋다"거나 "잔 들고 혼자 앉아 먼 뫼를 바라보니 …… 말씀도 웃음도 아녀도 못내 좋아하노라"라고 하던 윤선도의 시조는 물아일체의 자연관을 잘 보여 준다. 이와 같은 유학의 자연은 인간의 도덕을 드러내고 내면을 이야기하는 도구로 활용된다. 또 많은 고전의 사상은 자연과 인간의 질서, 자연과 사회의 조화를 이야기하려 한다.

그런데 연암이 자연 사물을 바라보는 관점은 남다른 데가 있다. 그는 자연 사물의 원리를 들어 인간과 사회의 부조리와 불합리함을 비판하는 모습을 보여 준다. 연암은 자연에 대해서는 창조와 변화의 공간으로 생각하지만, 인간과 사회는 모순되고 병들었다고 여긴다. 그리하여 사물의 생태로부터 얻은 깨달음을 인간 사회를 고발하고 교정하는 데 활용하려 한다. 오늘날 생태에 대한 관심이 인간과 문명의 폭력성과 잔인함에 대한 반성으로 부각되었다는 사실을 떠올린다면 연암의 자연 사물에 대한 접근 태도는 오늘날의 생태 사상과 직접적으로 연결되는 바가 있다.

연암 문학이 자연과 깊은 관련을 맺고 있다는 점에 대해서는 이미 언급이 있다.[1] 필자는 더 나아가 연암 글쓰기의 주요한 특성을 아예 '생태 글쓰기'라는 용어로 명명하고자 한다. 생태 글쓰기란 생태적인 관점에 의거해 쓰는 글쓰기를 말한다. 생태 글쓰기란 용어는 아직까진 학계에서 일반화되어 있지 않다. 개념이 정립되어 있는 것도 아니다. 그렇지만 필자는 연암의 글쓰기에서 '생태 글쓰기'를 설명할 수 있다고 보며, 생태 글쓰기는 비단 연암뿐만이 아니라 조선 후기 새로운 글쓰기의 경향을 이해하는 열쇠라 보고 있다. 생태 글쓰기는 오늘날 도구적이고 폭력적으로 변해 가는 글쓰기를 극복하는 대안이 될 수 있으며, 인간의 마음을 치유하고 생명을 살리는 언어 회복에 크게 기여할 수 있다고 믿는다. 따라서 연암 박지원을 통해 생태 글쓰기의 가능성을 살피고, 생태 글쓰기의 의미에 대해 고민해 보려 한다. 왜 연암에게서 생태 글쓰기의 가능성을 확인했는지에 대해서 들려주고자 한다. 먼저 생태 사상에서 왜 생태 글쓰기가 필요한지부터 이야기해 보겠다.

연암의 글쓰기는 생태 글쓰기다

21세기 지구는 온갖 오염과 이상 현상으로 중병에 걸려 있다. 비단 물리적 환경뿐만 아니라 정신적 환경도 크게 오염되었다. 전 지구 차원의 환경 오염, 약자에 대한 강자의 구조적인 차별, 공동체 붕괴와 인간 소외, 빈익빈 부익부의 심화, 전쟁과 학살 등은 오늘날 문명의 병폐를 특징짓는 현상들이다. 인류는 한목소리로 생태계의 위기를 근심한다. 생태에 대한 관심은 1970년대 이후부터 활발해지더니, 이제 생태학은 21세기의 핵심 키워드가 되었다.

생태生態 또는 생태학生態學은 에콜로지ecology를 번역한 말이다. 에콜로지의 어원은 집 또는 거주지를 의미하는 그리스어 오이코스oikos와 학문을 의미하는 로지logy가 결합한 말로, 집의 학문이라는 뜻이다. 집은 인간이 살아가는 환경을 상징한다. 곧 에콜로지는 환경을 다루는 과학이란 뜻이다. 이를 우리말로 생태학이라고 번역해 환경environment이라는 말과 구별해서 쓰고 있다. 생태학은 인간을 포함한 지구 환경이 상호 의존적인 네트워크로 연결되어 있다고 보고, 인간과 환경의 상호 관련성에 대해 연구하는 학문이다. 생태 시각의 본질은 인간을 포함한 존재의 평등과 공존에 있다. 인간을 포함한 이 생태계는 물질, 에너지, 생명체의 거대한 살아 있는 시스템으로서 서로 긴밀한 영향을 주고받으며 공생共生을 한다는 것이다. 본래는 생물학에서 유래한 생태학이 전 분야에서 핵심 담론으로 거론될 만큼 오늘날 지구 환경은 큰 위기에 직면해 있다.

생태적 위기 상황은 글쓰기에서도 생태 정신에 적극적으로 참여하도록 만든다. 오늘날엔 글쓰기의 지평이 계속 확장되어 인터넷에선 수많은 글쓰기 형태가 차고 넘친다. 그런데 인터넷의 부정적인 측면이라 할 폭력과 선정성, 자극성은 글쓰기에도 고스란히 반영된다. 오프라인도 마찬가지여서 자극적이고 폭력적인 글쓰기가 퍽 많다. 근거 없이 목소리만 내세우는 주장, 유리한 부분만을 선택해 편집하는 왜곡 기사, 너무 가볍거나 현실과 동떨어진 공허한 말들이 쏟아져 나온다. 생태 글쓰기는 이같이 폭력적이고 적대적인 글쓰기의 폐단을 치유하는 하나의 좋은 대안이 될 수 있다.

생태 글쓰기를 범범하게 생각해 보면 자연의 아름다움을 예찬하는 글쓰기를 떠올릴 수 있다. 그렇지만 고전 시대 대부분의 문학은 자연을 말하고 자연을 찬양했다. 과거의 문학 환경은 온통 자연으로 둘러싸여 있었으며, 보고 듣는 것이 자연 사물이었다. 생태 글쓰기에 대한 섬세한 개념 접근이 없다면 자연 친화를 노래한 고전 글쓰기는 모두 생태 글쓰기가 되고 말 것이다.

자연은 '소재'일 뿐, 양식적인 변별성을 드러내는 결정적인 요인이 될 수는 없다. 생태 글쓰기가 자연 사물과의 관계에서 비롯되는 것임은 맞지만, 소재 차원을 넘어 내용 층위까지 고려되어야 한다.

이제 연암 박지원의 글에서 생태 글쓰기의 가능성을 생각해 보려 한다. 이규보李奎報의 「슬견설」虱犬說을 비롯해 홍대용洪大容의 『의산문답』毉山問答에 이르기까지 많은 작가의 작품들이 생태적 성찰을 보여 준다. 그렇지만 일생 지속적으로 자연 사물에 꾸준한 관심을 갖고 생태 글쓰기를 실천했던 작가는 흔치 않다. 연암이야말로 생태 글쓰기를 실현한 작가이며, 이전과는 다른 차원의 새로운 생태 글쓰기를 보여 준 작가라 생각한다. 그렇다면 왜 연암의 글이 생태 글쓰기를 보여 준다고 판단하게 되었는가에 대해 말해 보겠다.

먼저, 연암은 글쓰기의 근원을 자연 사물에서 찾는다. 고전 시대의 문인들은 문자는 성인의 말씀을 전달하는 진리의 도구라 생각했다. 글에는 성인과 현자의 가르침이 담겨 있다고 믿고 글을 통해 성인의 가르침을 배우고 그 정신을 본받고자 했다. 문장이란 이른바 도를 싣는 도구, 곧 재도지기載道之器라고 생각했던 것이다. 사람들은 중국 고대의 경전을 모범으로 삼아 그 표현과 정신을 닮으려 노력했다. 옛일을 끌어다 인용하는 용사用事 관행도 초월적인 원형原型의 지위를 확보한 고전 글의 권위를 절대적으로 떠받드는 생각에서 이루어졌다. 경전을 달달 암송하고 인용하는 능력은 지적 수준의 근거가 되었다. 오히려 한마디 말이라도 새롭게 쓴다거나 전에 쓴 적이 없는 새로운 표현을 쓰면 크게 비난받거나 심지어 사문난적斯文亂賊으로 몰려 큰 피해를 입어야 했다. 사문斯文은 유교를 가리키는 말로, 사문난적은 유교를 어지럽히는 도적이란 뜻이다.

그런데 연암은 기존의 언어는 죽은 글에 불과하다고 주장한다. 그는 오늘날의 글은 종이 가득히 진부한 말과 죽은 구절만 채워 놓았을 뿐이라고 말한다. 사람들은 무조건 옛글을 베껴 어렵고 산만한 글을 쓰면서 간결하고 예스럽다고 여긴다고 한탄했다.[2] 육경六經의 글자로만 글을 엮는 행위는 사당에 숨어 사는 쥐와 다름없고, 남의 해석만 쓰는 건 벙어리에 불과하다고 보았다.[3]

연암은 말은 꼭 거창하게 꾸밀 필요가 없다고 말한다. 글쓰기는 참되면 그뿐이다.[4] 참됨이란 자기 목소리를 솔직하고 자연스럽게 표현하는 것이다. 남의 생각을 말하는 것은 가식적인 데다 진정성이 결여된 태도다. 남의 생각을 그대로 옮기는 글, 남의 표현을 베낀 글은 썩은 글이다. 아들인 박종채가 기록한 아버지의 육성을 들어 보겠다.

> 고문古文을 배우려는 자는 자연스러움을 구해야 마땅하며, 자기 자신의 언어로부터 문장의 입체적 구성이 생겨나도록 해야지 옛사람의 언어를 표절해 주어진 틀에 메워 넣으려 해서는 안 된다. 바로 여기서 글이 난해한가 쉬운가 하는 차이가 생겨나며, 진짜인가 가짜인가가 결정된다. 고정된 하나의 틀로 천만 편의 똑같은 글을 찍어 내는 게 바로 오늘날의 과문科文이다.[5]

진짜 글과 가짜 글의 차이는 무엇일까? 자기 자신의 언어를 쓰는가, 남의 언어를 쓰는가의 여부에 달려 있다. 연암 생각에 옛말을 모방해서 주어진 틀에 맞추는 글은 가짜 글이다. 고전 시대 글쓰기의 기준은 옛것을 본받으라는 것이었다. 옛글을 닮아라, 옛글과 비슷해지라는 것이 전통적인 글쓰기 규범이었다. 과거 시험은 정해진 경전을 달달달 암송하고 정해진 문체에 맞추어 썼다. 그런데 연암은 도리어 옛 언어를 표절하지 말고 나의 언어를 쓰라고 말한다. 비슷함을 좇는 것은 진짜가 아니다. 비슷하다는 말에는 이미 다르다, 거짓되다는 의미가 전제되어 있다. 곧 연암은 중세 시대 보편적 지향인 '닮음의 미학'을 거부한다. 그는 작가의 생각을 자연스럽게 드러내는 글을 써야 한다고 요청한다.

그런데 지금의 언어는 최초의 정수精髓를 잃어버렸다는 데에 문제가 있다. 연암은 「종북소선 자서」鍾北小選自序 첫머리에서 맨 처음 문자를 만든 창힐蒼頡과 포희씨包犧氏가 죽고 나서 문장의 정신이 '흩어졌다'고 탄식한다.[6] 흩어졌다는 것은 문자가 본래의 본질을 잃어버렸다는 뜻이다. 사물의 본질을 고스란히 간직하고 있던 언어가 지금에 와서 죽은 문자가 되어 버렸다는 것이다. 최초의 문자는 사물의 모습을 온전히 재현한 그림의 형태였다. 따라서 소리가 곧 문자였고, 문자를 읽으면 사물의 형상이 그대로 떠올랐다. 그러나 언어의 자체와 글꼴은 세월의 흐름과 더불어 점차 본래의 모습을 잃고 추상적인 기호로 변해 버렸다. 그러니 형해화形骸化된 문자를 그대로 옮겨 써 봐야 진부하고 상투적인 글이 되고 만다. 연암은 날아가며 우는 새를 '새 조鳥'라는 문자로 표현하는 순간 사물 본래의 소리와 빛깔은 없어진다고 생각했다. 진부한 말을 피하기 위해 '날짐승 금禽' 자로 바꾼다 한들 마찬가지다. 이미 있던 문자는 진부함이라는 한계를 벗어날 수가 없다. 옛글을 닮으려 할수록 문자와 실질의 괴리는 커지기만 할 뿐이다.

그렇다면 어찌하면 될까? 연암은 글쓰기의 이상은 자연 사물을 배우는 데 있다고 본다. 그에게 자연 사물은 글자화되지 않고 쓰이지 않는 문장, 즉 불자불서지문不字不書之文이다. 글의 정신과 뜻은 천지 사방에 펼쳐 있고 만물에 흩어져 있다.[7] 따라서 내 눈앞에 펼쳐진 자연을 자세히 관찰하고 그 태도와 몸짓을 옮겨 내는 것이 연암이 생각한 이상적인 글쓰기다. 귀로 듣고 눈으로 본 바에 따라 그 형상과 소리를 곡진히 표현하고, 그 정경을 고스란히 드러낼 수만 있다면 문장의 도道는 그것으로 지극하다.[8] 연암에겐 자연의 소리, 빛깔, 흥취, 경물이 살아 있는 글이다.

> 아침에 일어나니 푸른 나무 그늘진 뜰에 철새가 짹짹거립니다. 부채를 들어 책상을 치며 크게 외쳤지요. "이것이 내가 말한 '날아가고 날아온다'는 글자이고, '서로 울고 서로 화답한다'는 글이다. 온갖 빛깔을 문장이라고 한다면 이보다 더 나은 문장은 없다." 「경지에게 주다 2」答京之之二

새가 나무를 오가는 모습이 글자이고, 새들이 서로를 향해 우는 모습이 글이라고 한다. 최고의 문장은 자연 사물의 몸짓 그 자체다. 그러니 자연의 소리와 빛깔, 정취에서 창작의 힘을 공급받아야 한다. 죽은 문자에 갇히지 말고 자연 사물의 몸짓을 베끼라는 것이 연암의 요구다. 이른바 기호 언어에서 자연 언어로의 전환이라 할 만하다.

연암에 따르면 참된 것은 내 눈앞 사물에 있다. 이를 즉사卽事라고 한다. 모든 사람이 모범으로 떠받드는 한나라와 당나라는 지금 여기의 공간이 아니며, 위대한 문장가인 반고班固와 사마천은 과거의 사람이다. 연암은 과거가 아무리 훌륭해도 먼 옛날을 취하지는 않을 것이며, 반고와 사마천이 다시 태어난다고 해도 결코 이들을 배우지 않으리라고 다짐한다.[9] 참된 것은 지금 여기에 있기 때문이다. 그림으로 그려 놓은 계수나무도 살아 있는 오동나무만 못하다.[10] 아무리 훌륭한 그림일지라도 지금 살아 있는 사물보다 더 뛰어나게 재현할 수는 없는 것이다.

요컨대 자연 사물에 직접 나아가 그 생태生態를 섬세하게 관찰하고 그 몸짓을 옮겨야 한다. 죽은 언어〔死語〕가 된 문자를 좇지 말고 자연 사물의 생생한 몸짓을 보고 배워야 한다. 연암에게 글쓰기의 이상은 자연 사물을 잘 배워 글로 옮기는 것이었다. 곧 그에겐 자연의 원리가 글쓰기 원리다.

둘째, 연암은 자연을 생명 활동의 장으로 인식하고 자연 사물과 교감한다. 근대인에게 자연은 기계의 원리에 따라 움직이는 영혼 없는 물질이다. 자연은 인간의 욕망을 충족시키기 위한 도구로서 정복과 개발의 대상이었고, 이는 필연적으로 지구를 온갖 오염과 이상 현상으로 가득한 저주받은 땅으로 만들었다. 반면에 고전 시대 사람들은 자연과 친근했다. 모든 생명체는 하나의 근원에서 나와 서로 연결되어 있으며, 우주 자연은 하나의 대가족이라고 생각했다. 이 점에서 박지원의 자연관은 전통적인 자연관과 맥을 같이한다고 생각해 볼 수 있다. 그런데 연암의 자연관에는 유가의 자연관과 차별되는 지점이 있다.

> 하늘과 땅이 아무리 오래되어도 끊임없이 생명을 낳고, 해와 달이 아무리 오래되어도 그 빛은 날마다 새로우며, 서적이 아무리 많아도 그 담긴 뜻은 제각기 다르다. 그러므로 날고 헤엄치고 달리고 뛰는 생명체 중에는 아직 이름이 알려지지 않은 것도 있고, 산천초목에는 반드시 신비한 영험함이 있다. 썩은 흙에서 버섯이 자라나고, 썩은 풀에서 반딧불이가 생긴다. 「초정집 서문」楚亭集序

자연을 끊임없이 생명을 낳는 창조의 공간, 미지의 존재로 가득한 신비의 공간으로 바라보고 있다. 자연은 실체를 분명하게 보여 주는 존재도 아니고, 초시간적으로 멈추어 있는 곳도 아니다. 안정적인 메커니즘으로 이루어진 곳이 아니라 모든 것이 살아 움직이고 변화하는 공간이다.

주자성리학은 자연에서 불변의 원리를 찾아낸다. 자연의 이상은 이미 주어져 있었으므로 사물을 보더라도 내가 실제로 본 풍경을 말하는 것이 아니라 이미 머릿속에 주어진 관념을 표현했다. 따라서 조선 시대 그림은 실제의 산수가 아니라 푸른 산, 흰 구름의 이상적인 공간이었다. 이 자연은 너무도 순수하고 평화로운, 인간 사회의 갈등이나 경쟁이 전혀 없는 정형화된 초시간적인 공간이다.

그러나 연암은 자연 속에서 창조와 변화의 현장을 발견한다. 자연은 시시각각 새로우며, 인간의 능력이 미치지 못하는 영험함을 간직하고 있다. 풀, 꽃, 새, 벌레 같은 존재들도 지극한 이치가 있으며, 하늘이 부여한 자연의 현묘함이 있다. 따라서 연암은 생의生意로 가득한 자연과 어떻게 호흡하고 그 정수를 얻어야 하는지를 고민한다.

그리하여 연암은 자연 사물에 애정을 갖고 자연 사물과 대화적 관계를 형성한다. 『과정록』過庭錄에 의하면 연암은 평소 사사로이 죽인 고기를 먹지 않았으며, 까마귀에게 고깃조각을 주는 등 생명체를 소중히 여겼다. 파초芭蕉에 대해 마음을 터놓는 벗이라 일컬으며, 파초와 더불어 '달 밝은 창이나 눈 내리는 창가에서 가슴을 터놓고 마음껏 이야기'하기도 했다.

자연과의 교감은 사물과 인간을 평등한 관계로 만든다. 「범의 꾸짖음」虎叱에서는 한갓 짐승인 범이 최고의 지성인인 유학자를 마음대로 꾸짖고 조롱한다. 그 배경에는 평소 자연 사물과 교감하고 자연 사물의 생태를 깊이 이해한 연암의 세계관이 반영되어 있다. 그리하여 "하늘과 땅이 만물을 기르는 인仁의 관점에서 논하자면 범과 메뚜기, 누에와 벌, 개미와 사람이 함께 길러져 살아가야지 서로 등지고 지내서는 안 된다"고 하는 공생共生의 정신을 주장한다. 『열하일기』 8월 14일조에서는 우리나라의 말 다루는 법이 틀렸다고 주장하면서, 동물의 성질도 사람과 똑같아서 피곤하면 쉬고 싶고 답답하면 시원해지길 원한다고 말한다. 그러므로 때로 고삐나 굴레를 풀어서 시원하게 내달리게 해 마음껏 즐길 수 있도록 해 주어야 한다는 것이다. 그는 자연 사물도 인간과 똑같은 감정을 지닌 존재라 여기고 사물의 입장에서 생각하려 했다.

셋째, 자연 사물의 생태를 현실, 사회, 인간과 연결시키고 있다. 이 점은 생태 글쓰기를 특징짓는 중요한 요소다. 오늘날 생태 위기를 극복할 대안으로 동양의 고전 사상을 자주 거론하지만, 이때 말하는 자연은 지극히 관념적이고 이상적인 자연이다. 인간이나 사회를 배제한 신비화된 자연이며, 갈등과 경쟁이 배제된 유토피아적인 자연이다. 이 자연은 인간의 욕망과 경쟁이 제거되어 있는 지극히 순수한 자연이다. 문명이

끼어들 여지가 별로 없으며, 인간은 이 완벽한 자연을 감상하고 즐기면서 자연과 하나 됨을 추구한다.

그러나 연암에게 자연은 사회와 현실을 향해 열려 있으며, 실천적인 성격을 띤다. 이 점을 가장 잘 보여 주는 개념이 이용후생利用厚生이다. 이용후생은 쓰임을 이롭게 해서 삶을 도탑게 하자는 것으로, 연암 그룹의 실학적 세계관을 대표하는 용어로 자리매김되고 있다. 용어에 경제를 중요하게 여기는 생각이 담겨 있으므로 인간 중심적이고, 자연을 도구로 이용한다는 혐의가 있다. 현실에 유용한, 현실적 쓸모만을 아름다움의 기준으로 삼는 듯 보인다. 그렇지만 이용후생에는 자연과 문명에 대한 깊은 성찰이 있다. 다음을 살펴보자.

> 이제 내가 오행五行의 작용에 대해 먼저 말해 보겠다. 그러면 홍범구주洪範九疇의 이치는 쉽게 파악할 수 있을 것이다. 왜냐하면 '이용'을 한 뒤라야 '후생'할 수 있고, '후생'을 한 뒤라야 '정덕'을 할 수 있기 때문이다. 지금 물을 제때에 모으고 빼고 해서, 가문 해를 맞으면 수차를 이용해 논밭에 물 대고 갑문을 이용해 짐 실어 나르는 배들이 통하게 한다면, 물을 이루 다 쓸 수 없을 터이다. 그런데 지금 자네에게 물이 있어도 쓸 줄을 모르면, 이는 물이 없는 것이나 마찬가지다. 지금 불은 사계절에 따라 화후火候가 다르고 강약의 정도에 따라 그 효과가 다르니 질그릇, 쇠그릇, 쟁기, 괭이를 만드는 데 각기 적절하게 맞추면 불을 이루 다 쓸 수 없을 터이다. 그런데 지금 자네에게 불이 있어도 쓸 줄을 모르면, 이는 불이 없는 것이나 마찬가지다. 우리나라로 말하면 100리 되는 고을이 360군데지만 고산준령高山峻嶺이 열에 일고여덟을 차지하니 명색만 100리지 실제 평야는 30리를 넘지 못한다. 이 때문에 백성들이 가난할

수밖에 없다. 하지만 저 우뚝하니 높고 큰 산들을 사방으로 측량해 보면 평지보다 몇 배나 더 많은 면적을 얻을 수 있으며, 그 속에서 금, 은, 동, 철이 흔히 나온다. 만일 채광採鑛 방법과 제련 기술이 있다면 우리나라의 부가 천하에서 으뜸갈 수도 있을 것이다. 「홍범우익 서문」洪範羽翼序

이 글은 조선 후기 학자인 우여무禹汝楙(1591~1657)가 저술한 『홍범우익』洪範羽翼에 붙인 서문이다. 이 글에서 연암은 홍범구주에서 말한 오행설에 근거해 조선의 성리학자들이 주장하는 오행상생설五行相生說을 비판하고, 오행을 이용후생과 연결시키는 새로운 견해를 제시한다.*

이 글을 이해하기 위해서는 약간의 부연 설명이 필요할 듯싶다. 일반적으로 오행설은 『서경』書經의 「홍범」洪範 편에서 비롯되었다고 본다. 『서경』의 「홍범」 편에 따르면 홍범구주 가운데 일주一疇가 오행인데, 첫째가 물, 둘째가 불, 셋째는 나무, 넷째는 쇠, 다섯째가 흙이다. 물의 성

---

* 오행설은 물[水], 불[火], 나무[木], 쇠[金], 흙[土] 다섯 가지를 자연현상의 변화와 근원으로 보고 만물의 생성과 소멸을 이 다섯 가지 사물로 설명하려는 입장이다. 본래 물질의 근원을 의미했던 오행설은 후대로 내려오면서 우주의 질서와 원리를 설명하는 추상적인 개념으로 바뀌었다. 그리하여 본래 소박한 자연 개념이었던 오행은 자연의 생성 변화와 오상(五常)의 윤리 규범을 해석하는 형이상학적인 개념이 되었다. 특히 조선의 성리학자들에게 절대적인 전범이었던 주희(朱熹, 1130~1200)는 음양의 대립적인 상호 작용에 의해 만물의 생성 변화가 전개된다고 보고, 음양의 두 기(氣)가 감응해서 사물을 낳는다고 보았다. 주희의 음양과 오행에 관한 생각은 조선의 성리학자들에게 수용되어 우주와 자연현상을 이해하는 개념으로 자리 잡았다.
  전통적인 오행설에서는 다섯 가지 물질이 서로 상생과 상극의 상호 작용을 한다고 본다. 특히 오행상생은 나무는 불을 낳고[木生火], 불은 흙을 낳으며[火生土], 흙은 쇠를 낳고[土生金], 쇠는 물을 낳으며[金生水], 물은 나무를 낳는다[水生木]는 이론이다. 앞의 것은 어미고 뒤의 것은 자식이 되어 어미가 자식을 낳는 관계로 본다. 그러나 연암은 그와 같은 생각에 반대한다. 연암에 따르면 쇠만이 흙을 어미로 삼는 것이 아니라 만물이 모두 흙에서 난다. 나무에서만 물이 나오는 것이 아니라 돌이나 쇠에서도 물이 나온다. 불은 나무에서만 일어나지 않으며, 쇠와 돌이 부딪치거나 물이 끓을 때 모두 불을 일으킨다. 벼락이 쳐도 불이 난다. 그는 만물은 하나가 어느 하나를 낳은 관계라 아니라 서로가 서로를 도우며 살아가는 관계라고 주장한다. 곧 상생의 진정한 의미는 오행이 서로 자식이 되고 어미가 되는 것이 아니라, 서로가 힘입어서 살아가는 것이다.

질은 물체를 젖게 하고 아래로 스며드는 것이고, 불은 위로 타올라 가는 것이며, 나무는 휘어지기도 하고 곧게 나가기도 하고, 쇠는 주형鑄型을 따르는 성질이 있으며, 흙은 씨앗을 뿌려 추수를 하게 하는 성질이 있다.

연암은 홍범구주에서 말한 오행의 작용에 근거해 물, 불, 나무, 쇠, 흙은 이용후생의 도구로 쓰이는 데 의미를 지닌다고 본다. 물의 성질은 젖게 하고 아래로 내려가게 하는 데 있으므로 이러한 성질을 이용해 가뭄을 해결해 주거나 논밭에 물을 대 주는 데 물의 쓸모가 있다. 불은 타오르게 하는 성질이 있으므로 이를 이용해 그릇과 농사 도구를 만들 때 소용된다. 쇠와 나무와 흙도 그 성질을 이용해 나라를 부유하게 하고 백성의 삶을 풍요롭게 하는 데 필요하다. 따라서 물이 있어도 쓸 줄 모른다면 물이 없는 것과 마찬가지고, 불이 있어도 쓸 줄 모른다면 불이 없는 것과 마찬가지라는 것이다. 곧 오행이란 도구를 만들거나 농사를 짓거나 백성의 삶을 풍족하게 만드는 데 소용되는 물질이다.

또한 연암은 홍범구주에서 말한 오행의 성질을 근거로 오행은 이용과 후생의 도구로 활용되어야 한다고 말한다. 그에게 물, 불, 나무, 쇠, 흙은 추상적인 개념이 아니라 일상의 자연 사물이다. 그 사물들을 그대로 내버려 두어서는 안 되며, 성질을 잘 활용해 쓸모 있게 만들어야 한다. 곧 오행은 생활에서 흔히 볼 수 있는 자연 사물로서 인간을 이롭게 하고 삶을 도탑게 만드는 데 기여하는 도구다.

그렇지만 오행의 이용이 자연을 파괴한다거나 무분별하게 개발하는 것을 의미하지는 않는다. 그의 이용후생 관점을 보면 자연 사물의 생태를 이용해 인간과 만물이 잘 살아가도록 서로 도움을 주고받게 하자는 것이다. 연암은 자연을 파괴하거나 착취하자고 말하지 않는다. 그는 물을 이용해 수공水攻에 남용하고, 불을 이용해 화공火攻에 남용하며, 쇠를 이용해 뇌물에 남용하고, 나무를 이용해 궁실을 짓는 데 남용하며, 흙을 이용해 논밭을 만드는 데 남용하는 행위에 대해서는 강하게 비판한다.[11] 인간의 이기利己만을 위해 자연을 함부로 활용하는 행위를 반대한다. 그는 기왕에 버려진 자연이라면 쓸모 있게 만들어 인간의 삶을 윤택하게 하는 데 도움을 주자고 했다. 저 『열하일기』의 '장관론'에서도 버려진 사물인 똥과 기왓조각이 인간의 삶에 실제적인 이로움을 주는 진정한 장관이라고 주장하는 미적 태도를 보여 주었다. 연암의 이용후생은 자연에 대한 깊은 이해와 존중 속에서 자연과 인간이 공생共生하는 방도로 제기된 것이다. 인간 우월주의, 문명의 이기利己에 기반을 둔 것이 아니라 자연 사물의 본성을 최대한 존중하면서 쓸모 있게 잘 활용하려는 것이다. 이용후생의 밑바탕에는 자연을 먼저 존중하되 기왕에 활용되는 자연이라면 인간 사회를 위해 쓸모 있게 활용하자는, 실천적인 생각이 담겨 있다.

정리하자면 연암은 자연 사물의 생생한 몸짓이야말로 가장 이상적인 문장이라고 생각했다. 그리하여 자연 사물과 교감하고 자연 사물에서 얻은 깨달음을 글쓰기로 연결했다. 나아가 단순히 자연을 감상하는 차원에 머물지 않고 사물의 원리와 생태를 현실과 문명에 적용하는 실천적인 글쓰기를 지향했다.

이제 자연 사물의 생태를 인간과 사회로 연결시키는 그의 글쓰기 양상을 살펴, 생태 글쓰기의 가능성과 전망을 이야기해 보겠다. 생태 글쓰기에 대한 개념이 정해져 있지 않은 만큼 논란을 최소화하기 위해선 그 범주가 구체적이고 명확한 것이 좋으리라 본다. 이에 자연 사물을 대상으로 삼은 글을 일차적인 고려 대상으로 삼는다. 나아가 자연 사물에 대한 표현이 인간과 사회를 향해 열려 있으면서 생태적 사고를 드러내는 글을 살펴보겠다.

인간과 사물의 평등 말하기

고통은 인간만이 아니라 물고기, 심지어 식물조차 느낀다고 한다. 분자 생물학에 따르면 인간과 침팬지는 98.6퍼센트의 동일 유전자를 갖고 있으며, 벌레와 인간은 40퍼센트의 유전자를 공유하고 있다고 한다. 하지만 전통 성리학에서는 인간만이 만물의 영장으로서 다른 동물들과 달리 사회 규범을 갖고 이를 실천해 갈 수 있다고 믿는다. 인간은 바른 기운을 타고났기 때문에 윤리를 실천하는 일이 가능하지만, 인간 이외의 존재는 막힌 기운을 타고났으므로 윤리를 실천할 수 없다고 본다. 새와 짐승에게는 지혜가 없고 풀과 나무엔 감각이 없으며, 인간 이외의 생명체에겐 예의가 없다고 믿는다. 이 관점은 자연의 법칙처럼 생각되었기에 인간 이외의 사물은 천하고 낮은 존재로 깎아내렸다. 하지만 연암은 그 생각에 동의하지 않는다.

> 사람과 사물이 생겨날 때는 진실로 원래는 구별이 되지 않았으니, 남과 나는 모두 사물이었다. 하루아침에 자기를 남과 대비해서 '나'라 일컬으며 달리하게 되었다. 이에 천하의 무리들이 비로소 어지러이 자기를 말하고 사사건건 '나'라 일컬었으니, 이미 그 사사로움을 이겨 낼 수 없게 되었다. 「애오려기문」愛吾廬記

연암은 인간과 사물의 기원이 같다고 본다. 생명이 생겨날 때 모든 존재는 서로 아무런 차이가 없는 똑같은 사물이었다. 하지만 나와 남을 구분 지으면서 우열을 만들고 자기 욕망을 먼저 좇게 되었다는 것이다. 연암은 인간과 사물은 본래는 똑같은 존재였다고 생각했다.

이와 비슷한 생각이 『열하일기』 「곡정필담」鵠汀筆談에서도 보인다.

먼지와 먼지가 서로 의지해서 응결되면 흙이 되고, 먼지가 거칠게 응결되면 모래가 되고, 견고하게 응결되면 돌이 되고, 먼지가 진액으로 응결되면 물이 되며, 먼지가 따뜻하게 응결되면 불이 됩니다. 먼지가 맺히면 금속이 되고, 먼지가 번영하면 나무가 되고, 먼지가 움직이면 바람이 되고, 먼지가 쪄지고 기운이 꽉 차면 여러 벌레로 바뀝니다. 지금 우리 사람이라는 것도 바로 그 벌레의 한 종족일 뿐입니다.[12]

인간은 벌레의 한 종류일 뿐으로, 모든 사물과 생명체의 기원은 먼지(塵)로부터 시작된다고 보았다. 인간의 기원을 다른 생명체와 마찬가지로 벌레의 한 종류로 바라봄으로써 인간만이 만물의 영장이고 세계의 중심이라는 전통적인 학설과는 다른 생각을 취했다. 이는 인간 중심주의에서 벗어나 타자(物)의 입장을 고려하고, 모든 생명체를 인간과 동일하게 존중하자는 생각의 전환으로 이어진다.

연암은 「답임형오논원도서」答任亨五論原道書에서 "사물에서 나를 보면 나 또한 사물의 하나다"라고 말한다. "만물 가운데 생명을 지닌 것치고 선하지 않은 것은 없으며, 그 타고난 본성을 즐기고 하늘의 명을 따르는 것은 사물과 내가 다르지 않다"고 한다. 앞의 「애오려 기문」과 같은 입장이다. 그러므로 나의 입장에서만 바라보아서는 안 되며, 상대방의 시선이나 사물의 입장을 헤아리는 상대적인 태도가 요청된다. 홍대용도 『의산문답』에서 "인간의 입장에서 사물을 보면 인간이 귀하고 사물이 천하지만, 사물의 입장에서 인간을 보면 사물이 귀하고 인간이 천하다"라고 하면서, "하늘의 입장에서 보면 인간과 사물은 동등하다"고 말한 바 있다. 인간도 우주를 구성하는 수많은 생명체 가운데 하나로 보고, 모든 생명체가 서로의 방식을 존중하며 어울려 살아가야 한다고 말하는 것이다.

그리하여 연암은 타자의 입장에 서서 사물을 존중하고 사물의 입장을 헤아린다. 한 예로 연암은 우리나라의 말이 손님을 태우고 나서 죽거나 병이 드는 이유에 대해 다음과 같이 이야기한다.

> 무릇 동물의 성질도 사람과 같아서 피로하면 쉬고 싶고, 답답하면 시원하게 뻗치고 싶으며, 구부리면 펴고 싶고, 가려우면 긁고 싶다. 말이 비록 사람에게 먹이를 얻어먹기는 하지만 때때로 제 스스로 유쾌하게 지내고 싶을 때가 있다. 그러므로 때때로 고삐나 굴레를 풀어서 물이 있는 연못 사이에 내달리게 해 울적하거나 근심스러운 기분을 마음껏 발산하도록 해 주어야 한다. 이것이 동물의 성질에 순응하고 기분에 맞게 하는 방법이다. 「열하일기」, 「태학유관록」 太學留館錄 8월 14일조

이용후생의 관점에서 나온 말인데, 그의 이용후생은 단순히 경제 논리에 있지 않고 사물의 생명에 대한 애정을 바탕으로 한다. 연암은 말을 다루는 법과 말에게 먹이를 주는 방법이 잘못된 원인이 말의 생태를 고려하지 못한 데 있다고 지적한다. 동물의 성질도 사람과 똑같아서 피곤하면 쉬고 싶고 답답하면 시원해지고 싶고 가려우면 긁고 싶다. 하지만 사람들은 말을 다룰 때 '말이야 죽든 말든 많이 실으려고만 욕심을 내고', '오로지 바짝 옭아맨 것이 더 단단하지 못할까 걱정하며 당기고 압박하는 고통'을 준다. 또 말은 뜨거운 음식을 싫어하는데도 삶은 콩과 끓인 쇠죽을 먹여 말이 쉽게 병들고 허약해진다고도 했다. 연암은 말도 사람과 똑같은 감정을 갖는 동물이라고 여기고, 말의 기분과 느낌, 생리와 습성을 공유하고 이해하려 했다.

사물과 타자의 입장을 존중해야 한다는 생각은, 인간 중심의 단순한

사고방식을 깨우치거나 배타적인 우월 의식을 허무는 글쓰기에서 잘 활용된다. 다음의 예를 보도록 하자.

> 그대는 신령스런 지각과 예민한 깨달음이 있다고 남에게 잘난 척하거나 사물을 업신여기지 말게. 저들이 만일 약간이라도 신령스런 깨달음이 있다면 어찌 스스로에게 부끄럽지 않겠으며, 저들이 만일 신령스런 지각이 없다면 잘난 척하고 업신여긴들 무슨 소용이 있겠는가? 우리는 냄새나는 가죽 부대 속에 문자를 갖고 있는 것이 남들보다 조금 많은 데 불과하다네. 저기 나무에서 매미가 시끄럽게 울고 땅속에서 지렁이가 소리 내는 것이 시를 읊고 책을 읽는 소리가 아니라고 어찌 장담하겠는가? 「초책에게 주다」與楚幘

연암이 초책楚幘이란 사람에게 보낸 편지다. 초책이 남들 앞에서 잘난 척 뻐기고 생명체를 함부로 업신여겼던 모양이다. 자기 우월 의식, 인간 중심적인 사고를 가지면 남을 얕잡아 보고 자연 사물을 함부로 파괴하고 해친다. 윗글에서 신령스런 지각과 예민한 깨달음은 인간이 스스로의 우월성을 증명해 주는 표지標識다. 그러나 연암은 이를 아주 대수롭지 않게 여긴다. 인간이 스스로를 우월하다고 여기는 지각이나 깨닫는 능력으로 다른 존재를 무시하지 말라고 경고한다. 연암이 생각하기에 인간의 지식이란 고작 냄새나는 가죽 부대 같은 몸에 문자 몇 개를 조금 더 아는 것에 불과하다. 연암은 사물의 활동을 인간의 행위와 다르게 보지 않는다. 매미의 울음은 인간이 시를 읊는 행위와 같으며, 지렁이 소리는 인간의 책 읽는 소리에 해당한다. 인간만이 지각을 갖고 예술 활동을 하는 것이 아니다. 그건 우월 의식의 산물일 뿐이다. 모든 생명체는 인간과 마찬가지로 각자 삶의 방식이 있고, 각자 삶의 활동을 영위한다. 그러니 인간만이 만물의 영장이라는 착각에 빠져 다른 자연 사물을 함부로 파괴하거나 업신여겨서는 안 되는 것이다. 인간 중심의 사고는 해체되고, 자연은 존중의 대상이자 친구가 된다.

존재의 평등성에 대한 깨달음은 타자에 대한 배타적 우월 의식에서 벗어나 나와 인간을 반성하게 하고 돌아보게 한다. 그 대표적인 작품이 「범의 꾸짖음」虎叱이다. 「범의 꾸짖음」은 일반 교과 과정에서는 양반 계급의 허위의식과 위선을 풍자한 작품으로 다루어지고 있다. 그렇지만 「범의 꾸짖음」의 본질은 특정 계급에 대한 비판을 넘어 인간과 자연에 대해 깊은 성찰과 반성을 요청하는 데 있다. 「범의 꾸짖음」은 사물의 편에서 인간의 잔인성과 약탈적인 면모를 고발하고, 사람과 사물이 동일하게 만물의 하나임을 지적한다.[13]

대개 자기 소유가 아닌데도 이를 취하는 것을 도盜라 하고, 생명을 해치고 물건을 빼앗는 것을 적賊이라 한다. 너희들은 밤낮없이 돌아다니면서 팔을 걷어붙이고 눈을 부라리며 남의 것을 빼앗고 훔치면서도 부끄러운 줄을 모른다. 심지어는 돈을 형님이라 부르고, 장수가 되려고 아내를 죽이기도 하니, 인륜의 도리를 다시 논할 수가 없을 정도다. 그런데다 다시 메뚜기에게서 밥을 가로채고 누에한테서는 옷을 빼앗으며 벌을 쫓아내어 꿀을 훔친다. 더 심한 놈은 개미 새끼로 젓을 담가 조상에게 제사를 지내기도 한다. 그 잔인하고 야비한 행위가 네놈들보다 심한 이가 누가 있겠느냐? 네놈들이 이理를 말하고 성性을 논할 때 툭하면 하늘을 들먹이지만, 하늘이 명령한 바로써 본다면 범이든 사람이든 만물의 하나일 뿐이다. 하늘과 땅이 만물을 기르는 어짊으로 논하자면 범과 메뚜기, 누에와 벌, 개미는 사람과 함께 길러지는 것이니 서로 어그러져서는 안 된다. 그 선악으로써 판별한다면, 벌과 개미의 집을 공공연히 빼앗아 가는 놈이야말로 천지의 큰 도둑이 아니겠느냐? 메뚜기와 누에의 살림을 제 마음대로 훔쳐 가는 놈이야말로 인의仁義를 해치는 큰 도적이 아니겠느냐? 「범의 꾸짖음」

범이 북곽선생을 야단치는 한 대목이다. 입장을 바꾸어 물物의 관점에서 생각해 보면 인간만큼 잔인하고 폭력적인 존재가 없다. 이러한 반성이 타자도 나와 동일하게 소중한 존재임을 자각하게 하고 함께 어울려 살아가야 함을 인식하게 만드는 것이다. 연암은 범의 입을 빌려 사물의 입장에서 인간의 추악함을 폭로함으로써 인간의 반성을 요청하고 있다.

「범의 꾸짖음」에서 자연과 인간의 대립을 노골적으로 드러낸 궁극의 의도가 둘의 갈등과 대결을 조장하려는 데 있지는 않다고 본다. 다른 생명체도 동등하게 존중받아야 할 대상이라는 것, 그리하여 자연과 인간은 상생相生하며 어울려 살아가야 하는 존재임을 말하려는 것이다. 하지만 이러한 당위에도 불구하고 범과 북곽선생은 화해할 가능성조차 갖지 못한다. 인간에 대한 범의 눈길은 일관되게 싸늘하다. 글의 결론에서 범은 북곽선생을 한껏 조롱하고 소리 없이 사라진다. 자연과 문명의 화해는 그만큼 힘겹고 어려운 길이다. 「범의 꾸짖음」은 인간 중심주의에서 벗어나 자연 사물의 시선으로 인간을 바라봄으로써 인간의 내부를 돌아보고 반성하게 한다.

인간과 자연의 관계에 대한 성찰은 민족간의 관계로 확장되기도 한다. 연암은 타자의 나라인 청나라에 대해서도 오랑캐라고 무조건 배척할 것이 아니라 그들의 처지에서 그 우수한 점, 뛰어난 점을 배워 우리 삶에 적용하자고 이야기한다.

만약 법이 좋고 제도가 아름답다면 진실로 오랑캐라도 나아가 본받아야 할 터인데, 하물며 그 규모의 광대함과 마음 씀씀이의 정교함과 제작制作의 심원함과 문장의 찬란함이 아직도 삼대 이래 한·당·송·명의 옛 법을 보존하고 있음에랴? 우리를 저들과 비교한다면 진실로 한 치도 나은 점이 없다. 그럼에도 유독 상투를 튼 것만 가지고 스스로 천하에 제일이라고 뽐내면서 "지금의 중국은 옛날의 중국이 아니다"라고 말한다. 그 산천은 비린내와 노린내가 난다고 헐뜯고, 그 백성은 개나 양이라고 욕을 하며, 그 언어는 오랑캐 말이라고 모함하면서, 중국 고유의 좋은 법과 아름다운 제도마저 싸잡아 배척해 버린다. 그렇다면 앞으로 어디를 본받아 나아가야겠는가? 「북학의 서문」 北學議序

사람이 처한 입장으로 보면 중화와 오랑캐가 진실로 구분이 있지만, 하늘이 명령한 바로써 본다면 은나라 모자든 주나라의 모자든 각기 그때의 제도를 따른 것일 뿐이다. 하필이면 청나라의 붉은 모자만을 의심해야 하겠는가? 「범의 꾸짖음 후지」 虎叱後識

'무찌르자 오랑캐'를 국가 대의로 내세워 청나라에 관한 것이라면 무조건 배척하던 시대에 청을 배우자고 말하고 있다. 중국의 입장에서 그들의 문명을 인정하고 배울 것은 배우자고 한다. 더 나아가 우리가 청나라보다 나은 점이 없다고까지 했다. 위의 글은 북학의 정당성에 관한 발언이므로 생태적 사고와는 직접 관련이 없다고 생각할 수도 있다. 그러나 청의 문물을 수용하자고 주장하는 속내로 들어가면 그 가장 밑바탕에는 존재의 평등이라는 인식이 있다. 연암은 중화의 문화든 오랑캐의 문화든 하늘의 입장에서는 다 같은 생활 양식일 뿐이라는 생각을 갖고 있다. 공평무사한 관점에서 본다면 문화는 저마다 그 당시의 제도를 따르는 것일 뿐이다. 청나라의 모자만을 오랑캐 문물이라고 배척해야 할 이유는 없는 것이다. 연암은 각자의 개별성을 존중하는 공존의 정신을 바탕으로 청나라도 지구의 한 개체로 인정하고 청나라가 지닌 문물의 아름다움을 자각하는 데로 나아간다. 나와 우리 입장만을 고집해서는 안 되며, 상대방의 좋은 것을 받아들여서 서로가 윈윈하자고 한다. 이 정신이야말로 공존과 상생을 핵심 원리로 삼는 생태학의 정신이다.

이같이 연암의 많은 글은 인간과 사물의 평등과 공존을 담고 있다. 인간과 사물은 본래 하나에서 출발했으며 모든 존재는 서로 연결되어 있다는 생각, 따라서 인간과 사물, 인간과 인간, 민족과 민족은 서로 다투거나 거부해서는 안 되며 서로를 존중하고 인정하면서 공생해 가야 한다는 생각을 이야기한다.

자연의 복잡성과 다양성 자각하기

주자학에서는 천리天理라고 하는 하늘의 작용이 이 세상 모든 존재에 두루 미친다고 본다. 하늘의 작용은 일정한 법칙에 의해 일어나며, 거기엔 한 치의 오차도 없다. 하늘의 도는 성실하며 도덕적인 성격을 지닌 존재다.[14]

> 아아! 세상의 사물 가운데 겨우 털끝만한 미물조차도 하늘이 내지 않는 것은 없다고 한다. 그러나 하늘이 어찌 하나하나 이름을 지었겠는가? 「코끼리에 대한 기문」象記

주희의 『주자어록』朱子語錄에 의하면 세상의 사물들은 그 사물이 '존재하는 이유'와 '마땅히 그러해야 하는 당위성'을 갖고 있다. 이를 이理라고 한다. 모든 일마다 각기 이치가 있으며 사물마다 제각기 명칭이 있는데, 각 사물들은 사물마다 존재하는 이치와 명칭을 갖고 마땅히 있어야 할 자신의 자리에 있다. 사물의 이치는 하늘과 땅의 움직임과 변화, 잠깐 사이의 순간에도 존재한다. 그리고 이러한 이치는 하늘이 부여한 것이다. 조선 시대 선비들은 하늘이 모든 사물을 만들었다고 하는 이 같은 주자의 이설理說을 절대적으로 믿었다. 모든 현상은 이理의 작용 아래 움직인다고 보았으며, 그리하여 인간의 제도와 윤리를 하나로 꿰는 보편의 원리를 만들고 이를 따르도록 했다. 앞의 인용문은 그와 같은 절대 이데올로기에 대해 연암이 의문을 제기한 것이다. 과연 하늘이 일일이 이름을 지을 수가 있겠느냐는 것이다.

연암은 하늘의 작용을 절대화해 인간 세상의 행동 양식을 한 가지 기준으로 가두는 사회 규범을 비판하는 근거를 자연 사물의 생태에서 찾는다. 연암은 열하 행궁에서 코끼리를 보게 되는데, 코끼리의 큰 몸집과 신기한 모습에 충격을 받아 이를 자세히 관찰하고 코끼리의 모습과 생태를 근거로 주자의 천리설天理說을 비판한다. 먼저 연암이 코끼리를 묘사한 장면을 보자.

> 코끼리 생김새는 소의 몸에 나귀의 꼬리, 낙타의 무릎에 호랑이의 발굽, 짧은 털에 회색이다. 모습은 어질며 소리는 구슬프다. 귀는 구름을 드리운 듯하고, 눈은 초승달 모양이다. 두 어금니는 크기가 두 아름 되고, 길이는 한 자 남짓이다. 코는 어금니보다 길어 자벌레같이 굽혔다 펴고, 굼벵이처럼 도르르 만다. 코끝은 누에 꽁무니 같아, 족집게처럼 물건을 끼워 말아서 입에다 넣는다. 혹 코를 주둥이로 생각하는 자가 있어 다시 코끼리의 코가 있는 곳을 찾기도

하는데, 대개 그 코가 이처럼 길 줄 생각지 못하는 것이다. 간혹 코끼리 다리가 다섯이라고 말하는 자도 있으며, 누군가는 눈이 쥐눈처럼 동그랗다고 말하기도 한다. 대부분 코와 어금니에만 정신을 팔다가 그 온몸 가운데서 가장 작은 것에 생각이 미치다 보니 이렇듯 엉터리 비유가 있는 것이다. 대개 코끼리의 눈은 매우 가늘어 간사한 사람이 아양 떨 때 그 눈이 먼저 웃는 것과 같다. 그러나 그 어진 성품은 눈에 있다. 「코끼리에 대한 기문」

연행록 가운데 이처럼 코끼리를 세밀하게 묘사한 글은 없다. 연암은 특히 코끼리의 코와 눈에 주목한다. 연행록에서 코끼리를 언급한 작가들은 코끼리 눈이 작다고 기술하거나 송아지나 쥐의 눈처럼 동그랗다고 묘사한다. 그런데 연암은 이러한 비유는 엉터리라고 하면서 코끼리 눈은 초승달처럼 매우 가늘어서 간사한 사람이 아첨할 때 눈웃음부터 치는 것처럼 보인다고 한다. 연암만의 사물에 대한 섬세한 관찰력이 드러나는 장면이다.

이어 연암은 코끼리의 습성에 의거해 하늘의 '의도성'과 '필연성'을 비판한다.

강희 시대에 (북경北京 외곽의) 남해자南海子에 두 마리의 사나운 호랑이가 있었다. 오래되어도 길들일 수가 없자 황제는 화가 나서 호랑이를 내몰아 코끼리 우리로 들여보내라고 명령을 했다. 코끼리가 몹시 겁을 먹고 그 코를 한번 휘두르자 두 호랑이가 그 자리에서 죽어 버렸다. 코끼리가 호랑이를 죽일 마음이 있었던 건 아니었으나, 냄새나는 것이 싫어 코를 휘두르다가 잘못 맞은 것이다.

코끼리는 낯선 냄새를 싫어해서 간혹 우리에 들어온 호랑이를 죽이는 일까지 있다고 한다. 위의 내용은 이 같은 코끼리 생태에 바탕을 둔 이야기다. 하지만 사람들은 코끼리가 힘센 코로 호랑이를 물리친 것이라 생각한다. 코끼리가 호랑이를 이긴다고 보는 것은 큰 자가 작은 자를 이긴다는 필연적인 '이치'에 따르는 입장이다. 그러나 코끼리는 애초에 호랑이를 죽일 의도가 없었고, 호랑이 냄새가 싫어 코를 휘두르다 '우연히' 호랑이를 죽인 것이다. 사람들은 털끝만한 일도 하늘의 뜻에 따라 이루어진다고 믿지만, 연암은 코끼리의 '우연'한 행동을 들어 사물의 상황은 그때그때 우연히 생기는 현상이라 말하려 한다. 「담연정기」澹然亭記에서 말하듯, 하늘은 자질구레하게 사물마다 비교하고 따지지 않는다. 저절로 되도록 맡겨 둘 뿐이다.

사물마다 이理가 존재하며 그 이치를 하늘이 주관한다고 여기는 사람들은 사물의 기능 하나하나를 '하늘이 주었다'고 믿었다. 여기엔 객관적인 과학 정신이나 탐구 정신은 없고 오직 주자에 대한 절대적 믿음만이 있었다. 그러나 연암은 사람들이 쉽게 접하지 못한 상아象牙와 코끼리의 코를 들어 그 모순을 날카롭게 헤집는다. 사람들은 하늘이 짐승에게 이빨을 준 것은 그 짐승이 음식물을 씹도록 하려는 것이라고 말한다. 그러나 연암은, 그렇다면 왜 코끼리에겐 아무 쓸모없는 이빨인 상아를 준 것이며, 또 코가 있어서 상관없다면 차라리 상아를 없애고 코를 짧게 하는 것이 더 낫지 않겠냐고 반박한다. 눈으로 볼 수 있는 코끼리도 그 이치를 알 수 없을진대 코끼리보다 훨씬 큰 세상의 이치를 어찌 일일이 규정할 수 있겠느냐고 비판한다. 그리하여 사물의 관계는 상대적임을 말한다.

코끼리가 범을 만나면 코로 쳐서 이를 죽이고 마니 그 코는 천하에 무적이다. 그러나 쥐를 만나면 코를 둘 곳이 없어 하늘을 우러르며

서 있다. 그렇다고 해서 장차 쥐가 범보다 무섭다고 말한다면 앞서 말한 바의 이치는 아닐 것이다.

코끼리는 긴 코로 범을 죽인다. 그렇다면 범보다 코끼리가 강하다고 해야 할 것이다. 그러나 코끼리는 쥐만 만나면 꼼짝을 못하고 서 있기만 한다. 이압李岬의『연행기사』燕行記事에 따르면 실제로 코끼리는 쥐 소리를 들으면 놀라고 두려워하며 병이 들 정도라서, 코끼리를 조련하는 자는 평소에 코끼리의 발을 푸른 베로 싸 둔다고 한다.

코끼리가 범을 이기고 쥐가 코끼리를 이긴다면, 쥐가 범을 이긴다고 해야 옳다. 사물의 질서를 획일적으로 규정하는 하늘의 이치에 의하면 응당 그래야 하겠지만, 실제로는 그렇지가 않다. 호랑이는 쥐를 단번에 때려눕힌다. 사물의 질서는 단순하게 정해지지 않는다. 하늘의 이치는 보편적으로 누구에게나 적용되지 못한다. 진실은 존재마다 각자의 관계와 처한 상황에 따라 다르게 드러난다. 그러므로 하나의 보편적인 이치를 개별 사물에 똑같이 적용해서는 안 된다. 모든 사물은 어떤 자리에 놓이고, 어떤 관계에 있느냐에 따라 진실이 달라지는 것이다.

연암은 코끼리의 습성과 생태를 유심히 관찰하고 필연의 법칙과 조물주의 존재에 대해 의심을 품었다. 자연 사물의 질서는 일직선으로 줄 세울 수 없다. 사물들마다 우연한 상황들이 있고, 사물 고유의 특성이 있다. 저 크고 넓은 세계의 온갖 현상을 하나의 이치로써 하나하나 규정하기란 애초에 불가능한 일이다. 정해진 이치란 없으며 자연 사물에는 단순하게 밝힐 수 없는 복잡한 양상들이 있다. 연암은 하늘은 인격자이며 사물마다 객관적인 이치가 있다는 당시의 보편적인 생각에 동의하지 않았다.

중국으로 연행을 간 이들은 북경北京에서 코끼리를 보고 신기한 마음에 코끼리의 생김새와 습성을 글로 기록했다. 그런데 연암은 단순히 사물의 모습을 기록하는 데 머물지 않고 사물의 생태에서 얻은 깨달음을 현실의 문제로 확장해 고정 이데올로기의 문제점을 비판하는 논거로 이용했다. 조선 사회는 하늘의 이치를 절대적인 것으로 만들어 인간의 행동 방식과 사물의 현상을 일일이 하늘의 이치와 연결시켰다. 모든 현상은 조물주의 의도 속에서 일어난다고 보았으며, 모든 현상을 하나의 이치로 꿰는 보편의 질서를 만들어 냈다. 그것을 중용이니 예니 하는 윤리로 묶어 놓고 사람들에게 따르도록 했다.

하지만 연암은 코끼리라는 사물의 독특한 모습을 확인하고서 획일적인 이理관이 잘못되었다는 것을 깨달았다. 하늘과 땅은 지극히 넓고 천하의 사물은 굉장히 많다. 자연 사물은 생의生意로 가득하며 사물들 간의 관계는 매우 복잡하고 다양하다. 세상의 복잡한 관계를 획일적인 기준으로 가두어서는 안 된다는 것이 연암의 생태주의 시각이다.

사물간의 관계에 대한 깨달음은 인간의 고정관념을 비판하는 글쓰기로 이어진다. 연암은 한 지인에게 보낸 편지에서 자신을 고라니에 견준 적이 있다. 이 편지를 본 상대방이 연암이 크다고 뻐긴 것으로 오해해 자신은 말 꼬리에 붙은 파리에 불과하다며 비아냥거리자, 연암은 다음과 같이 상대방을 깨우쳐 준다.

> 만약 다시 그 형체의 크고 작음을 비교하고, 보이는 바의 멀고 가까움을 가리려 한다면, 그대와 나는 모두 망령될 뿐입니다. 고라니는 과연 파리보다는 큽니다. 그러나 코끼리가 있지 않습니까? 파리는 과연 고라니보다 작습니다. 그러나 개미에 견주어 본다면 코끼리와 고라니 관계와 같습니다. 지금 저 코끼리가 서 있는 모습은 집채 같고 걸음은 비바람 같으며, 귀는 구름이 드리운 듯하고 눈은

초승달 같으며 발가락 사이 진흙은 봉긋한 둔덕 같습니다. 개미가 그 속에서 살다 비가 오는지 살피러 줄지어 나왔다가 두 눈을 부릅뜨고 보아도 코끼리를 보지 못하는 것은 왜 그렇습니까? 보이는 것이 너무 멀리 있기 때문입니다. 또 코끼리는 한쪽 눈을 찡긋하며 보아도 개미를 보지 못하는데, 이는 다른 게 아닙니다. 보이는 것이 너무 가깝기 때문입니다. 만일 조금 큰 안목을 가진 사람으로 하여금 다시 백 리 멀리로부터 바라보게 한다면, 아득아득 가물가물 도무지 보이는 바가 없을 것입니다. 어찌 이른바 고라니와 파리, 개미와 코끼리를 구별해 낼 수 있겠습니까? 「누군가에게 주다」答某

고라니, 코끼리, 파리, 개미 등 다양한 크기의 사물을 견주어 크고 작음, 멀고 가까움은 비교하는 대상이나 상황에 따라 달라진다고 말한다. 고라니는 파리와 비교하면 '크다'고 말할 수 있다. 그러나 코끼리와 비교한다면 '작다'. 파리도 고라니와 비교하면 작다고 하겠지만 개미와 비교하면 그 반대다. 사물의 크고 작음이나 멀고 가까움은 어디에 위치하느냐, 무엇과 관계하느냐에 따라 달라진다. 연암은 자연 사물의 상대적인 관계를 관찰하고서 무엇이 크네 작네, 가깝네 머네 하며 따지는 일이 어리석다는 것을 말하려 한다. 인간의 다툼은 크고 작음을 비교하고 이것과 저것을 견주고 따지는 데서 생긴다. 조금 크면 업신여기고, 작다 싶으면 기가 죽는다. 그러나 크고 작음과 멀고 가까움은 실상은 한가지다. 고라니가 크니 파리가 작으니 하는 것은 단순한 관계로 만들어 낸 차별적인 사고일 뿐이며, 상대적인 관점에서 보자면 잘못된 생각이다.

자연 사물의 생태에서 고정관념을 비판하는 생태 글쓰기는 저 유명한 까마귀 날개 비유에도 나타난다.

아! 저 까마귀를 보라. 그 날개보다 더 검은색이 없긴 하나 얼핏 옅은 황금색이 돌고, 다시 연한 녹색으로 반짝인다. 햇빛이 비치면 자주색으로 솟구치다, 눈이 어른어른하면 비취색으로도 변한다. 그러므로 내가 비록 푸른 까마귀라고 말해도 괜찮은 것이고, 다시 붉은 까마귀라고 말해도 상관없는 것이다. 저 사물은 본디 정해진 색이 없는데도 내가 눈으로 먼저 정해 버리는 것이다. 어찌 그 눈에서만 판정할 따름이랴? 보지도 않으면서 마음속에서 미리 판정해 버린다. 슬프다! 까마귀를 검은색에 고정시킨 것도 충분한데, 다시금 까마귀를 갖고 세상의 온갖 색을 고정시키려 하는구나. 까마귀가 과연 검기는 하다. 그러나 누가 다시 이른바 푸르고 붉은색이 검은색 안에 깃들어 있는 빛깔인 줄 알겠는가? 「능양시집 서문」 菱洋詩集序

까마귀가 검다는 것은 일반적인 상식이다. 그러나 연암은 여기에 동의하지 않는다. 까마귀를 자세히 살피면 햇빛의 각도에 따라 그 날개는 다양한 빛으로 바뀐다. "저 사물은 본디 정해진 색이 없다"는 발언은 빛에 따라 시시각각 변하는 사물의 이미지를 강조한 인상파를 떠올리게 한다. 하나의 특정한 모습만이 진실이 아니라 빛에 따른 다양한 사물의 모습이 각기 진실의 자리가 되는 것이다. 실제로 옛 문헌을 보면 까마귀는 본디 적오赤烏라고 해서 예로부터 태양의 빛인 붉은색으로 그려 오기도 했다. 또 푸른 까마귀라는 뜻의 창오蒼烏라고도 불렀다. 하지만 고정관념에 길들여진 사람들은 으레 까마귀를 검은색으로 '가두어' 버린다. 검붉은 색으로 빛나는 까마귀를 보면서도 이미 굳은 선입견 때문에 검은색이라고 생각하는 것이다. 연암이 더욱 안타깝게 여긴 것은 까마귀를 검은색으로 고정시키는 데 그치지 않고 세상의 온갖 색을 하나로 가두어 버리는 세상의 태도였다. 정해진 기준만을 따르라고 강요하는 사회 현실을 은유적으로 비판하는 것이다.

연암은 까마귀가 조건에 따라 다채로운 색깔을 보여 준다는 사실을 관찰하고서 오직 하나의 잣대만을 따르는 세상을 비판하는 근거로 활용한다. 단 하나의 고정관념에 갇히지 말고 열린 눈을 갖자고 당부한다. 세상 사물은 다양하고 복잡하다. 인간 현실도 마찬가지로 하나의 기준, 하나의 법칙에 따라 움직이는 것이 아니다. 따라서 선입견과 고정관념에서 벗어나 열린 눈으로 다양함을 존중해 주어야 한다.

자연 사물의 다양함과 복잡한 관계를 보여 주어 고정관념과 갇힌 이데올로기에 도전한 연암의 태도는 하나의 기준만을 붙드는 고립된 관계에서 맥락과 상황을 중시하는 관계적 시선으로의 전환을 의미한다. 모든 현상을 하늘의 이치로 설명한 유가 사회에서 자연의 질서는 진리의 실현으로 이해되었다. 꽃이 피고, 물이 흐르고, 새가 지저귀고, 바람이 부는 등의 자연현상도 우주적 질서 차원에서 보면 모두 하늘의 이치가 실현되는 것이다. 하지만 연암은 획일적인 천리관天理觀을 비판하고 자연 사물이 살아가는 각각의 방식을 존중하고 이해하려 한다. 나아가 자연의 질서마저 인간의 질서로 끌어들여 모든 것을 하늘의 의도로 이해하려는 태도를 비판한다. 자연의 현상이든 인간의 삶이든 존재들이 살아가는 방식은 다양하고 복잡하다. 어느 하나만이 절대적인 기준이 될 수는 없으며 처한 입장에 따라, 놓인 관계에 따라 진실의 자리는 바뀌는 것이다.

진실은 어느 한 자리에 고정되어 있거나 특정한 하나의 기준으로 정해져 있지 않다. 관계와 상황에 따라 다르게 드러난다. 연암은 코끼리의 생태와 까마귀의 날개에 관한 새로운 깨달음을 통해 진실의 다양함과 복잡함에 대한 생태적 진실을 이야기했다.

사물간의 미묘한 사이에 주목하기

인간은 자신이 경험한 세계 그 이상을 생각하지 못한다. 자신이 보고 들은 것만을 전부라 여기는 것이다. 서로 다른 갈등과 대립이 생겼을 때, 각자가 자기 입장만이 옳다고 우기면 갈등은 해결되지 않는다. 연암의 우언寓言을 들어 보자.

> 까마귀는 뭇 새가 검다고 믿고
> 백로는 다른 새 희지 않다 의심하네.
> 흑과 백이 각자 자기가 옳다 하면
> 하늘도 응당 그 판결 싫어하리.
> 「발승암 기문」 髮僧菴記

색이 검은 까마귀는 다른 부류도 검다고 생각한다. 백로는 다른 새들이 자신들과 같이 희지 않은 것에 대해 의심하고 거부한다. 흑과 백이 자신의 입장에서만 생각하면 다툼과 분쟁을 피할 길이 없다. 까마귀와 백로는 자기 생각만이 옳다고 주장하는 인간을 은유한 것이다. 그렇다면 양쪽이 대립할 때 좋은 해결 방법은 없을까?

연암은 사물의 생태 특성을 통해 이 문제를 풀어 간다. 「낭환집 서문」 蜋丸集序 첫머리에는 자무子務와 자혜子惠라는 두 사람이, 소경이 비단옷을 입은 것과 비단옷을 입고 밤길을 가는 것 가운데 어느 것이 더 나은가로 다투는 장면이 나온다. 서로 다른 입장을 어떻게 받아들여야 하는가에 대한 일종의 문제 제기다. 연암은 청허선생의 입을 빌려 '사물의 진실이 발생하는 자리'를 이야기한다.

예전에 황희 정승이 공무를 마치고 집에 오자, 딸이 맞으며 물었다. "아버지, 이 알죠? 이는 어디서 생겨요? 옷에서 생기죠?" "아무렴." 딸이 웃으며 외쳤다. "내가 이겼다." 이번엔 며느리가 물었다. "이는 살갗에서 생기죠?" "그렇단다." 며느리가 웃으며 말했다. "아버님은 내 말이 맞다시네요." 부인이 화를 내며 말했다. "누가 대감을 지혜롭다 하우? 옳고 그름을 다투는데 둘 다 옳다니요?" 황희 정승이 빙그레 웃었다. "딸아, 며느리야, 이리 오너라. 대체로 이는 살갗이 없으면 부화하지 못하고, 옷이 없다면 붙지를 못한단다. 그래서 둘 다 옳은 것이지. 비록 그렇긴 하나 옷을 장롱 속에 두어도 이는 있고, 설령 네가 벌거벗었어도 여전히 가려울 게야. 땀 기운이 무럭무럭 오르고 후덥지근한 곳, 떨어지지도 않고 붙어 있지도 않은 옷과 살갗 사이에서 생긴단다." …… 그러므로 참되고 바른 견해는 진실로 옳다 하고 그르다 하는 그 가운데 있다. 땀이 이로 변화하는 일은 지극히 미묘해 살피기가 어렵다. 옷과 살의 사이에는 절로 빈 곳이 있어 떨어지지도 않고 붙어 있지도 않으며, 오른쪽도 아니고 왼쪽도 아니니 누가 그 가운데〔中〕를 얻을 수 있겠는가? 말똥구리는 스스로 경단을 사랑해서 여룡의 구슬을 부러워하지 않는다. 여룡 역시 자신에게 구슬이 있다 해서 저 말똥구리의 경단을 비웃지 않는다. 「낭환집 서문」

이가 옷에서 생기는가, 살에서 생기는가에 대해 논쟁이 붙었다. 이 글은 하나의 우언이므로 이가 참말로 어디서 생기는가에 대한 과학적 진실에 얽매일 필요는 없다. 시비是非 논쟁이 붙으면 세상에서는 한 편을 지지해야 왕따를 당하지 않는다. 둘 다 맞다고 하는 황희 정승의 대답에 핀잔을 주는 부인의 태도는 한 편에 서야 한다고 생각하는 일반적인 입장을 반영한다. 이것이냐 저것이냐의 대립으로 다투는데 양시론兩是論을 펼치는 황희 정승의 태도는 문제를 회피하는 것처럼 보인다. 그러나 황희 정승의 대답은 논쟁에 대한 결과를 말해 주려는 것이 아니라 생각하는 과정, 상황을 대하는 태도를 말하려는 것이다.

이 글에서 생태적 사고와 관련해 몇 가지 시사점을 이끌어 낼 수 있는데, 첫째는 현상만 보지 말고 이편과 저편의 '사이'를 꼼꼼하게 관찰하라는 것이다. 이는 어디서 생길까? 땀 기운이 물씬한 살과 풀기가 풀풀 나는 옷, 떨어지지도 않고 붙어 있지도 않은 옷과 살의 '사이'에서 생긴다. 하나의 고정된 자리가 아니라 땀 기운과 풀기의 미묘한 변화에 따라 진실이 달라지는 지점이다. 사물과 사물 간에는 아주 작은 '사이'가 있다. 실상 인간人間, 공간空間, 시간時間에도 사이〔間〕가 있지 않던가? '사이'를 자세히 볼 때 진실의 향방을 알 수 있다. 겉으로 드러난 현상만 보거나 한 편의 시각으로만 보면 진실을 잡기 어렵다. 대상과 대상 사이를 정밀하게 관찰할 때 새로운 진실을 발견할 수 있다.

두 번째는 진실은 상황에 따라 달리 드러나므로 차별이나 편견을 두지 말라는 것이다. '이는 살에서 생기는가, 옷에서 생기는가?'에 대한 황희 정승의 대답은 '둘 다 옳다'였다. 옳고 그름을 다투는데 둘 다 옳다는 판정은 또 다른 논란만 불러일으킨다. 그러나 이 삽화가 사실을 가리자는 의도는 아니었을 것이다. 이는 옷과 살의 미묘한 사이에서 생기므로 이분법으로 보면 일면적인 진실일 뿐 실체적인 진실은 아니라는 점을 말하려는 것이다. 실체를 제대로 보려면 둘을 다 볼 수 있는 가운데 지점에 서야 한다.

양쪽의 가운데에 서는 태도는 기회주의적일 수 있다. 팽팽한 견해 차이가 있는데 가운데 선다면 중용의 이름을 빌린 기회주의일 뿐, 문제를 해결하는 데 아무런 도움이 되지 않는다. 하지만 연암이 말한 '가운데'란 상황에 대한 해결을 제시하는 표지가 아니라 인식 태도를 말한다. 양쪽을 보지 않으면 그 판단이 아무리 정당하더라도 그것은 일면적인 진실일 뿐이다. 따라서 한 편에 서지 말고 양편을 함께 아우르는 지점에 서야 한다.

세 번째는 '가치의 위계화'를 무너뜨리고 존재의 균등함으로 나아가라는 것이다. 우리는 이것이 맞고 저것이 틀리다고 쉽게 단정하지만, 그 옳고 그름 가운데는 미세한 사이가 있다. 그 '사이'는 '떨어진 것도 아니고 붙어 있는 것도 아니며, 오른쪽도 아니고 왼쪽도 아닌' 곳이다. 이른바 불리불친不離不襯, 불우불좌不右不左인데, 이 용어는 불가에서 진리를 드러내는 어법이다. 하나도 아니고 둘도 아닌, 붙지도 나뉘지도 않는 곳에 진리가 있다는 것이다. 이쪽과 저쪽을 구분하는 것은 인간의 방편일 뿐 저것으로 인해 이것이 있고, 이것으로 인해 저것이 있다. 존재는 다른 것을 통해 자신을 드러내며 서로를 비춰 줌으로써 의미가 만들어진다. 즉, 둘 사이의 대립이 동시에 부정되고 긍정됨으로써 가치의 위계화가 무너지는 자리가 사이〔中〕다. 옳음과 그름, 천함과 귀함을 구분 짓는 것이 아니라, 서로를 비춰 줌으로써 의미를 드러내며 모든 존재가 제각기 가치를 드러내는 것이다.

이 생각을 정리한 것이 인용문의 마지막 문장인 용과 말똥구리의 비유다. 용과 말똥구리 비유는 중심과 주변의 문제를 떠올린다. 여의주는 누구나 탐내는 물건이다. 반면 말똥은 하찮은 물건이다. 상식의 눈으로 보아 여의주는 아주 귀한 물건이고 말똥은 쓸모없는 물건이다. 그러나 용은 말똥을 비웃지 않는다. 말똥구리에겐 말똥이 필요하다는 사실을 잘 아는 것이다. 말똥구리는 여의주를 부러워하지 않는다. 말똥구리 입장에선 여의주는 아무 쓸모가 없다. 자신에겐 말똥만이 필요하다. 곧 이것이 더 낫다, 저것이 더 낫다고 말할 수는 없으며, 각자 상황에 적합한 쓸모가 있을 뿐이다. 여의주와 말똥은 하나의 상징적 코드다. 여의주가 중심에 놓인 가치를 나타낸다면 말똥은 주변적인 가치를 나타낸다. 이쪽과 저쪽의 사이에 서면 중심과 주변은 동등한 가치를 갖는다.*

연암의 메시지를 곰곰 생각해 보면 주변적인 가치를 중심으로 끌어들이려는 의도가 엿보인다. 여의주는 그 시대에 보편적으로 훌륭하다고 인정한 중심적인 가치를 상징한다. 반면 말똥은 소외받는 주변 가치를 상징한다. 누구도 더러운 말똥에는 관심을 갖지 않는다. 따라서 말똥에 힘을 실어 주는 연암의 발언은 관심 밖에 있던 주변 존재를 중심으로 끌어올리려는 의도로 보아야 한다.

중심과 주변, 귀한 것과 천한 것의 우열을 비판하는 연암의 생각은 얼핏 이편과 저편의 균형 감각을 강조하는 듯 보인다. 그러나 중심은 언제나 조명을 받지만 주변은 항상 소외되어 있다. 따라서 중간을 강조하는 연암이 궁극적으로 향해 있는 시선은 주변적인 것, 하찮은 것, 소외된 것이다. '중간'에 대한 조명은 주목받지 못한 존재로 시선을 향하게 함으로써 중심적인 가치를 무너뜨리고 주변적인 존재를 부각시킨다. 따라서 각각의 존재를 인정하자는 연암의 발언은 기계적인 균형이 아니라 실제로는 지배적 가치에 의해 배척받았던 존재를 끌어올리려는 치밀한 전략이다.

중세의 인간 질서는 구분과 변별을 통해 가치의 위계화를 만들었다. 다른 것을 틀린 것으로 규정하고 중심과 주변, 천함과 귀함을 구별하는

---

* 이렇게 보면 연암의 의도는 이와 같이 정리할 수 있다. 「낭환집 서문」은 말똥구리 문집이란 뜻의 『낭환집』(蜋丸集)을 쓴 유금(柳琴)에게 서문으로 써 준 글이다. 연암은 유금의 시가 여의주와 같이 순정한 면도 있고, 반대로 사회가 배척하는 하찮은 면도 있다고 본 모양이다. 사람들이 유금의 시를 보고 여의주라 여길 수도 있고 말똥이라 여길 수도 있겠지만, 그것은 시집의 일면일 뿐이다. 사람들이 시의 가치를 몰라본다고 해서 시의 본질이 훼손되지는 않을 거라는 위로를 담고 있다. 또 독자들에게는 자신의 입장에서 시를 폄하하지 말고, 시가 지닌 개성을 그대로 수용하라는 당부를 반영하고 있다.

이분법을 만들었다. 옳음은 크고 좋은 것에만 있었다. 그러나 연암이 생각하기에 사물은 아름다움과 추함, 좋고 나쁨을 생래적으로 갖고 있지 않다. 모든 사물은 각자 쓰임새를 갖고 있다. 더할 나위 없이 보잘것없는 사물들, 예컨대 풀, 꽃, 새, 벌레 같은 존재들도 모두 저마다의 지극한 경지를 갖고 있다.

> 비록 지극히 미미한(至微) 사물들, 이를테면 풀, 꽃, 새, 벌레와 같은 것도 모두 지극한 경지(至境)를 지니고 있단다. 그러므로 이들에게서 하늘이 부여한 자연의 현묘함을 엿볼 수 있지.[15]

'지극한 경지'란 존재가 도달할 수 있는 최고의 경지인 참된 이치를 말한다. 풀이나 새, 벌레 따위는 귀함과 천함이 엄격히 분리된 기존 관점에선 하찮은 존재일 뿐이다. 그러나 연암은 지극히 하찮은 사물에도 최고의 경지가 담겨 있다고 본다. 기존의 미추관美醜觀을 완전히 뒤바꾸는 발언이다.

연암은 '이가 어디에서 생기는가'라는 사물의 현상에서 심오한 생태적 생각을 이야기했다. 사물 가운데 가장 귀한 여의주와 가장 하찮은 말똥을 들어 둘의 우열을 거부하고 모든 존재가 저마다 가치가 있다고 했다. 「낭환집 서문」은 글쓰기의 개성을 인정하자는 취지를 이야기한 것이지만, 인식론으로 보자면 서로의 가치를 인정하자는 생각을 담고 있다.

모든 존재를 의미 있는 대상으로 보려는 연암의 생태적 사고는 그의 글 곳곳에서 확인된다. 사람들이 버리는 것, 작고 보잘것없는 존재조차 미적 가치가 있다고 보는 생각은 이미 그의 초기작부터 드러난다. 「예덕선생전」穢德先生傳은 그 좋은 예다. 이 작품에서 연암은 똥 푸는 사람이야말로 가장 순수한 덕을 갖춘 사람이라고 말한다. 연암은 "깨끗한 것도 깨끗하지 못한 것이 있고, 더러운 것도 더럽지 않다"고 말한다. 사람들이 손가락질하는 똥 푸는 사람을 옹호하면서 꺼낸 말이다. 흔히 가장 더럽고 지저분한 것을 말할 때 '똥'을 이야기한다. 그러니 똥 푸는 사람은 신분적으로 가장 밑바닥에 위치한 인생이다. 그렇지만 연암은 똥을 푸고 거름을 치며 사는 엄행수야말로 지극히 향기롭고 덕이 높은 사람이라고 추켜세운다. 그는 진실한 인간인 엄행수를 통해 깨끗한 것과 깨끗하지 못한 것, 더러운 것과 더럽지 않은 것에 대한 기존의 가치를 전복시키고, 더러운 것이 더럽지 않다는 역설을 이야기한다. 또 다른 글에서는 "세상에서 떠드는 쓸모 있는 사람이란 반드시 쓸모없는 사람이며, 세상에서 떠들어 대는 쓸모없는 사람이란 반드시 쓸모 있는 사람"이라는 생각을 보여 주기도 한다.[16] 세상의 쓸모 있는 사람이란 권력이 높은 사람, 신분이 높은 사람, 명예가 높은 사람이다. 세상의 쓸모없는 사람이란 신분이 낮고 천한 사람, 가진 것이 없는 사람이다. 그렇지만 연암의 눈에 쓸모 있는 사람들이란 한갓 허세만 부리고 마음속에 간사한 생각을 품으며, 명예와 잇속을 좇는 위선적인 사람이다. 오히려 쓸모없는 사람이야말로 진실하고 정직하며 꾸밈이 없다. 그가 「방경각외전」放璚閣外傳에서 거지와 떠돌이 등을 주인공으로 내세운 것은 '평등사상의 구현'이라는 거창한 주제 의식 이전에, 누가 진정 아름다운 사람인가에 대한 생각이 기존의 가치와 달랐기 때문이었다. 연암이 전傳의 대상으로 삼은 사람들은 대체로 사회적 약자거나 세상에서 버림받은 사람들이었다. 그는 소외된 인물들에게 따스한 시선을 보냄으로써 지배적 가치에 의해 배척받았던 존재들 역시 똑같이 소중하고 가치 있는 존재라는 점을 말한다.

　글쓰기에서 비속어나 일상어 등을 적극적으로 사용하는 것도 생태 글쓰기의 실현과 관계가 깊다. 전통적인 글쓰기에서는 고상하고 전아典雅한 글자만을 사용한다. 하지만 연암은 말이란 굳이 거창할 필요가 없으며 진리를 드러내는 데 소용된다면 기왓조각이나 벽돌도 쓸모 있다고 한다.[17] 기왓조각, 벽돌은 사람들이 꺼리는 소재, 속된 말(어휘) 따위를 이른다. 그는 글을 잘 쓰는 사람은 따로 가려 쓰는 글자가 없어야 한다고 말한다. 마치 좋은 장군(작가)을 얻으면 호미나 곰방메도 굳세고 날랜 무기가 되고, 헝겊을 찢어 장대에 매달면 정채로운 깃발이 될 수 있는 것과 같은 이치다. 조건에 맞기만 하면 비속어인지 고상한 언어인지의 구별은 아무런 상관이 없다. 곧 연암에겐 존재 자체가 아름다움과 추함, 좋고 나쁨을 결정하는 것이 아니라 상황이나 조건에 얼마나 적합한가 하는 점이 중요하다.

요컨대 연암은 사물과 사물 사이에 주목함으로써 기존에 관심을 두지 않았던 주변에 주목할 것을 요청했다. 그리하여 쓸모없는 것, 버림받은 존재도 조건에 따라 모두 소중한 개체가 될 수 있으며 다양한 삶의 방식으로 살아가는 생명체임을 보여 주고자 했다.「낭환집 서문」이나「예덕선생전」은 생태 글쓰기를 실현한 작품의 범주에 넣어도 좋으며, 이들 작품은 보잘것없는 소재를 제재로 삼아 생태적인 사고를 드러낸 글이다.

자연 사물이 대신 말하게 하기

앞에서 내용적인 측면에 주의해 자연 사물로부터 인간과 사회의 문제로 적용해 간 생태 글쓰기를 살폈다면, 이번에는 형식적인 측면에 주목해 보겠다. 기존의 산문에서 자연 사물은 인간의 정서를 도와주기 위한 보조 수단으로 쓰였다. 그러나 연암은 자연 사물 자체를 표현의 대상으로 삼는다. 먼저, 글 한 편을 보기로 한다.

밤에 봉상촌에서 묵고 새벽에 강화로 들어갔다. 5리쯤 가자 하늘이 비로소 밝아 왔다. 한 점의 티끌 기운도 없이 맑더니 해가 겨우 하늘에 한 자쯤 떠오르자 갑자기 까마귀 머리만 한 검은 구름 한 점이 해를 가렸다. 잠깐 사이 해의 절반을 가리자 어둠침침하고 어스레한 것이 한을 품은 것도 같고 근심하는 것도 같아 찡그리고 편안해하지 않는 모습이었다. 햇발은 옆으로 뻗쳐 모두 긴 꼬리의 혜성 모양을 이루어 성난 폭포처럼 하늘 아래로 내리쏘았다. 바다 너머 여러 산에는, 각기 작은 구름이 멀리서 서로 응하며 왕성하게 독기를 품었다. 간혹 번개가 무섭게 번쩍이면 해 아래서 우르릉 소리가 났다. 잠시 후 사방이 온통 컴컴해져 빈틈이 없었다. 번개가 그 사이를 번쩍하고 지나가자 비로소 첩첩이 쌓여 주름진 구름이 1천 송이 1만 꽃잎을 이룬 것이 보였는데, 마치 옷 가장자리에 선을 두른 듯 꽃에 테가 있는 듯 모두 짙고 옅음이 있었다. 우레 소리가 찢어질 듯해 혹시 흑룡黑龍이 뛰쳐나오려나 싶었지만, 비는 그다지 세차지 않았다. 멀리 연안延安과 백천白川 사이를 바라보니 빗발이 한 필의 바랜 비단을 드리운 것 같았다. 말을 몰아 10여 리를 가자 햇빛이 문득 뚫고 나와 점점 밝아지고 고와졌다. 조금 전의 사나운 구름이 모두 경사스럽고 상서로운 구름으로 변해 오색이 얽혀 빛났다. 말 머리에 한 길 되는 기운이 생겼는데, 엉긴 기름마냥 누렇고 탁했다. 잠깐 사이 문득 청홍색으로 변하더니 재빠르게 하늘로 치솟았는데, 문을 삼아 들어갈 수 있고, 다리 삼아 건널 수 있어 보였다. 처음에 말 머리에 있을 땐 손으로 만질 수 있었는데, 앞으로 나아갈수록 멀어졌다. 얼마 후 문수산성에 이르러 산기슭을 돌아 나와 강화부의 외성外城을 바라보니, 강을 따라 100리에 흰 성가퀴가 햇빛에 반짝이고 무지갯발은 아직도 강 한가운데 꽂혀 있었다.

「말 머리에서 무지개를 본 기록」 馬首虹飛記

기문記文은 기본적으로 글을 쓴 목적이나 동기가 글 속에 드러나기 마련이다. 그런데 이 작품에는 어떤 주제 의식도 드러나지 않는다. 먹구름이 몰려와 소낙비가 내린 후 말 머리에 무지개가 뜬 자연 사물의 풍경만을 보여 준다. 무지개가 뜨기까지 기상 현상의 변화를 묘사와 비유로 구성하고 있다.

운문韻文이 들려주는 데 초점을 두는 반면 산문은 알려 주는 데 초점을 둔 실용적인 양식이다. 그런데 앞의 글은 알려 주지 않고 보여 준다. '무지개가 기이하다', '무지개가 신비하다'라고 직접 말해 주는 것이 아니라 날씨의 변화 과정을 묘사만으로 보여 준다. 묘사를 하기 위해서는 수식을 많이 해야 한다. 수식은 고문古文에서는 불필요한 언어의 낭비다. 고문은 간결하게 전달하는 것을 생명으로 한다. 그렇지만 연암은 묘사의 글쓰기로 자연 사물의 생동감을 눈에 보여 주듯 구체적으로 재현해 낸다.

특히 연암은 자연과 교감하면서 구름과 햇살의 마음으로 들어간다. "어스레한 것이 한을 품은 것도 같고 근심하는 것도 같아 찡그리고 편안해하지 않는 모습이었다"는 표현은 검은 구름이 꽉 몰려든 상황을 의물화의 수법으로 표현한 것이다. 연암은 '사물의 인간화되기' 방법으로 묘사함으로써 자연의 실경實景을 생생하게 재현해 내고, 독자로 하여금 그 분위기에 빠져들도록 한다.

이 작품은 생태 글쓰기가 실현한 특장特長을 잘 보여 준다. 자연에 대한 세밀한 관찰과 자연과의 교감은 순간순간 변화하는 자연의 움직임을 섬세한 눈길로 포착해 낸다. 햇살이 퍼져 나가는 모습을 '성난 폭포' 같다고 한다거나, '빗발'을 '바랜 비단'으로 빗댄 것은 그만의 관찰력으로 만들어 낸 그만의 신선한 표현이다. 그때만의 특별한 상황에서 그때만의 자연 경물의 움직임을 재현하려 하기에 개성적이고 구체적인 표현이 드러난다. 이 글의 소재는 일상의 소나기가 내리고 난 뒤 무지개가 뜬 풍경이었다. 그러나 연암은 섬세한 관찰과 자연과의 교감을 통해 평범한 자연현상을 기이하고 신비로운 모습으로 연출해 냈다.

이와 같이 「말 머리에서 무지개를 본 기록」은 '무엇을' 알려 주려 하지 않고 '어떻게' 보여 줄까에 초점을 둔다. 개인의 여정이나 경험을 서술한 것이 아니라 자연의 움직임 자체에 주목하고 그 변화 양상을 보여 준다. 작가의 의론을 차단시키고, 자연 경물만을 전면에 내세우는 글쓰기는 기존의 기문記文, 나아가 기존의 산문에서조차 보기 드문 표현 방식이다. '효용'과 '전달'에 초점을 둔 기존의 고문 입장에선 쓸데없는 언어만을 낭비한 무가치한 소품에 불과할 수도 있겠다. 그러나 이와 같은 글쓰기야말로 인간의 미의식을 고양시켜 주고 자연 생태의 신비로움에 대해 생각하게 한다. 무지개가 어떠하다고 구구절절 설명하지 않고 무지개가 뜨는 자연현상만을 보여 준 저 글을 읽으며 독자는 무지개의 아름다움을 생각하고 새벽녘 길 위의 여정이 갖는 의미를 새삼 생각한다. 구체적인 사물 묘사와 참신한 비유를 보며 상투적이지 않은 글쓰기의 근원이 어디에 있는지를 생각한다.

다음 작품도 자연 사물과 경물만으로 주제 의식을 드러내고 있다.

그 성 아래는 모두 날고뛰고 베고 치던 싸움터지만 지금은 온 천하가 군사를 쓰지 않는다. 하지만 여전히 사방의 산들이 빈틈없이 에워싸고 수많은 골짜기가 음침하고 삼엄했다. 때마침 달은 상현上弦인지라, 고개에 걸려 떨어지려 했다. 그 빛이 싸늘하고 예리하기가 칼을 숫돌에 갈아 놓은 것 같았다. 잠시 후 달이 더욱 고개 아래로 떨어졌으나 뾰족한 두 끝은 여전히 드러나 있더니 갑자기 시뻘건 불처럼 변해서 두 횃불이 산에서 나오는 듯했다. 북두칠성이 관문 안으로 반쯤 꽂히자 벌레 소리가 사방에서 일어나고 긴 바람이 으스스 불자 숲과 골짜기가 함께 운다. 그 짐승 같은 가파른 산과 귀신 같은 봉우리들은 창을 늘어놓고 방패를 한데 모아 서 있는 듯하며, 강물이 두 산 사이에서 쏟아져 사납게 울부짖는 것은 철갑 입은 기병들이 징과 북을 울리는 듯하다. 하늘 너머에서 학의 울음소리가 대여섯 차례 들린다. 맑고 곱기가 피리 소리가 길게 퍼지는 듯하다. 누군가가 말했다. "이것은 천아天鵝야." 「밤에 고북구를 나선 기록」, 夜出古北口記

「밤에 고북구를 나선 기록」의 마지막 단락이다.* 윗글은 한밤중 고북구古北口 장성長城 주변의 자연 경물만을 묘사하고 있다. 어디에도 작가의 감정은 보이지 않는다. 시가 아닌 산문에서 이처럼 긴 문장에 걸쳐 자연 사물의 묘사만으로 마무리를 하는 방식은 찾아보기 힘들다. 본문에서 실제 사물로 등장하는 소재는 산과 골짜기, 달, 고개, 북두칠성, 관문, 벌레, 바람, 숲, 가파른 산, 봉우리, 강물, 학이다. 낭만적이면서 한편으론 고즈넉한 분위기를 자아내는 사물들이다. 그러나 비유된 표현을 보자. 숫돌에 간 칼, 불, 횃불, 짐승, 귀신, 창, 방패, 철갑 입은 기병, 징과 북, 피리 소리 등이 비유된 표현인데, 모두 전쟁과 관련한 용어들이다. 또 에워싸다, 음침하다, 싸늘하다, 예리하다, 떨어지다, 으스스 불다, 울다, 울

* 「밤에 고북구를 나선 기록」은 연암이 한밤중에 고북구라는 옛 전쟁터를 지나면서 느낀 감회를 쓴 글이다. 연암의 작품 가운데서도 특별히 기이한 문장으로 평가받고 있다. 중국의 도경산(屠敬山)은 이 작품에 대해 '천하의 기문(奇文)'이라고 평가했으며, 창강 김택영은 조선 5천 년 이래 최고의 명문이라고 추켜세웠다. 연암 자신도 후지(後識)에서 사람들이 열하 사행이 어떠했느냐고 물을 때 이 기문을 보여 주면 책상을 치며 기이하다고 할 것이라 자부했다. 그런데 이 작품의 앞부분은 「창평산수기」(昌平山水記)를 적절히 활용한 데다 이미 8월 17일조 기사에서 다룬 내용을 다시 반복했기에 그다지 새로울 것은 없다. 따라서 연암 스스로, 또 그 시대 사람들이 득의(得意)한 작품으로 평가한 것은 위의 단락임이 분명하다. 연암의 글이 「창평산수기」를 활용하고 있다는 사실은 이승수, 「'야출고북구기'의 산문미 재론」,《한국한문학연구》38집, 한국한문학회, 2006에서 잘 밝혀 놓았다.

부짖다, 울리다 등의 용언에는 촉각과 청각, 시각이 골고루 섞여 있다. 붉은색의 시각과 싸늘한 촉각과 시끄러운 청각을 골고루 섞어 전쟁터의 치열한 분위기를 효과적으로 표현하고 있다. 이는 객관적인 상황이 아니라 연암 개인이 느낀 주관적인 정서다. 연암이 「밤에 고북구를 나선 기록」 후지에서 말한, "보고 듣는 모든 상황이 겁이 나고 휘둥그레지며, 기이하고 야릇하지 않은 것이 없는" 정서를 사물에 대한 비유로 펼치고 있다.

살벌한 전쟁터의 분위기에 반전을 주는 사물이 천아天鵝, 즉 고니의 울음이다. 천아를 '군대에서 부는 나팔 소리'로 해석하는 입장이 있고, 고니로 보는 입장이 있다. 문맥상으로 보든 논리상으로 보든 어느 입장이 더 맞다고 단정 짓기는 어렵다. 어느 해석이 더 합리적인가의 문제인데, 군대의 나팔로 볼 경우 앞의 무서운 분위기를 갈무리해 주면서 고북구의 현재 상황이 전쟁 상황과 비슷하다는 점을 상징적으로 보여 준다. 고니로 볼 경우는 이제까지 전쟁터 같았던 싸늘한 분위기가 순식간에 낭만적으로 변하면서 대비 효과와 더불어 여운을 준다. 필자는 고니로 보고 싶다. 왜냐면 연암은 후지에서 "홀연히 두려운 생각이 사라지고 특이한 흥취가 도도하게 솟아나며, 헛것으로 보이고 사람을 놀라게 했던 숲과 바위에도 내 마음이 동요하지 않았다"고 했는데, 고니의 울음은 이런 심리를 상징적으로 보여 주는 사물이다. 고니의 맑고 아련한 울음은 두려운 심리를 돌연 청아한 느낌으로 바꿔 주는 역할을 한다.

그렇다면 연암은 왜 '고북구 장성의 주변 경관이 전쟁터와 같이 오싹했다'고 직접 말하는 대신 자연 경물에 대한 묘사만으로 표현하려 했을까? 왜 실제 사물에 상상력을 동원한 비유적 표현을 사용했을까? 그는 말하길, 글은 자연의 소리[聲]와 빛깔[色], 정情과 경境을 담아야 한다고 했다. 연암이 말하는 정情은 눈앞에 마주친 경물을 통해 시인의 마음을 대신 전달하는 것이다. 연암에 따르면 이별의 슬픔을 표현할 때, "말없이 애간장을 녹이면서 헤어진다"라고 표현하는 것은 이별[別]이라는 글자에 주석을 단, 멋대가리 없는 표현이다. 이별하는 데 가장 적당한 공간인 물가의 경치를 보여 주면 그 간절한 마음이 더 효과적으로 드러난다고 보았다. 또 그가 말한 경境은 자연 사물의 진면목을 잡아내 형상화하는 것을 말한다. 그럼으로써 말 너머에서 의미가 담겨, 직접 말하지 않아도 실제로는 작가의 의도를 다 보여 준다. 곧 연암은 지금 눈앞에 펼쳐진 고북구 장성의 풍경을 비유로 묘사함으로써 작가의 마음을 대신 전달해 주고 있다. 이같이 자연의 성색정경聲色情境을 통해 내면을 드러내는 글쓰기에는 문학의 근원을 자연에서 찾으려는 작가의 의도가 담겨 있다. 비유나 묘사를 활용해 자연 사물의 이미지를 생생하게 재현함으로써 작가의 마음을 대신 표현하는 글쓰기 역시 생태 글쓰기라 불러도 좋을 것이다.

지면의 제약으로 더 많은 제재를 다룰 수는 없지만, 연암의 많은 글은 자연 경치를 맨 앞에 내세워 인간의 심리를 대신 보여 준다. 「맏누님 증 정부인 박씨 묘지명」伯姊贈貞夫人朴氏墓誌銘에서 이별의 슬픈 감정 대신에 활용한 강가의 묘사, 「취해서 운종교를 거닌 이야기」醉踏雲從橋記의 마지막 단락, 「하룻밤에 강을 아홉 번 건넌 기록」一夜九渡河記 첫머리의 강물 묘사, 『열하일기』에서 노정 중에 묘사한 자연 풍경 등 많은 작품은 자연 사물로써 작가의 마음을 대신 전달한다. 찬찬히 살펴보면 오늘날 연암 작품에서 뛰어난 문학적 형상화를 획득한 단락들은 대체로 자연 사물을 활용하고 있다. 비록 자연 사물이 작품의 일부분에서 활용된다 하더라도 그 부분이 작품의 주제 의식을 드러내는 핵심적인 역할을 한다면 생태 글쓰기로 보아도 좋을 것이다. 이와 같은 글쓰기는 자연과의 교감에 바탕을 둔다. 자연 사물의 아름다움과 존재에 주목함으로써 인간의 미의식은 한층 더 깊어지는 것이다.

생태 글쓰기는 상생과 공존을 이야기한다

자연 사물을 제재로 삼아 인간과 사회에 대한 진실을 이야기하는 연암의 글쓰기에서 생태 글쓰기의 가능성을 충분히 엿볼 수 있었다고 본다. 연암과 함께 경험과 생각을 나누었던 학자들, 예컨대 이덕무李德懋, 박제가朴齊家, 유득공柳得恭, 이서구李書九 등도 문학의 근원을 자연에서 찾는다. 이들도 문자의 본질을 자연 사물로 보려 한다. 몇 예를 살펴보겠다.

① 시는 마음속에 있어 / 신령스런 작용이라 / 고금이 따로 없네. / 당송唐宋이니 원명元明이니, / 지나간 얘기일 뿐. / 산천초목 모든 것이 / 글자 없는 시구라네.[18]

② 진부한 냄새를 신기하게 바꿨으니, 호서 지방 여러 선비 절로 스승 얻었으리. 양만리와 합치해 후진을 채워 주니, 눈앞의 경물은 모두 다 시 되누나.[19]

③ 문장은 깨달은 바가 있어야 근거를 세울 수 있는 것이니, 원중랑袁仲郎을 말세의 괴품怪品이라 해서 업신여기지 말게. 마음을 전일하게 가져 고요히 생각을 모은다면, 반드시 심령이 환히 밝아져 한번 눈을 굴리면 만물이 모두 나의 문장일 것이네.[20]

④ 하늘과 땅 사이에 가득한 것이 성색聲色뿐입니다. 소리를 살피고 형상을 취해 세워서 문자를 만드니 모든 나라가 다 그러합니다.²¹

차례대로 박제가, 이서구, 이덕무, 유득공의 글이다. 먼저 박제가는 하늘과 땅 사이에 가득한 것이 전부 시라고 한다. 계절의 변화와 사물들이 내는 소리에는 나름의 자태와 색깔, 리듬이 스스로 존재한다. 그러므로 진부한 글에서 그림자와 울림을 주워 모으는 것은 본래의 모습에서 벗어나는 일이다.²² 박제가는 시라는 물건은 본래 고정된 실체가 없다고 주장한다.²³ 그에게 시는 살아 있어야 하고 새로워야 한다. 산과 강, 나무 등 모든 자연 사물은 글자 없는 시구詩句다.

두 번째 글을 쓴 강산薑山 이서구도 박제가와 같은 취지의 말을 한다. 눈앞의 경물이 다 시라는 것이다. 특히 그는 흥미롭게도 시를 사물의 채색으로 비유한다. 유득공의 증언에 따르면 이서구는 시에 대해 이야기할 때 성률聲律은 말하지 않고 채색彩色으로 설명한다. 이서구는 비유하길, 글자는 대나무와 부들이고, 문장은 발[簾]과 부들자리[席]라 말한다. 붓으로 쓴 글자는 무미건조해서 검을 뿐이며, 대는 비쩍 마른 노란색이고 부들은 시들어 희기만 할 뿐이다. 그러나 노란 대를 엮어 발을 만들고 흰 부들을 짜서 부들자리를 만들어 놓으면 살아 움직이듯 무늬가 이루어져 노란색과 흰색 이상의 것을 얻는다. 그러니 글자를 써서 구절을 이루고 구절을 배열해서 문장을 쓸 때 말라빠진 대나무나 시든 부들보다 못해서는 안 된다는 것이다.²⁴ 사물과 시의 일치성에 근거해, 시를 지을 때는 한시의 형식적 장치인 성률에 구애받지 말고 자연스런 화의畫意가 드러나는 글을 써야 한다는 생각을 보여 주는 것이다.

세 번째 글에서 이덕무도 모든 사물은 내 문장이라고 한다. 박제가가 시와 사물의 연관성을 이야기하는 반면 이덕무는 문文과 사물의 관계를 이야기한다. 이덕무는 자신의 호를 '주충어재'注蟲魚齋나 '학초목당'學草木堂이라고 지을 정도로 자연 사물을 사랑한 작가다. 「이목구심서」耳目口心書나 「선귤당농소」蟬橘堂濃笑를 살펴보면 자연 사물을 도덕과 연관시키지 않고 미물微物조차 있는 그대로 객관적으로 보여 준다.

마지막으로 유득공은 하늘과 땅 사이에 가득한 것이 성색聲色이라고 한다. 박제가의 '하늘과 땅 사이에 가득한 것이 시다'라는 말을 살짝 바꾸었지만, 이어지는 문장을 고려하면 박제가의 말과 하나로 통한다.

이들은 모두 자연 사물에서 창작의 근원을 발견하려 했다. 모든 자연 사물이 문장이고, 모든 눈앞의 경물이 시가 된다고 말한다. 글의 이상理想을 자연 사물로 보는 생각은 당시 연암 그룹 학자들이 공유한 것이다.* 자연 사물을 노래하는 것은 고전 문학에서 일반적으로 나타나는 경향이지만 이들은 자연을 인간과 분리해 바라보려 했으며, 자연 사물과 인간 현실의 문제를 나란히 두고 보려 했다.

이러한 작가들의 작품까지 더 꼼꼼하게 살펴 개념을 정해야 할 문제겠지만, 일단 연암을 참고해서 생태 글쓰기를 정리하자면 다음과 같이 정리할 수 있겠다. 곧 생태 글쓰기란 자연 사물의 생태로부터 깨달음을 얻어 나와 타자, 인간과 자연 간의 다양성을 자각하고 상생과 공존에 대한 인식을 드러내는 글쓰기다. 생태 글쓰기에서 자연 사물은 단순히 소재 차원에 머물지 않는다. 자연 사물의 생의生意로부터 인간과 사회에 대한 깊은 통찰을 보여 주거나 인간의 심미 의식을 높여 준다.

연암의 생각을 생태 글쓰기 측면에서 바라보면 상생과 공존의 생태

---

*   천지 만물 자체를 문자로 보는 관점은 뒤이어 풍석(楓石) 서유구(徐有榘), 항해 홍길주 등에게로 계승되었다. 서유구의 「금릉시서」(金陵詩序), 「자연경실기」(自然經室記) 및 홍길주의 「수여삼필」(睡餘三筆)에 관련 내용이 나타나는데, 연암 그룹 문자관의 영향 관계는 관심을 갖고 탐구해 볼 필요가 있다.

미학으로 정리할 수 있다. 연암은 나 중심, 인간 중심주의에서 벗어나 사물을 존중하고 사물의 입장에서 바라보자고 말했다. 또 사물 생태의 복잡성과 다양성을 보여 주어 획일적인 고정관념과 닫힌 이데올로기를 비판했다. 나아가 피상적이고 이분법적인 흑백논리에서 벗어나 이쪽과 저쪽의 사이를 꼼꼼하게 살피고 양쪽을 객관적으로 보자고 했다. 자연에 대한 교감을 바탕으로 자연 사물로써 내면을 대신 보여 주는 글쓰기를 실천했다. 중심을 비판하고 주변의 것, 소외된 존재를 존중하고 따뜻한 관심을 갖는 궁극의 지향은 나와 타자, 서로 대립되는 입장, 인간과 자연이 상생하고 공존할 것을 염원한 데 있다.

상생하고 공존하기 위해선 이미 권력을 갖고 있는 것들을 철저하게 비판하고 차별받는 존재, 주변으로 밀려난 대상을 적극적으로 감싸 안아야 한다. 연암은 겉으로는 이쪽과 저쪽의 균형 정신을 강조했지만, '중간'의 균형을 맞추기 위해 실제로는 소외된 존재의 편에 섰다. 어떤 사회에서 중심과 주변이 나누어져 있다면, 그곳에서 '사이'의 눈을 갖기 위해선 주변에 더 애정을 기울여야 하는 것이다.

박지원의 생태 글쓰기는 기계적인 글쓰기에 익숙해 있던 우리에게 자연에 대한 관심을 환기시킨다. 자연이야말로 가장 위대한 글쓰기 스승이라는 깨달음을 준다. 자연은 인간에게 기계 문명이 말해 주지 못하는 생명에 대한 존중, 어울려 살아간다는 것, 삶의 복잡성과 다양성에 대한 진실을 들려준다.

모방하지 않는 글쓰기, 나만의 새로운 표현을 하고 싶은가? 자연을 새롭게 주목하고 자연 사물 앞으로 나아가야 할 것이다.

ǀ 빗대어 표현하는 생태 글쓰기 ǀ

오늘날에는 글쓰기에 관한 다양한 이론이 있으며, 사람들은 좋은 글을 쓰기 위한 수많은 비법을 이야기한다. 그런데 글이란 기본적으로 자기 생각을 표현하는 행위다. 글을 쓴다는 것은 자신의 생각과 느낌을 솔직하고 진실하게 드러내는 것이다. 그러므로 좋은 글을 쓰려면 무엇보다 진실한 마음을 갖추어야 한다.

오늘날 파괴적이고 저급한 말이 횡행하고 표절과 단순 모방이 쉽사리 행해지는 것은 무엇보다 인간의 마음이 거칠어진 데 그 원인이 있다. 사람들은 탐욕을 아무렇지도 않게 여기고, 나만 잘되면 그뿐이라고 생각한다. 아무리 글쓰기 비법을 배우고 작법 훈련을 받는다고 해도 영혼이 병들었다면 좋은 글이 나올 수 없다.

생태 글쓰기는 무너진 인간의 마음을 일으켜 세우고 진심의 글을 쓰는 데 더없이 좋은 글쓰기다. 자연은 인간의 가장 훌륭한 스승이다. 자연은 상처받은 인간의 마음을 치유해 주고 병든 영혼을 정화시켜 준다. 자연 사물과 교감하고 그 몸짓과 행동, 살아가는 꼴을 잘 관찰해서 인간 세계에 적용한다면 치유의 글쓰기, 성찰의 글쓰기를 이룰 수 있을 것이다.

그렇다면 어떻게 하면 자연 사물을 글쓰기에 잘 담아낼 수 있을까? 이덕무는 그에 대한 힌트를 들려준다. 사실 평생에 걸쳐 생태 글쓰기를 실천한 작가를 꼽으라면 연암 외에 단연 형암炯庵 이덕무를 꼽겠다. 형암만큼 자연 사물에 깊은 애정을 갖고 이를 꼼꼼하게 기록한 작가도 없다. 그가 쓴 「이목구심서」와 「선귤당농소」는 『파브르 곤충기』마냥 자연 사물에 대한 관찰기라 불러도 손색이 없다. 그는 생태 작가라 불러도 될 정도로 자연의 온갖 곤충과 벌레, 짐승의 생태에 해박했다. 오늘날의 관점에서 보자면 이덕무는 곤충학자이자 조류학자이며, 식물학자라 부를 만하다.

그의 사물에 대한 시선과 그가 말한 사물을 묘사할 때의 요령을 살펴보자.

> 친구가 없다고 탄식할 것 없이 책과 함께 노닐면 된다. 책이 없으면 구름과 놀이 내 친구고, 구름과 놀이 없으면 하늘을 나는 갈매기에 내 마음을 의탁하면 된다. 나는 갈매기가 없으면 남쪽 마을의 홰나무를 바라보며 친구 삼아도 되고 잎 사이의 귀뚜라미도 구경하며 즐길 수 있다. 무릇 내가 사랑해도 그 시기하거나 의심하지 않는 것은 모두 나의 좋은 친구다. 「선귤당농소」

> 만물을 관찰할 때는 제각기 안목을 갖추어야 한다. 나귀가 다리를 지날 때엔 오직 귀가 어떠한가를 보고, 비둘기가 뜰에서 거닐 때는 오직 어깻죽지가 어떠한가를 보아야 한다. 매미가 울 때는 오직 가슴이 어떠한가를 보며, 붕어가 물을 삼킬 적엔 오직 아가미가 어떠한가를 보아야 한다. 여기에 모두 정신이 드러나며 지극한 오묘함이 붙어 있다. 「이목구심서」 2

형암은 스스로를 '책만 보는 바보'看書痴라고 부를 만큼 책을 좋아하고 늘 책을 가까이했던 사람이다. 그에게 책은 자신의 존재 근거다. 그러나 그러한 책이 없더라도 구름과 노을, 갈매기, 홰나무, 귀뚜라미가 있으면 괜찮다고 한다. 형암에게 자연 사물은 죽은 존재가 아니다. 외로움을 잘 알고 있을 갈매기는 마음을 의탁할 친구고, 꿋꿋하게 서 있는 홰나무는 지그시 바라볼 수 있는 마음의 친구다. 귀뚜라미 울음소리는 즐겁게 들을 수 있는 음악 친구다. 누가 진짜 친구인가? 시기하지 않고 한결같으면 누구라도 친구다. 그는 미미한 사물도 소중한 생명체로 바라보고 동등한 벗으로 받아들였다. 인간 중심에서 벗어나 생태적 관점에 서면 사물의 마음을 읽게 되고 친구의 개념이 바뀐다.

그리하여 그는 사물을 보이는 대로 보아서는 안 된다고 말한다. 사물마다 그 고유의 행동이 있으며, 그 정신이 드러나는 곳이 있다. 나귀의 귀, 비둘기의 어깻죽지, 매미의 가슴, 붕어의 아가미 등 모든 사물은 움직일 때 그만의 행동 특성이 있다. 자연 사물마다 고유의 깊은 세계가 담겨 있으니 안목을 길러 잘 관찰하라고 주문한다. 이와 같은 말은 오늘날엔 그다지 새로워 보이지 않을 수 있다. 그렇지만 그 시대에 이와 같은 태도는 관습적이고 틀에 박힌 글쓰기를 깨뜨리는 퍽이나 신선한 발언이다. 전범과 고전의 권위에 기대는 모방의 글쓰기는 사물의 리얼리티를 죽이고 인간의 감정을 삭제한다. 그러나 이덕무의 태도는 사물의 리얼리티를 재현해 내고 새로운 표현을 가능하게 한다. 무엇보다 미미한 자연 사물의 세계를 들춰냄으로써 새로운 진실을 찾아낸다. "한 글자 한 구절도 진부한 말이나 죽은 법을 사용하지 않았다"라는 것이 형암에 대한 주위 사람들의 평가다.

그래서일까? 연암이나 형암의 글을 읽다 보면 종종 굉장히 독특하고 재미있는 표현들이 눈에 띈다. 그 비유의 양상을 보면 자연 사물에서 관찰한 것을 연결하고 있다. 이러한 비유들도 생태 글쓰기가 실천된 한 양상이라 할 만하다. 그중 몇 개를 소개하니 함께 감상해 보자.

좋은 벗이 마음에 있어도 오래 머물게 하지 못하는 것은 꽃가루를 묻힌 나비가 올 제는 즐겁고 잠깐 머물면 마음이 바쁘다가 가 버리고 나면 애틋해지는 것과 같다. 「선귤당농소」

참된 정이 드러남은 고철古鐵이 못에서 활기차게 뛰놀고, 봄 죽순 竹筍이 성낸 듯이 흙을 뚫는 것 같고, 가식된 정이 나타남은 먹물이 평평하고 매끄러운 돌에 발린 것 같고, 기름이 맑은 물에 떠 있는 것과 같다. 「이목구심서」 2

말의 입술은 누에 입술과 비슷하고, 호두 씨는 부화할 벌이나 나비 새끼 같으며, 쥐의 꼬리는 뱀과 비슷하고, 이는 비파와 같다. 서캐는 누런 보리 같고, 푸른 줄무늬 오이 껍질은 황록 줄무늬의 개구리 등과 같으며, 박쥐의 날개는 소의 볼과 같고, 노루 꼬리의 끝은 매실 살구의 수염 같다. 「이목구심서」 2

절벽 위에 세 그루의 소나무가 층층이 크고 있어, 늙고 장성하고 어린것을 구별할 수 있다. 맨 아래 소나무는 맨 위 소나무의 손자이고, 중간에 있는 소나무와 맨 위 소나무는 맨 아래 소나무의 아버지와 할아버지다. 「이목구심서」 2

어떤 것은 종이가 나비 날개처럼 얇고 어떤 것은 글자가 파리 대가리만 하게 작았소. 「응지에게 답장하다」 答應之書

개구리 소리는 마치 멍청한 원님 앞에 사나운 백성들이 몰려와 소송을 제기하는 것 같고, 매미 소리는 공부를 엄격하게 시키는 서당에서 시험 일이 닥쳐 글을 소리 내어 외는 것 같으며, 닭 울음소리는 올곧은 한 선비가 자기 임무로 여기고 바른말 하는 것 같았다.

「취해서 운종교를 거닌 이야기」 醉踏雲從橋記

내가 번번이 잠자코 응하지 않으면, 발끈해서 낯빛을 붉히고 손을 치켜들고 노려보는데, 눈썹은 개介 자 모양으로 찡그리고 손가락은 마른 마디 같아, 굳세고 삐죽삐죽한 모습이 문득 대나무 모양이었다. 「죽오기」 竹塢記

2부
글쓰기의 기본 방침

연암의 글쓰기는 진부함을 꺼린다

　이번에는 연암의 글쓰기 원칙에 대해 살펴보고자 한다. 이는 글을 쓰는 기본 방침과 원리에 관한 것이다. 연암의 글쓰기 원칙은 기존의 전통적인 글쓰기와는 참 다르다. 무엇이 어떻게 다른지에 주목해 보겠다.

　글을 쓸 때 참신한 생각, 새로운 표현을 보여 주어야 한다는 말은 상식적으로 들린다. 하지만 옛날에는 그렇지가 않았다. 과거엔 상고尙古 정신과 용사用事 전통이 있었다. '상고'는 먼 옛날을 숭상하는 것이고, '용사'는 옛일을 빌려 쓰는 것이다. 사람들은 성현의 말과 고전의 권위를 그대로 빌려 표현하는 행위를 당연하게 여겼으며, 그럴 능력을 갖추어야 훌륭하다고 생각했다. 옛사람의 말과 옛일을 빌려 쓰는 행위는 장려되는 쓰기 활동이었다. 오히려 새로운 표현을 쓰면 안 되었다. 「녹천관집 서문」綠天館集序에서는 연암의 제자 이서구가 연암에게 다음과 같이 따진다.

　"제가 글을 쓴 지가 몇 해밖에 되지 않으나 남의 노여움을 살 때가 많습니다. 한마디라도 조금 새롭다거나 한 글자라도 기이한 것이 나오면 '옛글에도 이런 예가 있느냐?'라고 묻습니다. 없다고 하면 낯빛을 발끈하며 어떻게 감히 그렇게 쓰느냐고 합니다."

　곧 경전에도 없는 새로운 표현을 쓰면 크게 비난받는 것이 그 당시의 일반적인 글쓰기 태도였다. 도덕과 의례義禮를 말하고 경전의 언어를 표현하는 행위가 관행으로 이루어졌다.

하지만 연암은 과거를 모방하는 글쓰기가 상투적이고 진부한 글로 전락하는 것을 근심한다. 그가 글쓰기에서 가장 깊이 고민했던 문제가 모방과 베끼기였다. 문학론과 관련한 그의 글에는 언제나 상투적인 표현과 베끼기에 대한 문제 제기가 있다.

> 이른바 우근진右謹陳이란 말은 정말 속되고 더럽다. 유독 세상에 붓대를 쥐고 글줄이나 쓴다는 사람들이 얼마나 많은지 모르겠지만, 판에 찍은 듯이 모두 이 말을 먹지도 못할 음식을 늘어놓듯이 쓰니, 공용 격식의 앞이나 뒤에 쓰는 투식의 말 되기에야 어찌 해가 되겠는가.「요전」堯典의 '왈약계고'曰若稽古나 불경佛經의 '여시아문'如是我聞도 바로 지금의 '우근진'일 뿐이다. 홀로 봄 숲에 우는 새는 소리마다 각각 다르고, 페르시아 보물을 살펴보면 하나하나가 모두 새롭다. 「영대정잉묵 자서」映帶亭賸墨自序

> 나는 보았네 세상 사람들이 / 남의 문장을 기릴 때면 / 문장은 반드시 양한兩漢을 본떠야 하고 / 시는 성당盛唐이어야 한다네. / 비슷하단 말은 이미 참되지 않으니 / 한나라 당나라가 어찌 또 있을까 / 우리나라 습속은 상투적인 표현을 즐겨 / 그 촌스런 말 당연하게 여기네. 「좌소산인에게 주다」贈左蘇山人

우근진은 '다음에 삼가 아룁니다'라는 뜻으로, 관청에 청원하는 문서의 서두에 상투적으로 쓰는 말이다. 공문서를 쓰는 사람들은 이 말을 습관적으로 쓴다. 공용의 격식에서 상투적으로 쓴다고 해가 될 것까진 없겠지만, 이른바 문장가라 불리는 이들도 이 말을 판에 찍은 듯 똑같이 쓴다. 왈약계고는 '옛일을 상고하건대'란 뜻으로, 『서경』書經에서 상투적으로 쓴 말이다. 불경에서는 '이와 같이 내가 들었노라'란 뜻의 여시아문을 상투적으로 쓴다. 이런 말들은 싫증이 날 정도로 습관적으로 쓰는 말인지라 비유하자면 먹지도 않을 맛없는 음식을 죽 늘어놓은 것과도 같다. 숲 속에서 지저귀는 새는 저마다 소리가 다르고, 페르시아 시장의 보물들은 똑같은 물건이 하나도 없이 각각 다채롭다. 글을 쓰는 것도 이와 같이 각자의 목소리와 빛깔을 보여 주어야 한다.

두 번째 예시 글에서 연암은 문장은 반드시 양한兩漢을 본뜨고 시는 반드시 성당盛唐을 본받아야 한다는 의고론자들을 문제 삼는다. 이들은 시간이 지날수록 문장의 수준이 낮아진다고 생각해, 반드시 옛날을 본받아야 한다는 필법고必法古를 주장한다. 그러나 연암은 비슷하다는 말은 이미 참되지 않은 것이라 말한다. 연암의 말을 들어 보자.

옛글을 모방해 글을 쓰기를, 거울이 형체를 비추듯 쓴다면 비슷하다고 할 수 있을까? 왼쪽과 오른쪽이 서로 반대로 되는데 어찌 비슷할 수 있겠는가? 물이 형체를 비추듯 쓰면 비슷하다고 할 수 있을까? 아래와 위가 거꾸로 나타나니 어찌 비슷할 수 있겠는가? 그림자가 형체를 따라가듯 쓴다면 비슷하다고 할 수 있을까? 한낮이 되면 난쟁이가 되었다가 해가 지면 키다리가 되니 어찌 비슷할 수 있겠는가? 그림이 형체를 묘사하듯 쓴다면 비슷하다고 할 수 있을까? 걸어가는 자는 움직이지 않고 말하는 사람은 소리가 없는데 어떻게 비슷할 수 있겠는가? 그렇다면 끝내는 비슷할 수 없는 걸까? 도대체 왜 비슷하기를 구하는가? 비슷함을 구하는 것은 참되지 않다. 세상에서 이른바 서로 같은 것을 말할 때 '꼭 닮았다'는 뜻으로 혹초酷肖라 일컫고, 분별하기 어려운 것을 말할 때 '진짜에 아주 가깝다'는 뜻으로 핍진逼眞이라고 말한다. 무릇 '진'眞이라고 말하거나 '초'(肖)라고 말하는 사이에는 '가짜'(假)와 '다름'(異)이라는 의미가 그 속에 담겨 있다.　「녹천관집 서문」 綠天館集序

거울이 형체를 비추면 좌우가 반대로 보이고, 물이 형체를 비추면 위아래가 거꾸로 나타난다. 그림자는 해의 위치에 따라 길어졌다 줄어들며, 그림은 아무리 똑같이 그려도 움직이지 못한다. 사람들은 이러저러한 방법으로 닮음을 추구하지만 얼추 비슷하기는 할망정 그 무엇도 대상을 똑같이 재현해 내지는 못한다. 연암은 애초에 무엇과 똑같아지려는 시도가 불가능함을 밝히고, 왜 닮으려 하느냐고 따진다. 비슷하다는 말 속에 이미 가짜와 다름이 들어 있다는 것이다. 비슷한 것을 가지고 비슷하다고 비유하는 것은 비슷하기만 할 뿐 진짜는 아니라고 한다. 연암이 이 말을 꺼내 든 것은 '고대 중국'이라고 하는 기준을 정해 놓고 습관적으로 그때의 언어를 베끼는 글쓰기 현실을 비판하려는 것이다.

실제 삶에서도 연암은 진부한 표현을 매우 싫어했다. 「죽오기」竹塢記에서는 양호맹이란 자가 자신의 호를 죽오竹塢라고 짓고 연암에게 글을 지어 줄 것을 요청한다. 하지만 연암은 마뜩잖아 한다. 예로부터 대나무를 노래하거나 칭송한 사람이 하도 많아 대나무로 호를 짓는 것을 진부하다고 생각했기 때문이다. 그러면서 고금의 인물들이 쓴 기이한 호나 운치 있는 이름들, 예컨대 연상각烟湘閣, 백척오동각百尺梧桐閣, 행화춘우림정杏花春雨林亭, 소엄화계小罨畵溪, 주영렴수재晝永簾垂齋, 우금운고루雨今雲古樓 등을 꼽아 주며 선택하라고 권한다. 「취미루기」翠眉樓記에서는 우리나라 사람들이 당호나 사람의 호를 천편일률적으로 똑같이 쓰는 세태를 비판한다. 호라는 것은 남과 구별하기 위해 쓰는 것인데, 사람들은 멋지고 좋은 이름이 있으면 너도나도 똑같은 호를 쓰려 한다는 것이다. 연암은 판에 박힌 표현은 고유의 개성을 없앤다고 생각했다.

곧 상투적이고 진부한 표현과 단순 모방에서 벗어나기 위한 노력은 연암이 평생에 걸쳐 고심한 문제의식이었다. 그렇다면 진부하지 않은 글, 판에 박히지 않은 글을 쓰려면 어떻게 해야 할까? 이 고민은 연암의 창작 활동에서 가장 중요한 화두이다. 그가 진부한 글쓰기에서 벗어나 새로운 글을 쓰기 위해 어떤 방침과 생각을 보여 주는지에 대해 다음과 같이 살펴보았다.

진심의 글을 써라

> 글이란 뜻을 드러내면 그만일 뿐이다. 제목을 앞에 두고 붓을 들 때마다 옛말을 떠올린다거나, 애써 경전의 뜻을 찾아내 그 뜻을 빌려 와서 근엄하게 만들며 글자마다 무게를 잡는 자는, 비유하자면 화공을 불러서 초상화를 그리게 할 때 용모를 가다듬고 화공 앞에 앉는 자와 같다. 눈동자는 움직이지 않고 옷의 주름은 쫙 펴져 있어 '평상시 모습'을 잃어버리니, 아무리 훌륭한 화공이라도 그 '참됨'을 얻기는 어렵다. 글을 쓰는 것도 또한 이것과 뭐가 다르겠는가? 「공작관문고 자서」孔雀館文稿自序

서두에서 단도직입적으로 "글이란 뜻을 드러내면 그만일 뿐이다"라고 말한다. '뜻을 드러내다'는 말의 원문은 사의寫意인데, 직역하면 '뜻을 쏟아 낸다'는 뜻이다. "그만일 뿐이다"라는 말은 '그것으로 족하다'는 말이다. 글쓰기란 사의寫意면 그만일 뿐, 나머지는 부차적인 문제라는 말이다. 창작의 요체를 사의로써 설명하는 이는 연암이 유일해 보인다. 사의는 연암의 글쓰기를 이해하는 열쇠일 수 있다.

계속 다음 문장을 보자. 연암은 글을 쓸 때의 잘못된 관행을 지적한다. 일반적으로 고문가古文家들은 글을 쓸 때는 옛말과 경전의 뜻을 빌려 근엄하게 써야 한다고 생각한다. 연암이 보기에 이러한 글은 잔뜩 겉멋이 들어간 가짜 글에 불과하다. 화가의 초상화 그리기를 생각해 보자. 초상화를 그릴 때 사람들은 엄숙한 표정을 짓고 옷매무새를 단정하게 꾸민다. 그러면 평소의 자연스런 모습을 잃어버리게 된다. 진조陳造라는 화가는 "사람으로 하여금 옷을 화려하게 입고 엄숙하게 바라보면서 꼿꼿이 앉아 숨죽이게 하고 그린다면, 터럭만큼의 차이가 없을지라도 거울 속의 그림자 같아 나무 인형에 불과할 것"이라 말했다. 연암은 글 짓는 것도 화공이 초상화를 그리는 태도와 같다고 말한다. 초상화의 목적이 '참됨'眞을 얻는 데 있다면 '평상시 모습'을 그려 내야 한다. 그런데 용모를 가다듬으면 평상시 모습을 잃고 말아 참됨을 얻을 수가 없다. 그렇다면 뜻을 그려 낸다는 말은 평소의 자연스런 모습을 그려 낸다는 말이고, 그랬을 때 진짜 글을 얻는다.

흥미롭게도 글쓰기를 초상화에 비유한 글이 또 한 편 있어 함께 살펴보기로 한다.

> 보내 준 「원관루부」遠觀樓賦는 제멋대로 지나치게 내달려 글제의 뜻을 고려하지 않았더군요. 비유하자면 초상화를 그릴 때 본래의 모습과 털끝만큼도 어긋남이 없어도 아무개 초상화라고 제목을 붙여 놓지 않으면 필시 누구인지 모르는 것과 같습니다. 이것도 안 되는 일인데, 하물며 다시 녹야당綠野堂 안의 사람을 그리면서 그 모습을 고쳐 하얀 피부와 선명한 눈썹으로 그린다면 비록 걸어 놓고 보기에는 좋겠지만 배도裵度나 곽광霍光과 무슨 상관이 있을까요? 「대호에게 답하다」答大瓠

연암이 대호大瓠라는 호를 가진 이에게 준 짧은 편지글이다. 그가 「원관루부」를 지어 연암에게 평을 부탁했던 모양이다. 그러나 연암은 표현이 제멋대로라며 실망하면서 초상화로써 비유해 준다. 본래의 모습과 똑같이 그려도 누군지 알지 못하는 것과 같다는 비유는 옛글을 똑같이 모방하는 태도를 비판한 것이다. 뒤의 구절은 애써 경전의 뜻을 빌려 와 근엄하게 만들며 글자마다 무게를 잡는 것에 해당한다. 녹야당 안의 사람은 당나라 때의 재상인 배도다. 곽광은 한나라 때의 대장군으로 피부가 하얗고 눈썹이 선명했다고 한다. 배도를 그린다고 해놓고 더 멋지게 그리려고 곽광의 얼굴을 그리면 보기에는 그럴듯해도 배도와 곽광은 아무 관계가 없는 그림이 된다는 것이다. 대상을 묘사할 때 애써 멋진 미사여구를 동원해 그럴듯하게 표현해 봐야 본래의 대상과는 전혀 상관없는 표현에 그치고 말 뿐이다.

이로써 보건대 사의寫意란 대상의 자연스런 모습을 꾸밈없이 진솔하게 드러내는 것을 의미한다. 대상을 표현할 때 멋지게 쓰겠다고 억지로 고상하고 우아한 표현을 쓰면 오히려 실질이 어긋난 글이 될 뿐이다.

연암이 사의의 글쓰기를 추구했다는 사실은 다른 사람의 증언에서도 확인된다.

> 연암 박 선생은 재주와 정이 충만하고 넘쳤다. 읽지 않은 책이 없고 궁구하지 않은 이치가 없어 독창적으로 옛날도 아니고 지금도 아닌 글을 지었다. 붓에 신명이 붙어 먹물을 흠뻑 적시고 나면 사의寫意로써 핍진케 되어 그 비속함을 없애 버렸다. 글자를 구사함에 규율을 세우지 않아도 문득 아름다운 경지에 들어갔다.[1]

연암보다 한 세대 후대인 경산敬山 송백옥宋伯玉(1837~1887)의 말이다. 그는 연암의 글이 사의로써 진眞을 이루어 그 비속함을 없앴다고 증언했다. 사의가 진眞과 연결되고 속됨을 없애 주는 요소로 이야기되고 있다. 또 연암의 수제자였던 이덕무는 그의 시에서 "하루라도 어찌 주국 酒國에 놀지 않으리. 일생 나는 책무더기에 숨으련다. 다만 사의寫意만 구할 뿐 외형(形似)은 잊나니 밀을 주조해 품자매品字梅 새로 만들었네"라고 했다. 품자매는 밀로 만든 매화를 말한다. 밀로 매화를 만들었으니 겉모습은 실제 매화와 똑같지 않겠지만 매화의 정신세계를 온전히 담았다는 뜻이다. 여기서 사의 역시 주체의 자연스런 정신 작용을 의미한다. 사의는 연암이 지인들과 함께 추구한 정신이었다.

　사의라는 말은 본래 회화에서 형사形似와 대비해 쓰는 용어다. 회화에서 형사는 대상과 똑같이 그리는 것이고, 사의는 대상 안에 담겨 있는 정신을 그리는 것이다. 형사가 대상의 겉모습에 초점을 둔다면, 사의는 주체의 내면을 강조한다. 연암은 「녹천관집 서문」에서 형사를 구하지 말고 심사心似를 구하라고 당부한 바 있다. 또 형사는 껍데기(皮毛)일 뿐이고, 심사는 뜻(志意)이라고 했다. 심사는 곧 사의를 말하는 것이겠는데, 이렇듯 연암은 대상의 모방이 아닌 창작 주체의 내면을 강조한다. 연암은 회화에서 쓰는 용어를 창작 활동에 빌려 와 쓰고 있다. 「종북소선 자서」에서 그림과 문장의 원리가 같다고 한 그의 말을 생각해 보면 자연스럽게 이해될 태도이기도 하다. 연암은 글을 쓸 때 단순히 모방에 그쳐서는 안 되며 작가의 진솔한 속생각을 보여 주는 것이 중요하다고 말하려 한다. 작가의 내면을 잘 드러낸다는 것은 대상의 평소 자연스런 모습을 붙잡는 것이다.

　연암은 인용문의 마지막 문장에서 글을 쓰는 것은 초상화 그리는 일과 다를 바가 없다고 했다. 초상화 그리는 일을 연결 고리로 삼아 '글은 어떠해야 하는가?'에 대한 물음이 자연스레 글을 쓰는 사람의 창작 태도로 연결되고 있다. 그러고는 다음과 같이 말을 잇는다.

> 말이란 꼭 거창할 필요가 없다. 도道는 터럭과 같이 아주 미세한 데서 갈린다. 도에 부합한다면 기왓조각이나 벽돌이라고 해서 왜 버리겠는가? 그러므로 도올檮杌은 흉악한 짐승이었지만 초나라의 역사책에서는 그 이름을 사용했고, 몽둥이로 사람을 때려죽여 매장하는 자는 아주 악한 도둑이지만 사마천과 반고는 그에 대해 썼던 것이다. 글을 짓는 사람은 오직 참되면 된다. 「공작관문고 자서」

첫머리의 "글이란 뜻을 드러내면 그만일 뿐이다"文以寫意則止而已라는 말이 '글을 짓는 사람은 오직 참되면 된다'爲文者惟其眞而已는 결론으로 이어졌다. 글이란 뜻을 드러내면〔寫意〕될 뿐이니, 글 쓰는 사람은 참되면〔眞〕된다는 것이다. 사의寫意와 더불어 진眞에 대한 이해가 중요해졌다.

진眞은 조선 후기 인식론과 비평론을 이해하는 중요한 개념이다. 진眞, 진정眞情, 성정지진性情之眞 등은 이전의 성정론性情論과 대비해 조선 후기 새로운 흐름을 설명하는 사상적 배경으로 거론되고 있다. 연암에게서도 진眞에 대한 이해는 아주 중요하다. 사의와의 관련성을 고려하면서 진의 의미를 되짚어 볼 필요가 있다.

글의 서두에서 화공의 비유를 끌어와 가식적인 글쓰기를 해서는 안 된다고 말한 연암은 윗글에서는 도道는 크고 거창한 데만 있지 않고 터럭같이 미세한 데서 나뉜다고 말한다. 기왓조각이나 벽돌처럼 하찮은 것에도 진리가 존재한다는 것이다. 연암은 『열하일기』「일신수필」馹汛隨筆에서 기왓조각과 똥거름이 진정한 장관이라고 말했는데, 이 발언과 하나로 통하는 생각이다. 기왓조각이나 벽돌, 똥거름은 가장 하찮고 쓸모없는 사물이다. 쓸모없는 존재가 진짜로 쓸모 있다는 생각은 연암의 미의식을 관통한다. 기왓조각과 벽돌은 언어 측면에서 바라본다면 비속한 말, 사람들이 꺼리는 어휘라 하겠다.

도에 대한 발언에는 기존의 글쓰기를 비판하려는 의도가 있다. 전통적인 글쓰기는 『논어』論語「위령공」衛靈公 편에서 말한 공자의 '사달이이' 辭達而已 정신에 근거를 두고 있다. '말은 뜻을 전달하기만 하면 될 뿐'이라는 뜻으로, 성인의 도를 '전달'하는 것을 글쓰기의 제일 원리로 여긴다. '문장은 도를 싣는 것'이라는 문이재도文以載道라든가 '도는 근본이고 문장은 말단'이라는 도본문말道本文末도 글이란 도를 전달하는 도구에 불과하다는 생각을 말해 주는 용어들이다. 주자학에서도 도는 천지 만물에 존재한다고 말하지만, 구체적으로 들어가 보면 하찮은 사물이나 욕망 따위는 도가 될 수 없다. 도는 도덕적이고 아름다운 것에 있으며, 도를 말하는 문체는 고상하고 우아해야 한다. 속되고 더러운 말, 상스럽고 보잘 것없는 언어는 글에 담아서는 안 되었다.

그렇지만 연암은 벽돌, 기왓조각같이 쓸모없는 것들도 도를 밝히는 데 의미가 있다고 말한다. 오히려 글을 잘 쓰는 사람은 가려 쓰는 글자가 없어야 한다고 본다. 좋은 장군(작가)을 얻으면 호미나 곰방메도 굳세고 날랜 무기가 되고, 헝겊을 찢어 장대에 매달아도 멋진 깃발이 될 수 있는 것과 같은 이치라고 한다. 이치를 터득하기만 한다면 집에서 쓰는 상스런 말도 학교에서 가르칠 수 있고, 동요와 속담 따위도 경전인 『이아』爾雅에 넣을 수 있다.[2] 참됨을 드러내는 것이 중요하지, 어휘 자체가 우아한지 속된지의 구분은 중요하지 않은 것이다.

그렇다면 창작 활동에서의 진眞은 구체적으로 무얼 뜻할까? 연암의 문학론에서 진眞과 대립하는 어휘는 비슷할 사似와 닮을 초肖다. "비슷함〔似〕을 구하는 것은 참되지 않다"라거나, "진眞이라고 말하거나 초肖라고 말하는 사이에는 가짜와 다름이라는 의미가 그 속에 담겨 있다"라는 발언에서 이를 확인한다. 사似와 초肖는 창작 행위와 관련해서는 모방, 베끼기로 번역할 수 있다. 이 점을 참고하면서 다음 글을 주목해 보자.

> 반고나 사마천이 다시 태어난들
> 반고나 사마천을 결코 배우지 않으리.
> 새 글자는 만들어 내기 어렵더라도
> 내 생각은 의당 다 쏟아 내야 한다네.
> 어쩌자고 옛 법에만 구애받아
> 붙잡고 매달리듯 허겁지겁 따르나.
> 「좌소산인에게 주다」

문장에 고문古文과 금문今文의 구별이 있는 게 아니다. 자신의 문장이 한유韓愈와 구양수歐陽脩의 글을 모방하고 반고와 사마천의 글을 본떴다고 해서 우쭐하고 으스대면서 지금 사람을 하찮게 볼 것은 아니다. 중요한 것은 자기 자신의 글을 쓰는 것이다. 귀로 듣고 눈으로 본 바에 따라 그 형상과 소리를 곡진히 표현하고, 그 정경을 고스란히 드러낼 수만 있다면 문장의 도道는 그것으로 지극하다.[3]

고문을 배우려는 자는 자연스러움을 구해야 마땅하며, 자기 자신의 언어로부터 문장의 입체적 구성이 생겨나도록 해야지 옛사람의 언어를 표절해 주어진 틀에 메워 넣으려 해서는 안 된다. 바로 여기서 글이 난해한가 쉬운가 하는 차이가 생겨나며, 진짜인지 가짜인지의 여부가 결정된다. 고정된 하나의 틀로 천만 편의 똑같은 글을 찍어 내는 것이 바로 오늘날의 과문이다.[4]

첫 번째 인용문에서는 새 글자를 만들어 내지는 못할망정 옛 법에 얽매이지 말고 내 생각을 다 쏟아 내자고 한다. 반고와 사마천은 후대인의 전범, 곧 문장의 법法이 된 인물들이다. 후대의 문장가들은 이들이 성취한 표현과 문체를 닮으려고 힘을 쏟았다. 그러나 연암은 그들을 과거의 사람일 뿐이라 한다. 이미 낡아 버린 남의 글을 베끼려 하지 말고 내가 품은 생각을 다 쏟아 내라고 요청한다.

두 번째 인용문은 첫 번째와 같은 예시를 이야기하고 있다. 사람들은 과거의 인물을 본보기로 삼아 흉내를 낸다. 한유와 구양수의 글을 베끼고 반고와 사마천의 글을 옮기면서 훌륭한 문장이라고 우쭐댄다. 그러나 글은 자기 자신의 생각을 쓰는 게 중요하다. 내가 직접 듣고 보고 느낀 바를 진실하게 표현한다면 훌륭한 글이 된다. 이를 '나의 글'吾文이라고 한다. '나의 글'이란 내 생각을 말하고, 내가 경험한 것을 쓰는 것이다.

세 번째 인용문은 '자연스러움'을 강조한다. 글은 자연스러움을 생명으로 한다. 자연스러움은 자기 자신의 언어[自家文字]를 쓰는 데서 나온다. 연암은 진짜 글과 가짜 글의 구별이 남의 말을 베끼는지 자신의 말을 쓰는지의 여부에 있다고 보았다. 과거의 글이 가짜인 까닭은 정해진 문헌, 정해진 표현만 따를 것을 요구하기 때문이다. 자연스러운 글은 곧 자신의 언어를 쓰는 것이다.

곧 참된 글은 나의 생각을 자연스럽게 드러낸 것이다. 남이 이미 한 말은 상투적인 가짜 언어에 불과하며 옛말을 베낀 언어는 거짓 글이다.

글쓰기에서의 진眞은 공안파公安派에서 말하는 진심眞心과 통한다. 연암이 공안파의 영향을 강하게 받았다는 점은 잘 알려진 사실인데, 특히 이지李贄의 '동심'童心은 영향 받은 흔적이 강하다. 이지에 따르면, 동심은 진심이며, 동심을 안 된다고 하는 것은 진심을 안 된다고 하는 것과 똑같다. 동심을 잃는다면 진심을 잃는 것이고, 진심을 잃는다면 참된 사람을 잃는 것이라고 했다. 그리하여 "동심(진심)을 항상 지닐 수만 있다면 도리가 행해지지 않고 문견이 서지 않았다 해도 글 되지 않을 때가 없고, 글 되지 않는 사람이 없으며, 한결같이 체격과 문자를 새롭게 만들어도 문장 아닌 것이 없을 것이다"라고 했다.[5] 이와 비슷하게 이덕무는 "한漢과 위魏의 문장 힘써 봐야 진심만 손해라. 나는 지금 사람이니 지금을 좋아하네"[6]라고 했다. 과거의 문장을 베껴 봐야 내 진심만 손상을 입는다는 것이다. 이러한 양상들을 종합해 보면 글쓰기에서 진眞은 진심眞心을 뜻한다. 진심은 동심과 통하며, 진솔함과 자연스러움을 토대로 한다.

글을 쓰는 사람은 내 진심을 표현하면 그뿐이다. 진심을 표현한다는 것은 내 품은 생각을 자연스럽게 드러내는 것이다. 글의 본질은 닮는 데 있지 않고 멋있는 표현에 있지도 않다. 작가의 속생각이 저절로 드러나는 글, 평소의 자연스런 모습을 표현하는 글이 좋은 글이다. 폼 잡는 말, 고상한 문체를 쓴다고 좋은 글이 아니다. 비속어나 일상의 말도 내 진심을 드러내는 데 소용된다면 써야 한다. 나 스스로가 보고 듣고 느낀 생각을 쏟아 내면 평범한 말도 새로워진다. 이것이 연암이 생각한 글쓰기의 본질이었다.

아프고 가렵게 하라

연암 문장에 대해서는 당시에도 평가가 분분했다. 특히 유만주俞晚柱는 『흠영』欽英에서 연암에 대한 기록을 많이 남겼는데, 그 가운데 황경원黃景源의 문장과 연암의 문장을 비교한 대목이 눈길을 끈다. 그는 말하기를, 황경원의 문장은 "살을 찌르고 뼈에 스며들기로는 연암에 미치지 못한다"라고 평가했다.[7] 연암 문장의 특징에 대해 '살을 찌르고 뼈에 스며든다'刺肌沁骨고 바라본 것이다.

이와 관련해 연암의 아들인 박종채는 『과정록』에서 아버지 연암이 다음과 같은 말을 했다고 증언한다.

> 남을 아프게 하지도 가렵게 하지도 못하고, 구절마다 범범하고 데면데면해서 우유부단하기만 하다면 이런 글을 대체 얻다 쓰겠는가?
> 不痛不癢, 句節汗漫, 優游不斷, 將焉用哉? [8]

아프게 하고 가렵게 한다는 것은 무슨 뜻일까? 뒤의 구절을 살펴보면 알 수 있다. 구절마다 '범범하다'는 말의 원문은 한만汗漫이다. 한만이란 되는 대로 내버려 두고 등한하다, 한가하게 노닌다는 뜻이다. 독자에게 아무런 자극을 일으키지 못하고 공담空談만 일삼는 글을 말한다. 우유부단이란 하는 일 없이 한가로운 것을 말한다. 쓸데없이 너저분하기만 할 뿐 독자 따위는 아랑곳하지 않고 그저 한담閑談이나 늘어놓는 글을 말한다. 문장 구조로 보건대 아프게 한다는 말은 한만하다는 글자와 대조를 이루고, 가렵게 한다는 말은 우유부단하다는 구절과 대조를 이룬다.

곧 아프게 하고 가렵게 만드는 글이란 한만하지 않고 우유부단하지 않은 글을 말한다. 글은 읽는 사람의 마음을 아프게 해 쿡쿡 찔러야 하고, 가만히 있지 못하게끔 가렵고 근질거리게 해야 한다는 의미로 읽힌다. 유만주가 "살을 찌르고 뼈에 스며든다"고 한 지적이 아프게 하고 가렵게 하는 글쓰기와 서로 통한다고 본다. 연암은 글의 본질이 독자를 아프게 하고 가렵게 만드는 데 있다고 보았다. 일찍이 글쓰기를 이와 같이 자극적으로 비유한 발언은 없었던바, 연암만의 독특한 관점이라 생각된다.

전통적인 문장론에서는 글이란 점잖고 고상하며, 운치가 있어야 한다고 본다. 조선조 선비들은 글은 성인이나 현자의 정신세계가 담긴 것이라 생각했다. 예컨대 백담柏潭 구봉령具鳳齡(1526~1586)은 "성인의 마음을 장차 어떻게 볼 것인가? 반드시 성현의 글에서 볼 것이니 글이란 성인의 도를 싣는 도구다"라고 말했다. 글은 성인의 도를 싣는 도구라는 발언은 성리학자들이 글을 인식하는 일반적인 관점이다. 성리학자들은 글은 성현의 도, 즉 도덕과 인륜을 담아내야 한다고 생각했다.

하지만 연암은 이와는 다른 관점에서, 글을 들여다보아야 한다고 말한다.

> 그대가 사마천의 『사기』史記를 읽었다 하나 그 글만 읽었지 그 마음은 읽지 못했습니다. 왜냐고요? 「항우본기」項羽本紀를 읽을 땐 제후의 군대가 성벽 위에서 초나라 군대의 싸움을 구경하던 장면을 떠올리라거나, 「자객열전」刺客列傳을 읽을 땐 고점리가 축筑을 연주하던 장면을 떠올리라니 말입니다. 이런 것들은 늙은 서생의 진부한 말입니다. 또한 살강 밑에서 숟가락 줍는 것과 뭐가 다르겠습니까? 어린아이가 나비 잡는 것을 보면 사마천의 마음을 얻을 수 있습니다. 앞다리는 반쯤 꿇고, 뒷다리는 비스듬히 발돋움하며 손가락을 집게 모양으로 해서 다가갑니다. 잡을까 말까 망설이는 순간 나비는 날아가고 맙니다. 사방을 둘러보니 아무도 없기에 겸연쩍어 씩 웃다가 부끄럽기도 하고 속상하기도 합니다. 이것이 사마천이 『사기』를 저술할 때의 마음입니다.[9]

글을 읽을 때는 『사기』의 문면文面을 읽지 말고 글을 쓴 작가의 마음을 읽으라고 했다. 사마천은 친구를 변호했다는 이유로 궁형宮刑을 당하고 나서 그 울분을 담아 『사기』를 썼다. 사마천의 마음을 얻으려면 나비 잡는 아이의 마음을 이해해야 한다. 아이가 나비를 잡았다고 생각한 순간 나비는 날아가 버리고, 분하고 무안한 마음에 부끄럽기도 하고 속상하기도 하다. 그 아프고 속상한 마음이 바로 사마천의 마음이다. 연암은 글 읽는 태도를 이야기하지만 한편으로는 글 쓰는 이의 마음에 대해서도 말하고 있다. 글을 쓴다는 것은 뜻을 이루지 못한 아프고 속상한 마음을 형상화하는 행위다. 그것은 아프게 하고 가렵게 하는 글쓰기와 연결된다.

연암이 생각하는 저술의 의미는 도덕과 인륜에 있지 않고 뜻을 펴지 못한 인간의 마음을 드러내는 데 있다. 이를 흔히 발분저서發憤著書라고 한다. 뜻을 얻지 못한 일을 당하고 나서 그 속상함의 에너지를 글로 풀어내는 것이다. 사마천은 『사기』를 저술한 의도를 이렇게 말한 적이 있다.

"주나라 문왕은 유리에 갇혀 『주역』周易을 풀이했고, 공자는 진나라와 채나라에서 고난을 겪고 『춘추』春秋를 지었습니다. 굴원屈原은 쫓겨나서 『이소』離騷를 지었고, 좌구명左丘明은 눈이 멀어 『국어』를 썼습니다. 손자孫子는 발뒤축을 잘린 뒤 『손자병법』을 지었고, 여불위呂不韋는 촉나라로 추방되어 『여씨춘추』呂氏春秋를 썼습니다. 한비韓非는 진秦나라에 갇힌 뒤에야 세상에 『세난』說難과 『고분』孤憤을 펴냈고, 『시경』詩經의 시 300편은 성현이 발분發憤해서 지었습니다. 이 사람들은 모두 마음에 맺힌 바가 있어 그 하고자 하는 바를 실현할 수 없었기에 지나간 일을 기술해 후세 사람들이 자신의 뜻을 알아주기를 기대한 것입니다."

편안한 상태에서는 참된 문학이 나올 수 없다. 수많은 명저名著는 고통과 시련을 겪은 인간이 그 좌절한 마음을 창조적 에너지로 승화시켰기에 탄생할 수 있었다. 젊은 시절부터 『사기』를 탐독했던 연암은 사마천의 마음에 자신의 처지를 투영해 참된 문학이란 무엇인가에 대해 깊이 고민했을 것이다.

곧 연암 글에 흔히 보이는 풍자와 골계滑稽는 그의 발분저서를 드러낸 방식이며, 그것은 그 시대가 요구하는 전통적인 글쓰기 정신과는 대척점에 선 것이었다. 그로 인해 연암은 주변의 좋지 않은 시선을 감내해야 했다.

> 아버지의 글 가운데는 거짓을 꾸며 명성을 훔치는 유자儒者를 꾸짖는 것이 더러 있다. 이 때문에 혹 화를 내며 언짢아하는 자들이 있었는데, 유충문공兪忠文公(유언호)은 웃으며 이렇게 말했다.
> "이 친구는 위선적인 유자를 꾸짖으려고 특별히 풍자한 것뿐일세. 나는 자네들이 걸핏하면 힘을 내어 위선적인 유자를 대신해 분노를 터뜨리는 게 늘 이상하다네." [10]

아들 박종채가 기록한 연암에 관한 이야기다. 연암은 유학자들의 위선을 비판하며 각성을 촉구하는 글을 많이 썼다. 「옥갑야화」玉匣夜話에 실려 있는 「허생전」許生傳이나 「관내정사」關內程史의 「범의 꾸짖음」, 「방경각외전」放璚閣外傳의 「양반전」兩班傳·「마장전」馬駔傳 등이 특히 그러하다. 연암 자신이 유학자임에도 자기 내부의 추악함과 불합리를 비판한 것이기에 연암의 글을 싫어하고 불쾌해하는 유학자들이 많았다. 연암의 글은 독자를 아프게 하고, 부끄럽게 하고, 화나게 하고, 깨치게 하고, 움직이게 했다.

『열하일기』가 문체반정에 걸려들어 정조의 하교下敎에 따라 남공철南公轍에게 보낸 편지글에도 글쓰기에 대한 자신의 입장이 드러나 있다.

> 나 같은 자는 중년 이래로 불우하게 지내면서 스스로 자중하지 못하고 글로써 장난거리를 삼아 때때로 곤궁한 시름과 따분한 심정을 드러냈으니 조잡하고 실없는 말 아닌 것이 없고, 스스로 배우와

동일하게 남에게 웃음거리를 제공했으니 진실로 이미 천박한 데다 누추하기까지 했습니다. 「직각 남공철의 편지에 답하다」 答南直閣公轍書

"글로써 장난거리를 삼는다"는 말을 이문위희以文爲戲라고 한다. 표면에 나타난 뜻으로만 보면 이문위희는 앞서 언급한 한만汗漫과 비슷한 의미다. 그렇지만 연구자들은 이문위희는 겉으로 드러난 언급일 뿐 실제로는 발분저서의 속내를 역설적인 방식으로 드러낸 것으로 이해한다. 그가 글로써 장난을 삼은 것은 마음속의 불평지기不平之氣를 펼치기 위한 방편이었다. 현실에서 뜻을 펼치지 못한 마음을 희문戲文의 형식을 빌려 현실을 비판하고 조롱한 것이다. 유학의 글쓰기에서는 웃음과 풍자를 삼간다. 엄정하고 전아한 문체를 사용해 교화敎化에 기여해야 한다고 말한다. 그렇지만 연암은 문학을 교화와 수양의 도구로 삼지 않았다. '웃음'이라는 코드를 빌려 사회의 부조리를 찌르고, 아프게 하고, 가렵게 하는 글쓰기를 지향했다.

고국으로 돌아가 우리나라 사람들에게 한번 읽혀 주려는 겁니다. 응당 배를 잡고 웃다 너무 웃어 고꾸라져 입안의 밥알들이 벌 날 듯 튀어나오고 갓끈이 썩은 새끼줄처럼 끊어질 것입니다.[1]

연암이 조선 사람들에게 「범의 꾸짖음」을 읽히려는 목적을 나타낸 구절이다. 입속의 밥알이 벌 날 듯 튀어나오고 단단한 갓끈이 썩은 새끼줄처럼 끊어지는 상황은 가장 통쾌하게 웃는 모습을 나타낸다. 특히나 갓은 유학자의 신분을 상징하는 사물이라는 점에서 갓끈이 썩은 새끼줄처럼 끊어질 것이라는 표현에는 풍자의 의미도 엿보인다. 연암은 절세의 기문인 「범의 꾸짖음」이 사람들에게 통쾌한 마음을 심어 주어 큰 웃음을 유발할 것임을 숨기지 않았다.

연암에게 글쓰기는 일종의 놀이였다. 그 놀이는 사람을 아프게 하고, 가렵게 만드는 것이었다. 아프게 하는 글이란 인간과 사회의 비정상적인 부분을 건드리고 찔러 마음을 쓰리게 하고 가슴을 아프게 하는 글이다. 자기를 부정하고 자신을 반성케 할수록 아프고 괴롭다. 연암의 사회와 인간에 대한 풍자는, 자신이 속한 공동체와 자신이 속한 집단을 찌르는 일이기에 더더욱 아플 수밖에 없다. 가렵게 하는 글이란 무언가 근질거려 가만히 있지 못하게 하는 글, 자꾸 신경이 쓰이고 마음이 쓰이는 글을 말한다. 그곳을 건들지 않으면 안 되게 하는 글쓰기, 주의를 기울이게 하는 글쓰기다.

이로 보건대 아프게 하고 가렵게 하는 글쓰기는 독자와의 관계가 매우 중요한 글쓰기다. 혼자서만 중얼거리는 글, 남들에게 아무런 감흥이나 깨달음도 주지 못하는 글은 쓸모가 없다. 독자의 마음을 움직이게 하고 촉구하게 하는 글, 독자의 정신을 일으켜 깨우고 공감을 일으키게 하는 글을 써야 한다. 연암은 풍자와 해학을 방편 삼아 이러한 글쓰기를 실현해 나갔다. 그러한 점에서 그의 글쓰기 목적은 질서와 도덕을 세우기 위한 윤리적 기능에 있지 않고, 아픔이 따르는 쾌락적 기능에 있다고 하겠다.

지금 눈앞을 담아내라

앞서 이야기했듯 고전 시대에 글쓰기의 전통은 옛것을 본받는 것이었다. 본받으라는 것은 '닮아라', '비슷해져라'라는 말과 같다. 글쓰기의 미적 성취도는 원전原典과 같은 수준에 이르는 데 있었다. 사람들은 옛 중국 경전의 우아하고 아름다운 표현을 본뜰 때 훌륭한 글이 된다고 생각했다. 특히 의고론자擬古論者들은 시대가 흐를수록 문장의 격이 떨어진다고 생각해 오늘날의 글, 즉 시문時文을 무시하고 배척했다.

하지만 연암의 생각은 달랐다. 글은 지금 눈앞의 일을 써야 한다고 생각했다.

> 눈앞 일에 참된 멋 들어 있는데 하필이면 먼 옛것을 취해야 하나? 한나라 당나라는 지금 세상 아니요 부르는 노래도 중국과는 다르다네.
> 卽事有眞趣, 何必遠古抯? 漢唐非今世, 風謠異諸夏.
> 「좌소산인에게 주다」

사람들이 먼 옛것, 곧 고대 중국을 이상으로 삼아 진한秦漢 문장이니 당송唐宋 고문이니 떠들 때 연암은 유독 참된 정취는 지금에 있다고 말한다. 이 논리로써 연암은 왜 비슷함을 구하려 하느냐고 계속 따진다. 참됨이란 옛 법에 있지 않으며 눈앞의 지금에 참된 멋이 있다. 이 말을 즉사진취卽事眞趣라고 한다. 연암의 핵심적인 주장이 지금 눈앞의 일을 쓰자는 것이다.

그가 이러한 주장을 한 배경에는 시간에 대한 생각의 전환이 있다. 그는 그 시대 모든 사람이 시간을 절대적인 개념으로 생각할 때, 상대적인 개념으로 본다.

> 자패子佩가 말했다.
> "저속하구나, 무관 이덕무가 시를 쓴 것이! 옛사람을 배웠건만 그 비슷한 점을 볼 수가 없다. 털끝만큼도 같은 구석이 없으니 어찌 소리인들 비슷하겠는가? 촌사람의 비루함에 편안해하고 풍속의

잗단 말을 즐겨 사용하고 있으니, 이건 오늘날의 시지 옛날의 시는 아니다."

나는 이 말을 듣고 크게 기뻐 말했다.

"이것이야말로 볼만하겠다. 옛날을 기준으로 지금을 본다면 지금은 참으로 비속하다. 그러나 옛사람이 스스로를 보며 자신이 예스럽다고 생각하지만은 않았을 것이다. 당시에 본 것 또한 그때엔 하나의 지금일 뿐이다. 그러므로 세월이 도도히 흘러가면서 노래도 자주 변하고, 아침에 술 마시던 사람이 저녁이면 그 자리를 떠나고 없다. 천추만세는 지금으로부터 옛날이 되는 것이다. 그러므로 '지금'은 '옛날'과 대비해 부르는 이름이고, '비슷하다'는 것은 '저것'과 비교해 쓰는 말이다. 무릇 '비슷하다'는 것은 비슷하기만 할 뿐이고, 저것은 저것일 뿐이다. 비교한다고 해서 이것이 저것은 아니니, 나는 이것이 저것과 같은 것을 본 적이 없다. 종이가 희다고 해서 먹이 따라서 하얘질 수는 없으며, 초상화가 아무리 진짜 같다고 해서 그림이 말을 할 수는 없다." 「영처고 서문」 嬰處稿序

자패의 입장은 그 당시 일반인들의 시선이다. 글은 옛 경전을 닮도록 써야 한다. 그런데 이덕무는 오늘날의 풍속에 대해 썼으니, 저속하고 수준 낮은 글로 떨어졌다고 비난한 것이다. 그렇지만 연암의 입장은 다르다. 연암은 시간은 상대적인 개념이라고 생각했다. 연암은 옛날 사람이 스스로에 대해 옛날이라고 여기지는 않았을 것이라 한다. 그 당시를 살던 자는 하나의 지금으로 여겼을 뿐이다. 지금이라는 것은 옛날과 대비해서 부르는 이름일 뿐, 지금은 언젠가 다시 '옛날'이라는 지위를 얻을 수 있다는 것이다. 곧 고전도 그 당시에는 하나의 지금 글일 뿐이었듯이, 지금의 글도 훗날에는 고전이 된다. 과거와 현재의 상대성에 대한 자각은 다음과 같은 통찰과 관련이 있어 보인다.

> 한 점의 먹을 찍는 사이는 하나의 눈을 깜박이거나 숨을 한 번 내쉬는 시간에 지나지 않는다. 그러나 눈 한 번 깜빡이고 숨 한 번 내쉬는 사이에 벌써 작은 옛날, 작은 지금이 이룩된다. 그렇다면 하나의 옛날과 하나의 지금도 역시 크게 눈 한 번 깜빡이거나 크게 숨을 내쉬는 순간이라 이르지 않을 수 없다. 「일신수필 서문」 馹迅隨筆序

먹을 한 번 찍는 시간이란 눈을 한 번 깜빡하거나 숨을 한 번 내쉬는 아주 짧은 순간, 곧 순식간瞬息間의 일이다. 시간의 본질로 보자면 숨을 들이마셨다 내쉬는 그 아주 짧은 시간에도 작은 과거와 작은 지금이 이루어진다. 찰나의 순간에 작은 미래는 지금이 되고, 작은 지금은 과거가 된다. 순식간에도 현재와 과거는 겹쳐 있는 것이며, 생각을 넓히자면 우리가 과거, 현재, 미래라고 부르는 시간은 단지 차이일 뿐 가치의 경중을 갖는 것은 아니다. 그러니 내가 발 딛고 있는 지금 여기의 진실을 드러낼 수 있다면, 훗날에는 그것이 훌륭한 고전이 되는 것이다.

연암은 이덕무에게 준 「증좌소산인」贈左蘇山人에서, 그려 놓은 계수나무가 살아 있는 오동나무만 못하다는 견해를 이야기한 바 있다. 계수나무는 고귀한 것, 근사한 것을 의미한다. 오동나무는 평범한 것, 일상적인 것을 뜻한다. 아무리 멋진 사물도 베낀 것, 이미 지난 것이라면 현재의 평범한 사물에 미치지 못한다. 연암은 아무리 좋은 과거의 것을 모방하더라도 눈앞의 평범함을 표현하는 것만 못하다는 미의식을 갖고 있었다. 그에게 참된 리얼리티는 주체가 마주한 눈앞의 현실이다. 지금 눈앞에서 보고 있는 사물과 현실에 진실이 깃들어 있다. 이와 같은 미의식이 그의 글쓰기에도 똑같이 적용되는 것이다.

연암은 창힐蒼頡이 눈앞에 펼쳐진 삼라만상을 취해 첫 글자를 만들 때 어떤 옛날을 모방했겠냐고 반문하고, 안연顔淵도 배우기를 좋아했지만 유독 저서를 남기지 않았다고 했다. 그러므로 진실로 옛것을 좋아하는 자들로 하여금 창힐이 글자 만들 때의 정신을 생각하고 안연이 미처 써내지 못했던 마음을 배워 짓는다면, 글이 비로소 바르게 될 것이라 주장했다.

> 처음 문자를 만들었던 창힐이 글자를 만들 때 어떤 옛것을 모방했겠느냐? 안연은 배우기를 좋아했지만 유독 저서는 없었다. 만약 옛것을 좋아하는 사람이 창힐이 글자 만들 때를 생각하고, 안연이 펴내지 못한 생각을 저술한다면 글이 비로소 바르게 될 것이다. 너는 나이가 어리니, 남의 노여움을 사면 공손하게 "널리 배우지 못해 옛글을 살펴보지 못했습니다"라고 사과해라. 그래도 그치지 않고 따지며 노여움을 풀지 않거든, 조심조심 이렇게 대답해라. "『서경』과 『시경』은 하夏·은殷·주周 삼대三代 당시에 유행하던 문장이고, 이사李斯와 왕희지王羲之의 글씨는 그가 살던 나라에서 유행하던 속된 글씨였습니다." 「녹천관집 서문」

새로운 표현을 쓴다는 이유로 비난받은 제자 이서구를 격려하며 준 글이다. 경전인 『서경』도 그 당시 유행하던 문장을 사용한 것이고, 서법書法의 모범인 이사와 왕희지의 서체도 그들이 살던 나라에서 유행하던 글씨를 쓴 것에 불과하다. 하긴 생각해 보라. 오늘날 우리가 고전으로 배우는 시조니 고려 가요니 하는 장르는 그 당시에 유행하던 대중가요였고, 세계적으로 가장 많은 사랑을 받는 셰익스피어의 문학 작품도 그 당시에 가장 유행하던 대중소설이었다. 그 당시엔 하나의 통속물일지라도 당대의 삶과 고민을 생생하게 드러낼 수 있다면 훗날엔 고전의 지위를 얻는다. 다음 글도 이와 똑같은 취지를 말한다.

> 옛사람들의 글이 그 당대에야 어찌 난해하고 모호했겠는가? 『서경』의 「요전」과 「대우모」大禹謨, 『시경』의 국풍國風과 아송雅頌, 『주역』의 괘사와 효사, 『춘추』의 여러 전傳은 모두 당시의 금문今文이어서 그때 사람들은 다 쉽게 이해할 수 있었다. 그러나 후대로 올수록 그 뜻을 알기가 점점 어려워져 전傳, 전箋, 주註, 소疏 따위가 생겨났다. 요새 사람들은 이런 줄은 모르고 무조건 옛사람의 글을 본뜨고 흉내 내어 어렵고 난삽한 때깔을 부리면서도 스스로는 '간명하고 예스럽다'고 여기니 참 가소로운 일이다. 만약 남들이 자기 글을 읽고자 할 경우 그때마다 자기가 일일이 주석을 달아 주어야 할 지경이라면, 이런 글을 대체 얻다 쓰겠는가?[12]

『시경』, 『서경』, 『주역』 등의 경전들은 주해가 없이는 이해하기가 힘들다. 그래서 이를 주해한 많은 해설서가 등장했다. 사람들은 무슨 뜻인 줄도 모르면서 이들 경전을 무조건 암기하고 본뜬다. 자신도 무슨 뜻으로 쓰는 줄도 모르면서 간명하고 예스럽다고 자랑한다. 하지만 이들 경전이 씌어진 당시의 사람들은 이들 경전을 어렵다고 여기지 않았다. 경전은 그 당시의 통속적인 글이어서 그때 사람들은 누구나 쉽게 이해했다. 지금 고전으로 떠받드는 많은 작품은 그 당시에는 하나의 지금 글이었을 뿐이다. 그러므로 옛사람의 글을 흉내 내려 하지 말고 지금에는 지금의 글을 써야 하는 것이다.

연암은 옛날과 지금 사람의 글은 처지를 바꾸면 결국 똑같다고 본다. 장자가 한漢 무제武帝 때 태어났으면 사마천과 같이 쓸 것이고, 소동파가 선진 시절에 태어났더라면 『예기』禮記를 지었을 것이다. 글이란 시대를 반영하므로 그 당시의 생각을 담은 글, 지금 여기의 이야기를 들려줄 때 참된 글이 된다. 연암은 먼 옛날로 돌아가려 할수록 실상과는 동떨어진 글이 될 뿐이라고 생각했다. 연암의 제자였던 박제가가 "서적이란 오래되면 될수록 그 참됨을 점점 더 잃을 뿐이다"라고 했는데, 연암과 같은 입장이다.

따라서 연암이 눈앞 일[卽事]에 참된 멋이 있다고 주장한 것은 상투적인 표현, 영혼 없는 베끼기에서 벗어나 지금의 삶과 현실을 생생하게 담아내고자 했던 의식에서 나온 것이다. 즉사卽事가 먼 옛것[遠古]과 대비되는 현실주의를 이야기한다는 점은 이미 많은 학자가 지적하고 있다.

특별히 '조선의 노래'朝鮮風 발언은 즉사卽事의 정신을 잘 보여 준다. 연암은 제자인 무관 이덕무가 지금의 글을 썼다는 이유로 세간의 비난을 받는 것에 대해 변호해 주면서, 무관은 조선의 사람이고 현재에 살고 있으므로 지금 조선의 방언을 글로 적고 그 민요를 노래하면 저절로 문장이 이루어져 참된 본[眞機]이 드러날 것이라고 격려해 주었다.

지금 무관은 조선 사람이다. 산천과 기후는 중국과 다르고 언어와 풍속도 한나라, 당나라 시대와 다르다. 그런데도 중국의 법을 따르고 한나라, 당나라의 문체를 답습한다면 나는 그 법이 높으면 높을수록 그 내용은 실로 낮아지고, 문체가 비슷할수록 그 말은 더욱 거짓임을 볼 뿐이다. 우리 조선이 비록 구석지긴 했으나 또한 천승千乘 제후의 나라이고, 신라와 고려가 비록 소박하기는 했으나 민간에 아름다운 풍속이 많았다. 그러므로 그 방언을 글자로 적고 그 민요에 운을 달면 저절로 문장이 되어 '참다운 본'眞機이 드러날 것이다. 답습을 일삼지 않고 빌려 오지도 않으며, 현재에 차분하게 삼라만상을 마주 대함은 오직 무관의 시가 그러하다. 오호라!『시경』에 담긴 300편의 시는 새와 짐승, 풀과 나무의 이름이 아닌 것이 없고, 민간 길거리의 남녀가 나눈 말에 지나지 않는다. 패邶 땅과 회檜 땅 사이에는 지역마다 풍속이 같지 않고 강수江水와 한수漢水 유역에서는 백성들이 그 풍속을 달리하기에, 시를 채집하는 사람이 여러 나라의 노래로 만들어 그 백성들의 성정性情을 살피고 풍속을 찾아보았던 것이다. 그러니 무관의 이 시가 예스럽지 않다고 어찌 다시 의심하겠는가? 만약 성인聖人으로 하여금 중국에 다시 태어나 여러 나라의 풍속을 살피게 한다면, 이『영처고』嬰處稿를 고찰함으로써 우리나라의 새와 짐승, 나무와 풀의 이름을 많이 알게 될 것이며, 강원도 사내와 제주도 아낙의 성정을 살필 수 있을 것이다. 따라서 이 시를 '조선의 노래'라 불러도 괜찮을 것이다.
「영처고 서문」

중국과 우리 조선은 각자 기후와 삶의 조건이 다르므로 우리 조선의 삶과 현장을 노래하라는 것이다. 당시 사람들은 고대 중국의 경전을 본받는 것을 이상적인 모범으로 생각했다. 그렇지만 연암이 생각하기에 거기엔 우리의 삶, 우리의 생각, 우리의 문화가 없었다. 우리 조선의 삶과 생각을 담아내야 참된 글이 나오는 것이다. 곧 현재 내가 발 딛고 있는 조선의 삶과 정서를 노래하라는 것이 조선풍朝鮮風이다. 조선풍을 선언한 배경에는 지금 여기를 써야 참된 글이 될 수 있다는 생각이 담겨 있었다. 나의 목소리, 나의 생각이 있는 지금 여기를 쓰라는 것, 그것이 바로 즉사의 정신이다.

흠과 결점을 보여 주어라

연암은 지금 사람들이 종이에 진부한 말과 죽은 구절만 가득 채워 넣고 있다고 말한다. 그렇게 해야만 법도에 맞고 충실한 글이 된다고 생각한다는 것이다. 특히 비지碑誌의 경우엔 더욱 판에 박은 듯해 한 편의 글을 여러 사람에게 써먹을 수 있다고 한다. 연암이 생각하기엔 지금의 글쓰기 현실은 글을 쓰는 법과는 전혀 거리가 멀다. 그렇다면 어떻게 해야 진부한 언어를 깨뜨리고 언어를 쇄신할 수 있을까? 연암은 그 방법 중 하나를 다음과 같이 말한다.

> 나는 문장을 짓는 데 달리 잘하는 건 없고 사실을 기술하고 대상을 묘사하는 솜씨가 요새 사람들보다 조금 나을 뿐이다. 요새 사람들이 지은 비지碑誌는 대개 판에 박은 듯해 한 편의 글을 여러 사람에게 써먹을 수 있다. 그러니 대체 돌아가신 분의 정신과 모습을 어디서 떠올릴 수 있겠느냐? 그래서 삼연三淵(김창흡) 공께서는 "우리나라 사람들 문집은 상갓집 곡비哭婢의 울음소리와 같다"라고 하신 것이다. 옛사람은, '얼굴이 둥글면 모난 데를 그리고 얼굴이 길면 짧은 부분을 그린다'라고 했거늘, 사마천의 열전과 한유의 비문碑文이 읽을 만한 건 이 때문이다. 지금 사람들은 이 뜻을 모르고 종이 가득히 진부한 말과 죽은 구절만 채워 넣고 있다. 그러면서 한다는 말이, '이렇게 해야만 법도에 맞고 충실한 글이 된다'라고 한다. 나는 모르겠다. 이게 무슨 글 쓰는 법인지?[13]

청나라 화가인 대가미戴葭湄는 그림을 그릴 때 '얼굴이 둥글면 모난 데를 그리고 얼굴이 길면 짧은 부분을 그린다'貌圓方寫 貌長短寫고 했다.

둥근 얼굴을 그릴 때 둥글게 그리면 그 사람만의 개성이 드러나지 않는다. 모난 부분을 그림으로써 둥근 얼굴을 부각할 수가 있다. 또 얼굴이 길다고 전부 길게 그리면 그 사람의 개성이 드러나지 않는다. 짧은 부분을 그림으로써 긴 얼굴이 도드라진다. 그린 것은 모나고 짧지만 얼굴은 둥글고 길어지는 것이다. 대가미의 언급이 글쓰기에서 어떻게 연결되는지를 제대로 이해하려면 다음의 글을 보면 알 수 있다.

> 사조寫照의 글로는 천고에 사마천司馬遷 같은 이가 없다. 그는 매양 사람의 흠 있는 부분이나 결여된 부분에 대해 반드시 있는 힘을 다해 써냈다. 요컨대 흠 있는 부분이나 결여된 부분은 그 사람의 나머지지만, 그 나머지는 정신이 깃들어 있는 곳임을 알아야 한다. 정신이란 이른바 붓을 들어 표현하기 전에 있으며, 표현된 문장 너머에 있다. 대가미는 남의 얼굴을 그리면서 "그 얼굴이 둥글면 모나게 그려 내고, 그 얼굴이 길면 짧게 그려 낸다. 그린 것은 모나고 짧지만, 초상은 둥글고 길다"고 했는데, 이 말은 문장가에게 가장 합당하다 하겠다. 나는 여러 사람이 모인 속에서 이 사람을 한 번 본 적이 있는데, 지금 이 글을 읽고는 글 짓는 요령을 대략 터득했다.[14]

연암이 쓴 「족손 증 홍문정자 박군 묘지명」族孫贈弘文正字朴君墓誌銘에 대해 연암의 처남인 이재성이 평한 글이다. 사마천은 인물을 묘사할 때 흠이나 결점을 반드시 다루었다. 흠이나 결점은 그 사람의 나머지 부분이다. 그렇지만 그 나머지 부분에 그 사람의 정신이 깃들어 있으며, 그만의 본모습이 잘 드러나 있다. 이 태도는 앞에서 대가미가 말한, 얼굴이 둥글면 모나게 그리고 얼굴이 길면 짧게 그린다는 말과 연결된다.

대가미의 말은 실제 모습과는 다르게 표현하라는 뜻으로도 읽히고, 대상의 개성적인 모습을 담으라는 의미로도 읽힌다. 사마천의 창작 태도와 관련해서 보면 둥글고 길게 그리는 것은 상투적으로 쓰는 것이고, 네모나고 짧게 그리는 것은 대상의 흠이나 모자란 부분을 쓰는 행위와 연결된다.

흠이나 모자란 부분을 쓴다는 것은 어떤 의미일까? 얼핏 그 사람만의 개성을 잡아 표현하라는 뜻으로 읽힌다. 그런데 '흠'이나 '결점'이 부정적인 뉘앙스를 갖는 어휘라는 점에서 이를 바로 '개성'과 연결시키기엔 부자연스러운 점이 있다. 그렇다면 「족손 증 홍문정자 박군 묘지명」에서 인물 묘사가 어떻게 나타나는지를 살펴 그 실마리를 풀어 보기로 한다. 이 작품은 이조판서인 박상덕의 맏아들 박수수朴綏壽 군이 죽자 연암이 이를 애도하며 지은 묘지명이다.

> 군이 바야흐로 처음 벼슬길에 올라 장차 그의 가문을 이어 갈 터였으나, 다만 술에 병들어 갈수록 더 마시다가 황달이 들었다. 하루는 거울을 끌다가 자기 얼굴을 비춰 보고는 땅에 내던지며, "내가 어찌 오래가겠나" 하고서 공중에 대고 글자나 쓰며 무슨 생각이 있는 것 같더니, 이내 의관을 정제하고 부모님께 나아가 영이별을 고하는데, 말이 너무나도 비창했다. 온 집안이 크게 놀라며 비로소 그가 병든 줄 알고 바야흐로 의원을 맞다 황달을 치료했으나 이미 늦어서, 군은 병으로 인해 혀가 굳어 말을 못한 채 며칠 만에 죽었다. 그는 사람 관상을 잘 보아 왕왕 기가 막히게 맞추었다.[15]

작품의 마지막 대목이다. 간단히 말하자면 주인공이 술 때문에 병들어 죽었다는 내용이다. 술로 인해 어이없이 요절하고 말았으니 술을 잘

먹는 것은 주인공의 흠이다. 그렇지만 글 전편全篇을 읽으면, 앞부분에서 세상에 흥미를 잃고 '답답한 심정을 이야기할 상대가 없어 홀로 술로써 속을 풀었다'는 대목과 연결되어 그의 죽음이 안타깝게 다가온다. 그는 술 때문에 죽은 것이 아니라 답답한 세상 때문에 죽은 것이다. 공중에 글자를 쓰는 행위는 유래가 있다. 진晉나라의 은호殷浩라는 사람이 먼 지방으로 쫓겨나자 온종일 '어허 괴상한 일이다'咄咄怪事라는 글자만 공중에 대고 쓰며 지냈다는 고사에서 나온 말로, 크게 실망하거나 유감을 품을 때 하는 행동이다. 술 때문에 죽은 것은 그의 흠이겠으나, 자신이 곧 죽을 것을 예견하고 낭패의 감정을 보이며 부모님께 알리고 죽은 모습에서 낙척불우落拓不遇했으되 자식의 예를 다했던 그의 모습이 부각된다. 그의 흠인 술을 이야기했지만 정작 떠오르는 것은 자신의 죽음까지 예견하고 정리하는 불우한 인재의 모습이다.

이렇게 보자면 흠과 결점이란 세상과는 다른 삶의 방식과 태도를 말한다. 세상과 다른 행동과 방식은 세상의 잣대로 보면 흠과 결점이지만, 역설적으로 세상에 타협하지 않고 자신만의 방식으로 살아가는 진솔한 자의 모습이다. 연암은 이 작품의 명銘에서 다음과 같이 말했다.

> 귀함은 인색함을 증명하고 부유함은 부정함을 증명하며, 오래 삶은 포악함을 증명한다. 인자하고 진실한 자에게는 요절이 따르고 깨끗해서 찌끼 없는 자에겐 가난이 깃들며, 잘 베풀고 많이 주는 자는 고관이 못 된다.[16]

세상의 자랑이 되는 귀함과 부유함과 오래 삶은 거꾸로 불의하게 살았음을 증명한다. 진실하게 살면 요절하고 깨끗하면 가난해지며 베푸는 자는 높은 지위에 오르지 못한다. 연암은 일반 사람들과는 다른 시각으로 삶을 바라본다. 그러므로 연암이 그리는 인물들의 흠과 결점은 연암에게 있어선 그 인물이 진실하고 자유로우며 욕심 없이 살았음을 증명하는 표지다.

요컨대 연암은 진부하지 않고 기운 생동하는 묘사를 하려면 둥근 데는 모나게 그리고, 긴 것은 짧게 그려야 한다고 말한다. 이는 대상을 상투적으로 묘사하거나 관습적으로 찬사를 나열하는 것이 아니라 흠과 결점을 보여 주는 것이다. 흠과 결점이란 세상이 요구하는 가치와는 다른 그 사람만의 개성과 삶의 태도를 뜻한다. 연암이 묘사하는 인물들은 세상의 기준으로 볼 때 대체로 기이하거나 모자라거나 한쪽으로 치우쳐 보인다. 예덕선생 엄행수, 거지 광문이, 발승암 김홍연 등이 다 그러한 인물들이다. 또는 전傳의 대상으로 삼기엔 적합해 보이지 않는 그 인물만의 소소한 습관이나 자유분방한 행동도 흠과 결점의 한 종류다. 연암은 인물들의 흠과 결점을 적극적으로 드러냄으로써 역설적으로 더 생동감 있고 진실한 인간의 모습을 보여 줄 수 있었다.

연암의 글쓰기 정신이 드러난 글을 한자리에 모은 뒤, 그가 글을 쓸 때 어떤 태도와 자세로 쓰려 했는가를 살펴보았다. 연암이 글쓰기의 기본 방침으로 삼은 위의 사항들은 모방과 베끼기를 거부하고 나의 생각, 지금의 현실, 진실한 인간을 들려주려는 의식에서 나온 것들이다. 연암은 기존의 글쓰기가 모방을 일삼아 판에 박힌 죽은 글이 되고 말았다고 진단했다. 남의 생각, 남의 언어를 베끼다 보니 인간 내면의 자연스러움과 진심을 드러내지 못하고 관습적이고 진부한 표현만 보여 준다고 생각했다. 글은 대상의 자연스런 진면목을 보여 주면 그뿐이고, 작가는 남의 표현을 베끼지 않고 내 생각을 나의 언어로 쓰면 된다고 생각했다. 또한 글의 목적은 남을 아프게 하고 가렵게 함으로써 독자를 깨우치고 근질거리게 해야 한다고 생각했다. 대상을 묘사할 때는 평범하게 좋은 것을 좋게 그리는 것이 아니라 대상의 흠이나 결점, 즉 남들과는 다른 그 사람만의 개성이나 삶의 방식을 드러내야 한다고 생각했다. 둥근 것은 모나게 그리고 긴 것은 짧게 그릴 때 더 진실한 대상의 모습이 드러난다고 보았다. 이와 같은 그의 창작 태도가 그의 작품에서 구체적으로 드러나는 양상에 대해서는 4부에서 이야기한다.

▮ 연암의 글을 통해 본 글쓰기 요령 ▮

연암의 글은 동시대 또는 이전 시기의 글들과 비교할 때 독창적이고 새롭다는 느낌이 더욱 강하다. 오늘날의 작가가 쓴 것처럼 거리감이 전혀 느껴지지 않는다. 하지만 그의 글이 왜 참신한지에 대해 구체적으로 드러난 바는 없다. 글쓰기는 이러이러해야 한다고 연암 자신이 직접 밝혔으면 좋으련만, 아쉽게도 연암은 문장의 작법과 관련한 이야기를 남기지 않았다. 「문단의 붉은 기에 쓴 머리말」에서 글쓰기를 병법에 비유하며 다양한 수사법에 대해 이야기했지만, 원론 차원이지 구체적인 사례로 제시된 것은 아니다.

그렇지만 연암의 글을 꼼꼼히 살피면 그만의 글쓰기 특징이 분명 보인다. 비록 연암 자신이 독자에게 글은 이렇게 쓰라고 설명해 주지는 않았지만, 그의 마음으로 들어가 보면 글은 이런 요령으로 써야 한다고 알려 주는 것만 같다. 연암이 자신만의 글쓰기 전략으로 활용했다고 생각되는 글쓰기 요령 가운데 몇 가지만 다음과 같이 제시해 본다.

(1) 첫머리에서 논지를 분명하게 하라
첫머리는 글의 느낌을 결정짓는 첫 단추다. 첫머리를 어떻게 시작하느냐에 따라 첫인상이 정해진다. 하지만 무슨 일이든 첫출발이 가장 어렵듯이 서두를 잘 쓴다는 것은 참 어려운 일이다. 독자는 인내심이 없는지라 처음이 흥미롭지 않으면 다음을 읽으려 하지 않는다. 첫머리에서 독자의 호기심을 이끌어 내고 신선한 모습을 보여 주어야 성공적인 글쓰기로 나아간다.

전통적인 산문에서는 첫머리의 형식이 정해져 있다. 제문은 제문으로서, 묘지명은 묘지명으로서, 설은 설 양식으로서의 형식이 있다. 기문의 경우엔 본론으로 나아가기 위한 안내 역할을 하거나 주제와 관련해 분위기를 환기시키는 역할을 한다.

그렇지만 연암의 첫머리는 전통적인 형식에 비추어 퍽 충격적인 편이다. 한번 사례를 통해 이야기해 보겠다.

① 옛글을 모방해 글을 쓰기를, 거울이 형체를 비추듯 쓴다면 비슷하다고 할 수 있을까? 왼쪽과 오른쪽이 서로 반대가 되는데 어찌 비슷할 수 있겠는가? 물이 형체를 비추듯 쓰면 비슷하다고 할 수 있을까? 아래와 위가 거꾸로 나타나니 어찌 비슷할 수 있겠는가? 그림자가 형체를 따라가듯 쓴다면 비슷하다고 할 수 있을까? 한낮이 되면 난쟁이가 되었다가 해가 지면 키다리가 되니 어찌 비슷할 수 있겠는가? 그림이 형체를 묘사하듯 쓴다면 비슷하다고 할 수 있을까? 걸어가는 사람은 움직이지 않고 말하는 사람은 소리가 없는데 어떻게 비슷할 수 있겠는가? 그렇다면 끝내는 비슷할 수 없는 걸까? 「녹천관집 서문」

② 자무子務와 자혜子惠가 나가 놀다가 소경이 비단옷을 입은 것을 보았다. 자혜가 "후유" 하고 한숨지으며 말했다. "쯧쯧! 자기에게 있으면서도 보지를 못하는구나." 자무가 말했다. "비단옷을 입고 밤길을 가는 사람과 비교하면 누가 나을까?" 마침내 함께 청허聽虛 선생에게 가서 물어보았다. 하지만 선생은 손사래를 치며 말했다. "나는 모르겠네, 나는 몰라." 「낭환집 서문」

①은 첫머리에서 문제를 제기하며 시작한다. 이 방식은 오늘날 논술 글쓰기에서 흔히 발견되는데, 연암은 이 방식을 자주 사용한다. ①의 글은 옛글과 닮으려는 태도에 대해 의문을 제기한다. 연암은 일상에서 흔히 관찰할 수 있는 예를 통해 똑같이 닮는 것의 불가능함을 제시한다. 그러면서 왜 똑같이 닮으려 하냐고 묻는다. 첫머리에서 왜 이렇게 비슷한 예를 반복해 자칫 장황해 보이게 만들었을까? 당시에 모방에 대한 담론은 아주 예민한 문제였다. 중세기엔 유사성과 동일성을 추구했으며, 문학에서도 옛것과 닮는 것, 비슷해지는 것을 지향했다. 오히려 한마디 말이라도 조금 새로우면 큰 비난을 받았다. 연암은 이 민감한 문제를 정면에서 비판해야 했기에, 닮는다는 것이 왜 잘못인가를 확실하고도 분명하게 제시할 필요가 있었다. 따라서 그 당시의 글쓰기 관행을 고려한다면 첫머리의 반복적인 자문자답 형태는 지루하고 장황한 느낌을 주는 것이 아니라 긴장되고 단호한 느낌을 준다.

②는 첫머리에서 서로 대립되는 사안에 대해 논쟁하는 형식으로 구성한 경우다. 이 방식은 다른 작가의 글에서는 보기 힘든 연암만의 특징이라 할 만하다. 첫머리를 논쟁 삽화로 시작하는 경우는 고전 산문에서는 전례가 드물다. 한 편의 우화로 구성된 자무와 자혜의 논쟁을 보며 독자는 무슨 얘기를 하려는 걸까 하는 호기심을 느끼고, 과연 누구 말이 옳을까를 생각하며 글 속으로 참여한다.

지면상 두 예시밖에 다루지 않았지만, 연암은 첫머리에서 논지를 분명하게 제시한다.「녹천관집 서문」과 같이 첫 문장에서 글의 주지主旨를 단도직입적으로 제시한다거나「영처고 서문」,「선귤당기」蟬橘堂記처럼 시비를 거는 형식으로 첫머리를 시작하기도 한다. 특히 연암은 대체로 문제를 제기하거나 논쟁을 걸면서 글을 시작한다. 이는 곧 연암의 글은 정보나 지식을 제공하는 데 있지 않고, 논쟁을 촉발하거나 문제를 제기함으로써 독자의 반성을 유도하거나 독자에게 흥미를 주려는 데 목적이 있음을 말해 주는 것이다. 처음에 과감하고 분명한 논지를 제기하라는 것이 연암이 말하는 서두의 글쓰기 요령이다.

(2) 장면을 초점화하라

연암의 글을 읽으면 특정한 장면이 머리에 구체적으로 그려진다. 연암은 어떤 주제에 대해 글을 쓸 때 시시콜콜하게 이것저것 다 말하지 않는다. 특정한 상황이나 장면을 선택해서 구체적으로 묘사하거나 보여 주려고 한다. 연암은 양식이 요구하는 틀에 맞춰 의례적으로 진술하지 않고 하나의 장면을 집중적으로 다룬다. 이는 '장면의 초점화'라 부를 만하다.

묘지명을 예로 들어 보겠다. 일반적으로 묘지명은 죽은 이의 행적과 인품을 칭송하고 기리는 내용으로 채운다. 하지만 연암은 그와 같은 일반적인 형식을 따르지 않는다.

> 슬프다! 누님이 시집가던 날 새벽에 단장하던 일이 어제 일 같다. 나는 그때 막 여덟 살이었다. 응석 부리느라 누워 이리저리 뒹굴면서 신랑의 말투를 흉내 내어 더듬거리며 점잖게 말을 했더니, 누님은 수줍어하다 빗을 내 이마에 떨어뜨렸다. 나는 화가 나 울면서 분에 먹을 섞고 거울에 침을 뱉었다. 누님은 오리 모양의 옥비녀와 벌 모양의 금 노리개를 꺼내어 내게 주면서 울음을 그치게 했다. 지금으로부터 스물여덟 해 전의 일이다.
> 강가에 말을 세우고 멀리 바라보았다. 붉은 명정은 펄럭이고 돛배 그림자는 너울거리는데 강굽이에 이르러 나무에 가리자 다시는 보이지 않았다. 강 위의 먼 산은 검푸른 것이 누님의 쪽 찐 머리 같고, 강물 빛은 화장 거울 같고, 새벽달은 누님의 눈썹 같았다. 눈물

을 떨구며 누님이 빗을 떨어뜨렸던 일을 떠올리니, 유독 어릴 때 일은 또렷한데 기쁨과 즐거움도 많았으며 세월은 길었다. 나이가 들면서 항상 우환으로 괴로워하고 가난을 염려하다가 꿈속의 일처럼 세월은 훌훌 지나갔으니 피붙이로 함께 지냈던 날들은 또 어찌 이다지도 심히 짧았더란 말인가! 「맏누님 증 정부인 박씨 묘지명」

마흔셋의 나이로 죽은 누나를 기리며 쓴 글이다. 일반적인 묘지명이라면 누나의 가족 관계, 살아온 행적, 훌륭한 인품 등을 나열할 것이다. 하지만 연암은 그와 같이 쓰지 않았다. 대신에 누나가 시집가던 날 새벽에 벌어졌던 작은 에피소드 하나를 이야기했다. 인간됨이 어질었고 성품이 착했다는 등의 관습적인 말을 나열하지 않고, 둘 사이에 있었던 작은 실랑이만을 담아냈다. 상투적으로 기리는 말도 없고, 구구절절한 감정을 보여 주지도 않았지만 오히려 가슴을 울리는 감동이 있다.

일반적인 글과의 차이를 선명하게 부각시키기 위해 묘지명을 예로 들었지만, 기記라든가 서序 등에서도 연암은 특정한 장면을 구체적으로 보여 주는 작품을 상당히 많이 썼다. 그럼으로써 글에 아연 생동감이 돌고 특정 장면이 구체적으로 떠오른다.

연암의 글쓰기 요령을 적용해 보자면, 글을 쓸 때 관념적이고 추상적인 내용을 나열하면 안 된다. 자질구레하게 이것저것 다 말하면 오히려 남는 건 하나도 없다. 특정한 상황이나 장면에 집중할 때 글에 생동감이 흐르고 강한 인상을 남긴다.

(3) 관습적인 이미지에서 벗어나라

고전 문학에서 이미지와 상징은 으레 관습적으로 쓰인다. 소나무나 매화는 늘 지조와 절개를 상징하고, 구름은 간신의 이미지를 갖는다. 북극성은 임금을 상징하고, 접동새는 한恨의 정서를 나타낸다. 고전 문학에서 하나의 사물이나 개념에 대한 이미지는 고정되어 있어서 누가 사용해도 동일한 의미를 갖는다.

하지만 연암은 사물을 관습적이거나 고정된 이미지로 가두지 않고 상황에 따라 자신만의 이미지로 만든다. 오늘날의 관점에서 보자면 연암은 개인적이고 창조적인 이미지를 사용한다.

예컨대 사람들은 까마귀에게선 검은색의 불길함을, 울음이라는 개념에선 슬픈 감정을 읽는다. 으레 똥은 더럽고 지저분한 이미지로, 궁궐이나 성곽은 멋지고 화려한 장관의 이미지로 바라본다. 하지만 연암은 그때의 특수한 상황에서 그때 발견한 이미지로 대상을 바라본다. 그리하여 까마귀에게선 다채로운 빛깔을, '울음'에서는 통쾌함을, 똥에서는 최고의 미적 가치를 읽어 낸다. 그는 관습적인 상징의 어휘를 창조적인 상징어로 바꾸어 활용한다.

① 말을 몰아 10여 리를 가자 햇빛이 문득 뚫고 나와 점점 밝아지고 고와졌다. 조금 전의 사나운 구름이 모두 경사스럽고 상서로운 구름으로 변해 오색이 얽혀 빛났다. 말 머리에 한 길 되는 기운이 생겼는데 엉긴 기름마냥 누렇고 탁했다. 잠깐 사이 문득 청홍색으로 변하더니 재빠르게 하늘로 치솟았는데, 문을 삼아 들어갈 수 있고, 다리 삼아 건널 수 있어 보였다. 처음에 말 머리에 있을 땐 손으로 만질 수 있었는데, 앞으로 나아갈수록 멀어졌다. 얼마 후 문수산성에 이르러 산기슭을 돌아 나와 강화부의 외성外城을 바라보니, 강을 따라 100리에 흰 성가퀴가 햇빛에 반짝이고 무지갯발은 아직도 강 한가운데 꽂혀 있었다.　「말 머리에서 무지개를 본 기록」 馬首虹飛記

② 사람들은 단지 일곱 가지 정 가운데 슬퍼야만 눈물이 나오는 줄 알 뿐, 일곱 가지 정이 모두 울음을 자아내는 줄은 모른다네. 기쁨이 지극하면 울 수가 있고, 분함이 사무쳐도 울 수가 있네. 즐거움이 넘쳐도 울 수가 있고, 사랑이 극에 달해도 울 수가 있지. 너무 미워해도 울 수가 있고, 욕망이 가득해도 울 수 있다네. 맺힌 감정을 푸는 데는 소리보다 더 효과가 빠른 것이 없지. 울음은 하늘과 땅 사이의 우레에 견줄 만하네. 지극한 정을 펼친 것이 저절로 이치에 맞아떨어진다면 울음이나 웃음이나 뭐가 다르겠는가? 사람의 정이 지금껏 이러한 지극한 감정을 겪어 보질 못해 교묘하게 일곱 가지 정으로 나누어, 슬픈 감정에 울음을 짝지은 것이라네.

「통곡하기에 좋은 장소」好哭場

① 글은 먹구름이 몰려와 소낙비가 내린 뒤 말 머리에 무지개가 뜬 자연 사물의 풍경을 쓴 것이다. 무지개가 뜨기까지 기상 현상의 변화를 묘사와 비유로 구성하고 있다. 글에서 표현된 무지개는 더없이 황홀하고 신비하며 아름답다. 하지만 동아시아에서 무지개는 상서롭지 못한 자연현상으로 여겨져 왔다. 따라서 무지개의 아름다움을 묘사한 글은 별로 없다.[17] 그러나 연암은 무지개를 아름답고 신비한 상징으로 묘사하고 있다. 무지개를 초월적인 현상으로서가 아닌, 자연현상으로 바라봄으로써 만든 창조적인 이미지다.

② 글은 「도강록」渡江錄 7월 8일조 기사의 일부분으로, 학자들 사이에서 '호곡장론'好哭場論으로 불리는 글이다. 이 글에서 연암은 울음에 대해 새로운 의미를 부여한다. 일반적으로 사람들은 울음이란 슬퍼야 우는 것이라고 생각한다. '울음=슬픈 감정'으로 관습화시킨 것이다. 그렇지만 연암은 울음에 대한 기존의 관습적인 생각에 동의하지 않는다. 울음은

다양한 정情에서 나오는 감정 가운데 하나일 뿐이다. 인간은 슬프거나 분노가 가득해야만 우는 것이 아니라, 즐거움이 지극해도 눈물이 나오고 너무 사랑해도 눈물이 난다. 그리하여 소리의 의미를 맺힌 감정을 푸는 행위로 바라보고, 울음과 웃음은 같은 이치에서 나온다는 역설적인 발상을 한다.

　이와 같이 연암은 자신을 둘러싸고 있는 존재를 관습의 시선으로 바라보지 않는다. 사물 하나하나를 열린 눈으로 바라보고 독자적인 의미를 지닌 존재로 바라본다. 그에게 사물의 의미는 정해져 있지 않다. 조건에 따라 그 상황에 가장 적합한 언어를 사용할 뿐이다. 모든 사물은 계속 변하는 가운데 있으므로 사물의 이미지도 늘 변한다. 까마귀 날개 색은 고정되어 있지 않고 조건에 따라 저마다 다른 색깔을 보여 주듯, 이미지는 살아 있다. 연암은 개개의 사물에서 발견한 새로운 이미지로써 참신한 글을 만들어 낸다.

　이 외에도 연암의 글에는 그만의 글쓰기 요령이 있다. 개인 경험을 적극적으로 활용하며, 용사用事를 새롭게 자신만의 뜻으로 바꾸어 사용한다. 결말에서는 여운과 극적인 방식을 쓰며, 같은 말을 여러 번 반복하지 않는다. 이러한 점들은 오늘날의 글쓰기에 그대로 적용해도 꽤 쓸모가 있다.

3부
글쓰기의 과정

글을 쓰는 사람이라면 누구나 글을 잘 쓰고 싶다. 하지만 글을 잘 쓰기란 참 어렵다. 글쓰기를 위한 다양한 이론서와 제안들이 쏟아져 나오긴 하나 글을 쓰는 일은 언제나 괴롭다. 좋은 글을 쓰는 사람은 어떤 과정을 거쳐 글을 쓰는 걸까? 우리는 글을 쓴 사람의 결과물을 볼 뿐, 글쓰기 과정을 보지는 못한다. 모범이 되는 고전에서 글쓰기 과정을 보여 주는 사례를 찾을 수 있다면 오늘날 글쓰기 교육에도 좋은 도움을 주리라 기대한다. 하지만 아쉽게도 고전의 작가들에게서 글쓰기 과정과 관련한 사례를 찾기는 쉽지 않다. 아무래도 고전 작가들은 직관을 강조한 글쓰기를 중요하게 여겼기에, 글쓰기 과정과 절차에 대해서는 그다지 관심을 기울이지 않은 듯하다.

그럴 때 연암 박지원의 글쓰기에 주목해 본다. 과연 그가 좋은 글을 쓸 수 있었던 원동력은 무엇일까? 그는 어떤 과정을 거쳐 글을 썼을까? 다행히도 그와 관련한 자료들을 꼼꼼히 살펴보면 글쓰기 과정을 유추할 수 있는 단서들이 존재한다. 최고의 문장가답게 그는 일련의 글쓰기 행위를 파악할 수 있는 자료들을 많이 남겼다. 이는 그가 글을 잘 쓰기 위해 얼마나 심혈을 기울였는가를 알 수 있는 증거이기도 하다. 연암의 공식적인 문집보다는 사적인 편지글이나 아들인 박종채가 쓴 『과정록』의 기록에서 글쓰기 과정과 관련한 내용을 많이 확인할 수 있다. 연암의 글쓰기 과정은 오늘날 작문 활동의 중심을 이루는 인지주의 작문 이론과 깊은 관련을 맺고 있다.

오늘날의 작문 교육에서는 과정 중심의 단계별 쓰기 교육을 강조한다. 글쓰기를 일종의 문제 해결 과정으로 보고, 글쓰기 과정에서 일어나는 아이디어를 생성하고 조직·표현·수정 하는 과정을 가르친다. 최근에는 과정 중심의 쓰기 교육 이론이 지닌 한계를 극복하고자 장르 중심 글쓰기 교육, 대화주의 글쓰기 교육 등이 제시되고 있다. 반면 고전에서는 글쓰기 교육과 관련한 체계적인 이론은 없다. 고전의 글쓰기는 직관을 강조하고 나와 사물의 합일을 추구한다. 이에 따라 고전의 글쓰기에서는 작문 교육 이론은 만들어 내기가 어렵다고들 한다. 게다가 고전 시대에는 술이부작述而不作의 전통이 있었다. 술이부작이란 전달하기만 할 뿐 창작하지는 않는다는 뜻이다. 글이란 선현의 말을 잘 전달하면 될 뿐 애써 꾸미거나 자기 생각을 만들어 낼 필요는 없다는 것이다. 이에 따라 내용 위주의 글쓰기를 했지 형식을 고려한 작문 활동은 중요하게 여기지 않았다.

그렇지만 연암은 다르다. 그는 글을 잘 쓰는 사람은 병법을 알아야 한다고 말한다. 그는 무언가와 싸워 이기기 위해 글을 썼음에 틀림없다. 싸움에 이기기 위해서는 치밀한 전략이 필요하다. 연암은 이것을 '요령'이라는 말로 설명한다. 길을 잃고 요령을 얻지 못하면 한 글자도 써 내려가기 어렵고, 요령을 얻으면 단 한 번의 공격으로도 적군을 함락시킨 것과 같아진다고 한다.[1] '요령'이란 오늘날 작문 교육에서 말하는 '전략'이란 개념과 동일하다고 본다. 그는 언어를 무기로, 공격 대상을 효과적으로 공략하기 위한 글쓰기 방식에 대해 진지하게 고민한 작가였다. 분명 그는 글쓰기에서 고정된 형식을 거부하고 지식을 새롭게 '구성'하는 전략을 구사했다. 특히 앞서 살펴보았듯이, 연암은 자연 사물의 원리를 창작 활동과 연결시켰다. 그는 사물을 관찰해서 깨달음을 얻은 뒤 현실 비판의 논거로 활용했다.

그렇다면 연암이 어떤 절차로 글쓰기를 수행했는지, 그 글쓰기 과정을 살펴보기로 한다. 여기서 글쓰기 과정은 텍스트의 의미 구성 행위는 물론, 쓰기 전 활동인 글을 쓰기 위한 발상과 태도를 포함한 것이다. 연암과 관련한 자료에는 글쓰기 태도에 관한 내용들이 종종 나타난다. 어떤 내용은 직접적이기도 하고, 또 어떤 내용은 간접적으로 드러나 있다. 그 자료들은 한곳에서 논리적으로 제시되는 것이 아니라 여기저기 흩어져 나타난다. 이에 필자는 오늘날의 인지주의 작문 모델을 참고하면서 연암의 마음으로 들어가, 그가 어떤 과정을 거쳐 글을 쓰게 되었는지를 논리적으로 재구성해서 연암의 '글쓰기 과정'을 구성해 보았다. 그랬을 때 그의 글쓰기 과정은 '탐구심으로 관찰하기—자연 사물과 교감하기—자료 모으기—제목에 따라 구상하기—(내용 조직하기)—협력적인 글쓰기—수정하기'로 정리할 수 있었다.

관찰하기

글을 쓰는 사람의 중요한 덕목은 남과는 다른 시선으로 사물을 들여다보는 데 있다. 좋은 작가는 일상에서 지나치기 쉬운 것들, 귀찮아서 관심을 두지 않는 것에 대해 호기심을 갖고 들여다본다. 평범한 사람은 낯선 것에 두려움과 이질감을 느끼지만, 좋은 작가는 낯선 것일수록 호기심을 갖고 더 탐구하려고 한다. 연암은 사물에 대한 호기심과 탐구 정신이 그 누구보다도 대단한 작가였다.

연암의 탐구 정신이 가장 빛나는 장면은 『열하일기』 7월 12일자에 나온다.

연속 이틀 밤이나 잠을 설친 탓에 해 뜬 후의 고단함은 특히나 심했다. 창대에게 말의 굴레를 놓고 장복이랑 양쪽에서 부축하게 하면서 갔다. 말 위에서 한숨 달게 잤더니, 정신이 비로소 맑아진다. 주변 풍경이 더욱 새롭다. 장복이가 말을 꺼냈다.

"아까 몽골 사람이 낙타 두 마리를 끌고 지나가던뎁쇼."

나는 화가 나서 꾸짖었다.

"왜, 내게 말해 주지 않았느냐?"

창대는 억울해했다.

"그때 코 고시는 소리가 천둥 같아 불러도 깨시지 않는 걸 어찌합니까요. 쇤네들 역시 처음 보는지라 무엇인지 잘 모르겠으나 낙타인가 싶었습니다요."

"그 꼴이 어떻게 생겼느냐?"

"실로 뭐라 표현하기가 어렵습니다요. 말인가 싶으면 굽이 두 쪽인데다 꼬리는 소와 같고, 소인가 싶으면 머리에 뿔이 없고 얼굴은 양 같습니다요. 양인가 싶으면 털이 꼬불꼬불하지 않고 등에는 두 봉우리가 솟았으며, 머리를 쳐들면 거위 같고 눈은 청맹과니 같습니다요."

나는 말했다.

"과연 그게 낙타로구나. 그 크기가 얼마만 하더냐?"

창대는 한 길 되는 허물어진 담을 가리켰다.

"높이가 저만 합니다요."

"이다음부터는 처음 보는 사물을 보면 비록 졸거나 밥 먹을 때라도 반드시 알려야 한다."

단단히 다짐을 받았다.

북경으로 가는 도중에 너무 피곤해서 잠깐 조는 사이 낙타가 지나갔다는 말을 들은 것이다. 연암은 자신을 깨우지 않은 하인을 크게 야단치며 낙타에 대해 자세히 묻고, 처음 보는 사물이 있으면 잠을 자거나 먹을 때라도 무조건 알리라고 다짐을 받는다. 새로운 사물에 대한 강렬한 탐구심은 그의 글쓰기를 형성하는 가장 본질적인 특성이다. 그는 새로운 사물에 대한 지적 호기심이 충만한 사람이었다. 당시 성리학자들이 인간의 내면세계 위주로 관심을 갖는 데 비해, 연암은 외부의 자연 사물과 현실에 큰 관심을 가졌다. 그는 눈앞에 보이는 새로운 사물은 무조건 봐야 직성이 풀리는 탐구자였다.

그는 이러한 탐구 정신을 바탕으로 자연 사물을 꼼꼼하게 관찰한다. 아들인 박종채는 아버지의 관찰 태도를 다음과 같이 기록하고 있다.

> 연암골에 계실 때 일이다. 아버지는 하루 종일 대청에서 내려오시지 않는 날도 있었고, 간혹 사물을 응시하며 한참 동안 묵묵히 말이 없으시기도 했다. 당시 아버지는 이런 말씀을 하신 적이 있다.
> "비록 지극히 미미한 사물들, 이를테면 풀, 꽃, 새, 벌레와 같은 것도 모두 지극한 경지를 지니고 있단다. 그러므로 이들에게서 하늘이 부여한 자연의 현묘함을 엿볼 수 있지."
> 아버지는 매양 시냇가의 바위에 앉으시기도 하고, 나직이 읊조리며 천천히 산보하시다가 갑자기 멍하니 모든 것을 잊으신 것 같은 모습을 하기도 했다. 때때로 묘한 생각이 떠오르면 반드시 붓을 들어 써 두셔서 잔글씨로 쓴 종잇조각이 상자에 가득 찼다.[2]

풀, 꽃, 새, 벌레 따위는 기존의 전통 성리학자들은 그다지 관심을 갖지 않는 사물들이다. 도덕이나 내면 수양과는 별 관련이 없는 것이다. 그러나 연암은 하찮은 미미한 사물들도 미묘한 이치를 갖고 있다고 생각했다. 오히려 이 사물들을 자세히 관찰하면 하늘이 준 자연의 현묘함을 살필 수 있다고 보았다. 그에게 하늘과 땅 사이에 있는 자연 사물은 모두가 책의 정기精氣다. 따라서 책을 쌓아 놓고 방 속에 틀어박혀 문자를 들여다본다고 해서 진리를 깨달을 수는 없다. 그는 처음에 글자를 만들었던 창힐의 관찰 정신을 주문한다.

> 무릇 하늘과 땅 사이에 흩어져 있는 것들은 모두가 이 책들의 정기라네. 본시 방 가운데서 제 몸과 물건을 바싹 가로막고 본다고 해서 구할 수 있는 게 아니지. 그러므로 포희씨가 문文을 관찰한 것에 대해 '우러러 하늘을 살피고 굽어 땅을 살폈다'고 한 것이네. 공자는 포희씨가 문을 관찰한 것을 훌륭하게 여겨 이어 말하길, '가만히 거처할 때는 그 말을 완미玩味한다' 했네. 무릇 완미한다는 것이 어찌 눈으로 보고 살피는 것이겠는가? 입으로 맛봐야 그 맛을 얻고, 귀로 들어야 그 소리를 얻으며, 마음으로 이해해야 그 정수를 얻는 것이라네. 「소완정에 대한 기문」素玩亭記

연암은 옛 책에만 파묻힌다고 해서 깨달음을 얻을 수는 없다고 말한다. 오히려 방 밖으로 빠져나와 생의生意로 가득한 자연 사물과 직접 대면하고, 그 사물을 꼼꼼하게 관찰해 자연의 미묘한 이치를 깨달으라고 한다. 그는 벌레의 더듬이와 꽃술에 관심이 없는 자는 도무지 문장의 정신, 즉 문심文心이 없는 것이고, 사물의 형상을 음미하지 못하는 자는 한 글자도 모르는 자라고 말하기까지 한다.[3] 연암은 자연과 직접 마주하고 자연을 자세히 관찰해서 그 몸짓을 창작, 예술 활동과 일치시키려고 했다. 기존의 글쓰기관이 사물과 나의 관념적이고 정신적인 합일에 있다면, 연암은 자연 사물의 특성을 객관적으로 바라본 뒤 이를 현실과 삶에 적용하려 했다. 자연에서 변화의 원리, 창조의 원리를 발견하려 했다. 강렬한 탐구 정신으로 눈앞의 사물과 현실을 꼼꼼하게 관찰하고 경험하기, 이것이 연암의 글쓰기를 이루는 첫 번째 과정이다. 「말 머리에서 무지개를 본 기록」馬首虹飛記에서 무지개를 묘사한 장면, 「하룻밤에 강을 아홉 번 건넌 기록」一夜九渡河記에서 강물을 묘사한 첫 단락, 「코끼리에 대한 기문」象記에서 코끼리를 묘사한 부분 등은 사물에 대한 그의 치밀한 관찰 정신이 빚어낸 글쓰기다.

사물과 교감하기

자연 사물에 대한 꼼꼼한 관찰과 애정은 자연과의 교감으로 이어진다. 연암에게 자연은 박제되거나 정지되어 있지 않다. 자연은 만물을 낳고자 하는 생의生意의 공간이며, 매 순간 새로움을 낳는 창조의 공간이다. 하늘과 땅은 아무리 오래되었어도 끊임없이 생명을 낳고, 해와 달은 그 빛이 날마다 새롭다. 생명체 가운데는 아직도 이름이 알려지지 않은 존재가 부지기수고, 산천초목에는 신비한 영험함이 있다.[4] 자연 사물은 살아 움직이고 변화한다. 그 바람과 구름, 우레와 번개, 서리와 이슬 및 새와 물고기, 짐승과 곤충 등이 웃고 지저귀고 울부짖는 소리와 모습은 지금 눈앞에 그대로 있다. 연암은 이 생명력 넘치는 자연 사물에 애정을 갖고 자연과 교감한다.

> 옛사람 중에는 파초를 벗한 이가 없는데 나는 유독 파초를 사랑한다네. 줄기는 비록 100겹으로 돌돌 말려 있지만 가운데가 본래 텅 비어 한 번 잎을 펼치면 아무런 꾸밈이 없으니, 이 때문에 나의 마

음을 터놓는 벗이 된 것일세. 달 밝은 창이나 눈 내리는 창가에서 가슴을 터놓고 마음껏 이야기하니, 중산군中山君(붓)이 재빠르게 말없이 숨는 것과는 다르네. 「감사 이서구가 귀양 가 보낸 편지에 답함」答李監司書九謫中書

귀양 중이던 이서구에게 답장한 편지글이다. 예로부터 사군자인 매화나 난초를 벗으로 삼은 이들은 많았지만 파초를 벗한 이는 드물다. 파초는 잎이 넓고 커서 신선들이 부채로 들고 다니는 식물이기도 하다. 여느 식물처럼 화려한 꽃을 피우지 않고 잎만 넓게 드리운다. 연암은 파초의 수수하고 소박한 자태에 교감하고 마음을 나누는 친구가 된다. 또 다리가 부러진 새끼 까치에게 밥알을 던져 주며 친구가 되기도 한다.[5] 이 외에도 아들인 박종채가 쓴 『과정록』을 보면 연암은 사사로이 죽인 고기를 먹지 않았으며, 뜰에 앉은 까마귀에게 고깃조각을 주는 등 자연 생명체를 아끼고 보호했다.[6] 자연과 교감하며 자연물에 애정을 보이는 행동이 곧바로 글쓰기로 연결된다고 볼 수는 없겠지만, 자연 사물과의 교감은 창조적인 글쓰기로 이어지는 본질적인 부분임에 틀림없다. 다음은 자연과의 교감이 글쓰기에 직접 구현된 예다.

작년 여름, 나는 한번은 담헌의 집에 갔다. 담헌은 한창 악사樂師인 연延 씨와 함께 거문고에 대해 이야기하는 중이었다. 그때 하늘은 비가 오려 해 동쪽 하늘가엔 구름이 먹빛이었다. 한번 우레가 치면 용이 비를 뿌릴 것 같았다. 잠시 후 긴 우레가 하늘을 지나갔다. 담헌이 연延 씨에게 말했다. "이 우레 소리는 무슨 음에 속할까요?" 그러고는 거문고를 당겨 그 소리를 맞춰 보았다. 나는 마침내 '하늘의 우레 곡조'天雷操를 지었다. 「하야연기」夏夜讌記

자연의 소리에서 곡목을 창조해 내고 있다. 자연과의 교감이 음악으로 구현되었다. 자연은 예술의 원천으로, 인간은 자연과 교감하며 자연을 배움으로써 예술을 창조한다. 연암은 자연의 몸짓과 소리를 읽어 내고 이를 글쓰기로 연결시킨다.

또 다음과 같이 자연물에 감정을 투사해 인간의 감정처럼 비유하는 글쓰기로 나타내기도 한다.

> 한 점의 티끌 기운도 없이 맑더니 하늘에 해가 겨우 한 자쯤 떠오르자 갑자기 까마귀 머리만 한 검은 구름 한 점이 해를 가렸다. 잠깐 사이 해의 절반을 가리자 어둠침침하고 어스레한 것이 한을 품은 것도 같고 근심하는 것도 같아 찡그리고 편안해하지 않는 모습이었다. 햇발은 옆으로 뻗쳐 모두 긴 꼬리의 혜성 모양을 이루어 성난 폭포처럼 하늘 아래로 내리쏘았다.　「말 머리에서 무지개를 본 기록」

구름이 몰려들어 소낙비가 내리려는 상황을 급박하게 표현한 것이다. "어스레한 것이 한을 품은 것도 같고 근심하는 것도 같아 찡그리고 편안해하지 않는 모습이었다"는 구름이 꽉 몰려들어 어두워진 상황을 의인법으로 표현한 것이다. 이러한 표현 방식은 '인간이 자연과 교감하는 미적 방식이다.'[7] 연암의 글에는 의인화나 의물화擬物化를 써서 인간과 자연물의 교감을 드러내는 방식이 자주 사용되고 있다.

곧 연암의 글에서 생기 있는 표현, 참신한 비유는 자연 사물을 눈여겨보고 사물과 교감하고서 이루어진 것이다. 연암은 자연 사물의 몸짓을 자세히 관찰하고 사물과 교감했으며, 거기서 발견한 깨달음을 글로 표현했다. 이러한 글쓰기 태도는 이전의 관습적이고 상투적인 글쓰기 습관을 없애고 독창적인 표현을 창조해 생생한 리얼리티를 재현해 내는 데 이바

지한다.

자료 모으기

『열하일기』에서 여정의 맨 마지막 장면에 재미있는 에피소드가 있다. 열하에 다녀온 연암의 봇짐이 불룩하자 주위 사람들은 봇짐 속에 무엇이 들었는지 궁금해한다. 봇짐을 풀어헤치니 그 속에 있던 것은 필기도구와 필담 자료, 여행 중에 기록한 일기였다. 고국에 돌아온 연암은 이 쓰기 자료들을 밑천 삼아 『열하일기』를 무사히 탈고할 수 있었다.

연암의 철저한 기록 정신은 그의 글쓰기에서 매우 중요한 요소다. 그는 현실과 마주 대해서 얻은 깨달음을 꼼꼼하게 기록하는 습관이 있었다. 연암은 자연 사물을 관찰하다가 묘한 생각이 떠오르면 반드시 붓을 들어 써 두어, 잔글씨로 쓴 종잇조각이 상자에 가득 차곤 했다.[8] 연암은 새로 깨달음을 얻으면 반드시 메모를 했다. 메모는 수많은 아이디어 중에서 쓸모 있다고 판단되는 점을 적어 두는 것이다. 연암은 사물을 관찰하다가 좋은 생각이 떠오르면 그 깨달음을 놓치지 않기 위해 수시로 메모하곤 했다.

연암은 『과농소초』課農小抄를 만들 때 다음과 같은 기록을 했다.

> 아버지는 옛날 연암골에 들어가셨을 때 농서農書를 즐겨 읽으셨다. 그래서 이 책 저 책에서 발췌해 놓은 종이쪽지가 상자에 가득했다. 이해(1799) 정월에 임금님께서는 특별히 농업을 권장해 농서를 구한다는 윤음綸音을 내리셨다. 그리하여 관찰사와 수령들로 하여금 저마다 농서를 지어 바치게 했다. 아버지는 마침내 예전에 발췌해 놓은 글에 당신의 견해를 덧붙이는 한편, 중국에 가셨을 때 견문한

사실 가운데 우리나라에 시행함 직한 것들을 추가해 14권의 책을 엮으셨다.[9]

연암은 평소 책을 읽다가 중요하거나 필요하다고 생각되는 부분이 있으면 따로 가려 뽑아 기록해 두었다. 이렇게 초록抄錄해 둔 내용을 바탕으로 실제로 글을 쓸 때 자신의 견해를 덧붙여 글을 작성했다. 『열하일기』의 '금료소초'金蓼小抄 편은 순전한 초록의 결과물이다. 그는 「금료소초 서문」金蓼小抄序에서 "잡지와 필기 중에 실린 옛날 방문과 잡록들을 아울러 초록해 「금료소초」라 이름 했다"라고 적었다. 연암은 평소 사물을 관찰해서 메모해 두거나 책을 읽고 초록해 둔 기록을 참고 삼아 글을 효율적으로 쓸 수 있었다.

제목 정하기

제목은 글을 쓸 때 제일 처음 정하는 것이며, 글의 얼굴이라 할 수 있다. 위숙자魏叔子는 말하길, "잘 짓는 것이 잘 고치는 것만 같지 못하고, 잘 고치는 것은 잘 정하는 것만 같지 못하다. 구절 가운데서 글자를 정하는 것은 한 편 가운데서 구절을 정하는 것만 같지 못하고, 구절을 정하는 것은 뜻을 정하는 것만 같지 못하며, 뜻을 정하는 것은 제목을 정하는 것만 같지 못하다"[10]고 했다. 독자는 먼저 제목을 보고 글 전체의 성격을 이해한다. 첫인상으로 사람의 호오好惡를 판가름하듯, 독자는 제목을 보고 글의 인상을 결정한다. 따라서 제목을 잘 정하는 일은 글 전체의 이미지와 관련된다.

아버지께서 글을 지으실 때는 매양 제목에 따라 구상해 마음을 집중하고 생각을 골똘히 하셨다. 만일 자신의 견해가 남과 다를 경우 비록 선유先儒가 한 주장이라 할지라도 아첨하며 따르거나 구차하게 부화뇌동하려 하지 않으셨다.[11]

연암은 글을 쓸 때 먼저 제목을 정하고, 제목에 의거해서 글을 구성한다. 연암은 「문단의 붉은 기에 쓴 머리말」에서 제목을 적국이라고 말한다.[12] 적국은 공략해야 할 궁극적인 목표다. 적국을 공략하기 위해서는 치밀한 작전과 계획을 세워야 한다. 적국을 잘 알아야만 싸움에서 승리할 수 있는 것이다. 마찬가지로 작가는 제목에서 글의 목적과 방향을 분명하게 드러내야 한다. 제목에서 글 전체의 방향과 의도가 분명히 드러나야 한다.

연암은 좋은 제목을 붙이기 위해 고심을 했다. 연암의 많은 필사본을 확인해 보면 그가 더 좋은 제목을 짓기 위해 고심한 흔적들을 발견할 수 있다. 연암의 최고 명편 가운데 하나로 꼽히는 작품이 「맏누님 증 정부인 박씨 묘지명」伯姊贈貞夫人朴氏墓誌銘이다. 죽은 누이를 추모한 글이다. 그런데 이 작품은 현재 발견된 자료에 의거해 보더라도 「백자유인박씨묘지명」伯姊孺人朴氏墓誌銘→「망자유인박씨묘지명」亡姊孺人朴氏墓誌銘→「유인박씨묘지명」孺人朴氏墓誌銘의 개작 과정을 거쳐 「백자증정부인박씨묘지명」이라는 제목을 확정했음을 확인할 수 있다.[13] 정조의 명령으로 쓴 「서이방익사」書李邦翼事는 처음엔 「이방익전」으로 하려 했다가 「기이방익표해사」記李邦翼漂海事로 쓴 다음 다시 「서이방익사」로 고친 것이다. 「허생전」이 실린 「옥갑야화」玉匣夜話의 본래 이름은 「옥갑야어」玉匣夜語였으며, 「만국진공기」萬國進貢記는 본래 「진공만거기」進貢萬車記, 「염재기」念齋記는 「염재당기」念哉堂記였다. 「열녀함양박씨전」烈女咸陽朴氏傳의 초고 제목은 「박열부전」朴烈婦傳이었다. 이 외에도 연암의 다수 이본을 통해 연암이 참신하고 적실한 제목을 짓기 위해 고심하며 제목을 가다듬었다는 사실을 확인할 수 있다.

특히 연암은 상투적이고 진부한 제목을 싫어했다. 「죽오기」에 이와 관련한 내용이 잘 나타나 있다. 양호맹이란 자가 대나무로 지은 집이라는 뜻의 '죽오'竹塢란 호를 지어 거실에 편액을 걸어 놓고 기를 써 달라고 부탁하자, 연암은 진부한 제목이라고 여겨 난처하게 생각한다. 그는 고금의 인물들이 지은 기발하고 운치 있는 이름, 예컨대 연상각烟湘閣, 백척오동각百尺梧桐閣, 소엄화계小罨畫溪, 주영렴수재晝永簾垂齋 등을 꼽으며 이와 같은 참신한 이름으로 지으라고 권한다. 이 같은 이름은 모두 연암이 자신의 작품 제목으로 삼은 것들이기도 하다. 그는 제목을 얼마나 효과적으로 붙이느냐에 따라 작품의 성패가 좌우된다고 보았다.

나아가 연암은 제목에 임해 글을 쓸 때는 진실성이 제일 중요하다고 생각했다.

> 글이란 뜻을 드러내면 그만일 뿐이다. 제목을 앞에 두고 붓을 들 때마다 옛말을 떠올린다거나, 애써 경전의 뜻을 찾아내 그 뜻을 빌려 와서 근엄하게 만들며 글자마다 무게를 잡는 자는, 비유하자면 화공을 불러서 초상화를 그리게 할 때 용모를 가다듬고 화공 앞에 앉는 자와 같다. 눈동자는 움직이지 않고 옷의 주름은 쫙 펴져 있어 '평상시 모습'을 잃어버리니, 아무리 훌륭한 화공이라도 그 '참됨'을 얻기는 어렵다. 「공작관문고 자서」孔雀館文稿自序

앞서 분석했듯이 글쓰기의 자연스러움과 진실성을 강조하는 글이다. 제목에 의거해서 글을 쓸 때 폼 잡거나 무게 잡지 말고 자연스럽게 쓰라고 한다. 이 말뜻을 곰곰이 생각해 보면 하찮거나 속된 소재를 제목으로 삼았다면 그 참모습이 잘 드러나도록 해야지 일부러 근사하게 표현하려 해서는 안 된다는 뜻으로 읽을 수 있다. 제목과 본문이 부합하는 진실한 글을 써야지, 억지로 멋지게 꾸미는 말을 해서는 안 된다는 점을 지적한 것이다. 거지를 주인공으로 다룬「광문자전」廣文者傳, 똥 푸는 엄행수를 주인공으로 삼은「예덕선생전」, 자유분방한 노인을 주인공으로 삼은「민옹전」閔翁傳 등에서 그러한 글쓰기를 확인한다.

　연암을 가장 우러렀던 홍길주도 제목 짓기와 관련한 언급을 남겼다. 홍길주는 요즘 작가들이 글을 쓸 때 제목과 걸맞지 않은 경우가 많다고 하면서, 제목과는 다르게 훨씬 과장되게 표현하거나 근엄하게 표현하는 폐단을 지적한다. 그러면서 "지극히 더럽고 속된 것을 제목으로 삼았으면 모름지기 힘껏 그 더럽고 속된 모습을 똑같이 그려 내어 읽는 이로 하여금 그 참모습을 눈앞에서 보는 것처럼 해야지, 문장이 우아하고 아름답지 못한 것을 근심해서는 안 된다"[14]라고 지적했다. 연암의 생각을 그대로 전달한 말이라 본다.

　연암은 진부하지 않으면서도 본문을 가장 잘 드러내는 제목을 짓기 위해 고심했다. 그러곤 제목을 적실하게 드러내는 글을 쓰기 위해 마음을 집중하고 생각을 골똘히 했다. 글쓰기 과정을 '쓰기 전—쓰기—쓰기 후'로 나눌 때 '제목 정하기'는 연암이 쓰기 활동에서 제일 처음 정한 글쓰기 과정이라 하겠다.

협력적인 글쓰기

연암의 글쓰기 과정에서 확인되는 또 하나의 흥미로운 사실은 그가 글을 쓸 때, 때로는 가까운 지인들과 협력해서 글을 썼다는 점이다.『연암선생서간첩』燕巖先生書簡帖에 실린 연암의 편지글에서 그러한 사실을 구체적으로 확인할 수 있다.

 연암은 정조 임금에게서 제주 사람인 이방익李邦翼이 바다에서 표류한 일을 글로 쓰라는 임무를 부여받는다. 이방익은 1796년에 뱃놀이를 하다가 태풍을 만나 표류하여 근 9개월여 동안 중국의 여러 지역을 전전한 뒤 귀국한 인물이다. 정조는 연암이 면천 군수로 임명되어 임금 앞에 나아갔을 때 이전에 문체를 바꾸라고 한 명령을 수행했는지를 묻고서, 이방익이 표류한 일의 전말을 자세히 들려주고는 글을 지어 바치도록 명령했다. 아들인 박종채에 의하면 이는 연암에게 좋은 글을 쓰게 함으로써 벼슬을 맡기려는 의도에서였다.[15]

 이에 연암은 제자인 박제가, 유득공 및 처남인 이재성에게 자료 찾는 일과 초고 엮는 일을 부탁한다.

> 이방익의 전傳을 짓는 것은 한때의 급한 일인데, 박제가와 유득공 두 벗에게 찾아가서 서둘러 엮어 내야 할 뜻을 전하는 것이 어떠냐?[16]

> 이방익전은 오래 끌 일이 아니지만 지체하는 것이 다만 공무가 바빠서만은 아닐세. 그가 지나간 길과 고을의 이름, 유람할 때 적은 기록 등을 대충대충 할 수가 없어서 그렇다네. 『일통지』一統志와 그 밖에 옛사람의 문적을 살펴 뜻에 따라 안배해 반드시 그 기록 중에 보이는 대로 잘못을 답습할 필요는 없을 걸세. 유득공과 박제가 두 벗과 함께 서둘러 엮어 보내 주는 것이 어떻겠나?[17]

> 문체는 아마도 마땅히 「서하객전」徐霞客傳이나 「장백산기」와 같아야 할 듯한데 어떨지 모르겠네. 제목은 '기이방익표해사'記李邦翼漂

海事로 달아야 하는가? 『설령』說鈴과 『태평광기』太平廣記는 박제가의 집에 있는 것일세. 정운경鄭運經의 『탐라문견록』은 아마도 자기 뜻으로 미루어 부연한 곳이 많은 듯하네. 한글로 된 기록은 장차 승정원에서 완영完營(전라 감영)으로 문서를 보내 찾아올 것이네. 남공南公도 규장각에서 문서를 보내겠다고 하고, 예조판서 역시 마땅히 비변사에서 문서를 보내겠다고 하는군.[18]

첫 번째는 아들에게 보낸 편지글이고, 두 번째와 세 번째는 처남 이중존李仲存에게 보낸 편지다. 세 번째의 경우 문체와 제목까지 의논하고 있으며, 많은 동료의 협조와 수많은 참고 자료에 힘입어 하나의 작품이 만들어지고 있음을 확인케 한다. 면천 군수로 갓 부임한 연암으로서는 공무에 겨를이 없는 데다 참고할 자료도 부족해 제자들 및 지인에게 함께 작업할 것을 부탁한 것이다. 그리하여 연암은 이들과의 협력 아래 이전의 잘못된 기록들을 바로잡는 한편 전말을 자세히 기록한 한 편의 「서이방익사」書李邦翼事를 완성했다.

이 외에도 연암은 제자들과 협력해서 작품을 완성하곤 했다. 가령 박제가의 문집에 「사직단기」社稷壇記와 「여단기」厲壇記라는 작품이 있는데, 작품 옆에 남을 대신해 짓는다〔代人〕고 부기해 놓았다. 조사해 보았더니 두 작품은 박지원을 대신해 제자인 박제가가 초고의 성격으로 쓴 것이었다. 연암은 박제가의 글을 다시 다듬고 수정해서 자신의 문집에 '안의현사직단신우기'安義縣社稷壇神宇記와 '안의현여단신우기'安義縣厲壇神宇記라는 제목으로 실었다. 글자의 드나듦이 상당해서 얼핏 보면 알아채기 어렵지만, 연암이 박제가의 글을 다시 개작한 것이 확실했다. 이러한 사정으로 미루어 보건대, 논란이 되는 「종북소선서」鍾北小選序 역시 제자인 이덕무가 먼저 쓰고 나서 스승인 박지원이 다시 손질을 가한 작품이 틀림없다고 본다.[19] 「숭무당기」崇武堂記는 이재성이 먼저 초고를 작성한 다음[20] 연암이 개작한 것이다.

곧 연암은 많은 작품에서 제자나 지인들에게 먼저 초고를 쓰게 하고 나서 자신이 다시 손질을 가했다. 또 공동으로 자료를 조사하고 수집했다. 이러한 사실은 오늘날의 윤리적 관점에서 보자면 문제가 될 소지가 있다. 당장에 표절 문제도 제기될 수 있다. 그러나 그때는 고전의 어구나 문장을 그대로 활용하는 용사用事 관습이 보편적으로 통용되던 시절임을 감안하지 않을 수 없다.

연암의 협력적인 글쓰기는 오늘날 작문 교육과 관련해 하나의 시사점을 준다. 그것은 연암의 글이 단순히 한 개인의 천재성과 독창성에 전적으로 기인한다기보다 그 시대를 함께 호흡하고 고민한 공동체와의 사유 속에서 나왔다는 점이다. 이 점에서 박지원의 글쓰기는 오늘날의 사회 인지주의 관점과 맞닿아 있다. 사회 인지주의에서는 지식이 사회 구성원과의 상호 작용을 통해 형성된다고 본다. 이 이론에서는 한 개인보다는 개인을 둘러싼 관계에 관심을 두는데, 특별히 상황성을 강조한다. 글쓰기가 이루어지는 외적 맥락을 중요하게 여기는 것이다. 박지원의 작품이 뛰어난 데는 일차적으로 박지원이라는 한 개인의 노력과 재능에 힘입는다. 그러나 한편으로 박지원 문학의 핵심을 이루는 많은 글이 공동체와의 협력을 통해 이루어지기도 했다. 그런 점에서 박지원의 어떤 작품들은 순전한 개인의 창조물이 아니라 사회 공동체와의 관계망 속에서 이루어진 것이다. 연암의 열린 사상도 개인만의 독창성에 기인한 것이 아니라 당대 사회와 그를 둘러싼 공동체와의 대화 속에서 나온 것이다. 이 점에서 연암의 글쓰기는 개인의 고독한 작업을 넘어 맥락과 독자를 고려하는 글쓰기임을 보여 준다.

수정하기

연암의 주옥같은 명편들은 단 한 번의 글쓰기로 이루어진 것이 아니다. 초고를 쓴 다음 계속 다듬고 수정하는 과정을 거쳐 완성되었다. 다음 언급은 이 점을 확인해 준다.

> (아버지께서는) 고쳐야 될 자구가 있으면 비록 한 편의 글을 거의 다 썼다 할지라도 반드시 종이를 바꾸어 처음부터 다시 쓰셨다.[21]

> 청장관 이덕무의 행장은 대략 초를 잡았으나 아직 탈고하지는 못했다. 이 뜻을 그 아들에게 말해 주는 것이 어떠하냐?[22]

수정해야 할 글자가 있으면 글을 거의 다 써 나갔어도 반드시 처음부터 다시 썼다는 아들의 증언이다. 오늘날처럼 컴퓨터에서 쓰는 시대와는 달리 연암은 글자 하나만 틀려도 처음부터 다시 써야 했다. 수정할 글자를 뭉개고 옆에 쓸 수도 있겠으나 연암은 처음부터 다시 썼다. 두 번째 글은 연암이 이덕무 행장의 초고를 쓴 다음 일정 기간 묵혀 두었다가 다시 글쓰기를 수행했음을 보여 준다. 연암의 명편들은 단번에 일필휘지로 쓴 것이 아니라 고치고 또 고치는 수정 과정을 거쳤다.

김일손金馹孫은 처음에 초고를 쓴 다음 시간이 흐른 뒤에 다시 수정하는 이유에 대해 다음과 같이 말한다.

"처음 초고를 잡을 때는 마음에 치우친 뜻이 있어 스스로 글의 결점과 문제점을 보기 어렵다. 오랜 시간이 지난 다음에야 처음 글을 쓸 때 가졌던 치우친 마음이 없어지고 객관적인 마음이 생겨 비로소 그 문장의 잘잘못을 분명하게 알 수 있다."[23]

연암 역시 이러한 글쓰기의 특징을 잘 이해하고 초고를 쓴 뒤 나중에 다시 수정하는 글쓰기 작업을 수행했으리라 본다.

최근 단국대 동양학연구소의 연민문고 해제 사업으로, 그간 알려지지 않았던 다수의 연암 관련 자료가 소개되었다. 새로 알려진 연암의 소집小集들을 통해 연암의 작품이 변개變改되고 필사되어 간 과정이 속속 밝혀지고 있다. 『열하일기』의 경우도 3년 뒤 한꺼번에 탈고된 것이 아니라 몇 번의 수정과 개작 과정을 거쳐 완성되었다. 연암의 작품은 연암 자신뿐만 아니라 연암의 동료 및 후손에 의해서도 개작과 수정이 이루어졌다. 이덕무, 유득공, 박제가 등 연암의 동료들은 연암의 작품을 열람하면 평을 달아 주었으며, 연암은 평에 기초해 문장을 다시 수정하기도 했다. 또 글을 다 쓴 다음에는 연암 자신이 직접 지인에게 평을 부탁하기도 했다.

> 아버지는 한 편의 글이 완성될 때마다 반드시 지계공에게 보이며 "나를 위해 비평을 좀 해 주게"라고 하셨다.[24]

연암은 한 편의 글이 완성될 때마다 지인에게 평을 부탁해 글의 완성도를 점검하는 기회로 삼았다. 그리하여 완성한 작품이라도 뒷날 다시 수정하기도 했다. 일례로 박제가의 문집에 서문으로 써 준 「초정집 서문」은 박제가의 문집에도 실려 있는데, 『연암집』에 실린 「초정집 서문」과 비교하면 자그마치 200여 자 이상의 글자 출입이 있다. 재미있는 사실은 박제가의 문집에 수록된 「초정집 서문」에서는 박제가가 19세로 나오지만, 『연암집』에 실린 작품에서는 23세로 나온다. 나아가 박제가의 문집에 실린 글에서는 초정에 대한 이야기를 40여 자 정도로 간략하게 기술했지만, 『연암집』에서는 초정의 성품과 관련한 기술이 자그마치 4배 이상 늘어났다. 이러한 사실로 미루어 연암은 초정이 19세 때 「초정집 서문」을 써서 박제가에게 주고, 다시 4년간 초정과 함께하며 그의 성품을 잘 이해한 뒤에 「초정집 서문」을 개고해 자신의 문집에 실었던 것으로 볼 수 있다.

연암 글의 많은 이본은 작품을 수정하고 개고해 간 연암의 글쓰기 과정을 살펴볼 수 있게 한다. 연암은 한 편의 작품을 완성하기 위해 많은 시간을 들이고 노력을 쏟았다. 원고를 쓴 다음 다시 고치고, 완성된 뒤 동료나 지인에게 평을 부탁하고 나서 또 다듬기도 했다. 하나의 명편이 탄생하기까지는 반복되는 개작과 퇴고의 과정이 있음을, 연암의 글쓰기 과정을 통해 확인한다.

연암의 글쓰기는 과정 중심이다

 연암은 자신의 글에서 글쓰기 과정을 명시적이거나 체계적인 이론으로 설명하지는 않았다. 때문에 여기저기 흩어져 있는 그의 글쓰기 태도와 방식, 과정과 관련한 글을 한자리에 모은 후 필자의 안목에 따라 체계적으로 글쓰기 과정을 배열해 보았다.

 연암의 글쓰기 과정은 오늘날 작문 모델과 부합하는 글쓰기 과정을 보여 준다. 최근까지 국내 작문 교육의 중심이 되어 온 과정 중심 작문 교육은 플라워와 헤이즈Flower & Hayes의 인지적 과정 모형인 '계획하기―작성하기―재고하기―조정하기'에 영향을 받은 것이다. 이 과정은 순차적이지 않고 회귀적이며 문제 해결 과정을 강조한다. 연암의 글쓰기 과정도 순차적이라기보다 회귀적이다. 관찰하기와 교감하기는 동시에 일어나기도 하며, 제목 정하기부터 수정하기에 이르는 일련의 과정은 반복되기도 하고 순서가 뒤바뀌기도 한다. 오늘날 작문 교육에서 보여 주는 쓰기 이론도 그 양상은 마찬가지다. 연암의 글쓰기가 단번에 이루어진 것이 아니라 일련의 과정을 거쳐 작성되었다는 사실은 그가 글쓰기를 전략으로 인식하고 있었다는 점을 다시금 증명해 준다.

 한편 연암의 글쓰기 과정에서 협력적인 글쓰기가 강조되는데, 이는 그의 글쓰기 전략이 사회 인지주의와 관련이 깊다는 점을 시사한다. 작문 이론에서 강조해 왔던 개인 인지주의 작문 이론은 최근 개인의 글쓰기 과정에만 집중되어 있다는 비판을 받고 있다. 그 대안으로 제시되는 것이 사회 인지주의 작문 이론이다. 이 이론에서는 지식은 사회 구성원들 간의 상호 작용을 통해 형성된다고 보아, 쓰기를 공공적인 행위라 생각한다. 쓰기는 두 사람 이상의 관계 속에서 일어나는 것이며, 따라서 작가를 둘러싼 맥락과 상황을 깊이 고려한다. 연암의 경우, 어떤 작품들은 다른 지인들과의 협력 아래 글쓰기가 이루어졌다. 이 점은 그의 글쓰기가 순전히 개인적인 사고 속에서 이루어진 것이 아니라 사회와의 관계망 속에서 이루어진 것임을 말해 준다. 곧 그의 사상은 순전한 개인의 능력에 바탕을 두기보다 그를 둘러싼 공동체와의 대화 속에서 만들어진 것이다. 따라서 연암의 글쓰기를 분석할 때는 작품이 이루어지는 상황과 예상 독자를 고려하는 것이 좋다.

그의 글쓰기 과정을 생각해 볼 때 글쓰기에서 중요한 것은 작품을 쓰기 전의 태도나 습관이다. 연암의 글을 최고의 문장으로 만든 본질은 쓰기 전 활동인 자연을 섬세하게 관찰하고 자연과 교감하는 미적인 태도에 있다. 그는 자연의 몸짓을 은밀하게 관찰하고 자연과 교감해 이를 글쓰기로 연결함으로써 진부하지 않은 독창적인 글을 쓰는 데로 나아갔다.

Ⅰ 고전 문장가들의 글쓰기 비결 Ⅰ

고전에도 작문 이론이 있을까? 물론 있다. 특히 조선 후기에 이르면 문장과 도道를 분리하려는 생각이 생기면서 글을 문예물로 인식하고 창작하는 흐름이 나타난다. 이른바 의意, 법法, 기氣를 글쓰기 창작의 요체로 보는 작문법이 각종 문장 이론 자료들에 나타난다. 이식李植의 「작문모범」作文模範을 비롯해 김창협金昌協의 『농암잡지』農巖雜誌, 안석경安錫儆의 『삽교예학록』霅橋藝學錄 등에는 작법에 관한 각종 논의가 있다. 그리하여 활법活法을 중시하고, 규칙과 질서를 내재화함으로써 획일적인 글쓰기를 거부하고 개성적인 글을 쓰려는 노력을 기울였다.

오늘날의 작문법에 해당하는 용어가 고전에서의 법法이었다. 법에는 편법篇法과 장법章法, 구법句法과 자법字法이 있다. 이것들은 한 편의 글을 완성하기 위해 글자와 구절, 문장과 문단을 적절하게 운용하는 방식이다. 이 편장자구법에 대한 논의는 오늘날 작문 교육에 활용할 만하다고 보는데, 과거와 지금의 시간적 간극에 따른 여러 차이가 있으므로 그 적용에는 많은 노력과 구상이 필요하다.

사실 의意와 법法과 기氣를 조화롭게 써야 한다는 언급들에도 불구하고 '무엇을 담아낼 것인가'를 강조해 왔던 고전 전통에서 법法은 상대적으로 부차적인 문제로 인식되었다. 또 고전의 문장 이론에 관한 글은 그 논의가 자못 추상적이고 관념적인지라 오늘날 글쓰기에 직접 적용하기엔 구체성이 많이 결여되어 있다.

그렇지만 과거의 문장론은 사물의 본질을 꿰뚫는 생각의 힘을 요구한다는 점에서 오늘날에도 여전히 의미가 크다. 오늘날 글쓰기 교육에선 잔단 기교나 수사적 장치에만 관심을 기울여 깊이는 갖추지 못하고 요령만 익히는 일이 많지만, 과거의 작문법에서는 작가의 살아 있는 정신을 요구했다. 특히 연암의 글은 실제 창작의 성취면에서 의意, 법法, 기氣를 균형 있게 통합한 모습을 보여 준다.

연암을 비롯해서 그 글쓰기에 관한 논의가 제법 구체적이어서 오늘날에도 좋은 시사점을 준다고 생각되는 글 몇 편을 다음과 같이 소개해 본다.

> 글쓰기에는 법도가 있습니다. 소송하는 사람이 물증이 있어야 하고 장사치가 물건을 들고 사라고 외치는 것과 같다 하겠습니다. 아무리 진술이 분명하고 올바르다 하더라도 다른 물증이 없다면 어떻게 이길 수 있겠습니까? 따라서 글을 쓰는 사람은 경전을 여기저기 인용해 자기 생각을 밝히는 것입니다. …… 그러므로 글을 쓰는 사람은 아무리 저급한 명칭이라도 꺼리지 말고, 아무리 비속한 이야기라도 없애지 말아야 합니다. 맹자는 말합니다. "성은 다 같이 쓰지만 이름은 홀로 쓰는 것이다." 그렇다면 또한 "문자는 다 같이 쓰지만 글은 홀로 쓰는 것이다"라고 하겠습니다. 박지원, 「창애에게 답함」 答蒼厓

늙은 신하가 어린 임금에게 간청할 때의 마음과, 고아 된 아들과 과부 된 여인의 그리워하는 마음을 알지 못하는 자와는 함께 글의 소리(聲)를 논의할 수 없다. 글에 시적인 생각이 없다면 『시경』 국풍의 빛깔(色)을 알 수 없다. 사람이 이별을 경험해 보지 못하고 그림으로 먼 곳의 뜻(遠意)을 보여 주지 못하면 글의 정情과 경물을 함께 이야기할 수 없다. 벌레의 더듬이와 꽃술에 관심이 없는 자는 도무지 문장의 정신[文心]이 없는 것이고, 사물의 형상을 음미하지 못하는 자는 한 글자도 모른다고 말해도 상관없다. 박지원, 「종북소선자서」

글을 잘 쓰는 자는 병법을 아는 걸까? 비유하자면 글자는 군사고, 글의 뜻은 장수다. 제목은 적국이고, 고사故事를 끌어들이는 것은 싸움터의 보루다. 글자를 묶어 구절을 만들고 구절을 모아 문장을 이루는 일은 대오隊伍를 이루어 진을 치는 것과 같다. 운韻에 맞춰 소리를 내고 문채文彩로 빛을 내는 것은 징과 북을 울리고 깃발을 날리는 것과 같다. 조응照應은 봉화고, 비유는 유격병이다. 억양반복抑揚反覆은 맞붙어 싸워 모조리 죽이는 것이고, 글의 첫머리에 제목의 의미를 밝히는 파제破題를 하고 마무리를 하는 것은 성벽에 먼저 올라 적을 사로잡는 것이다. 함축을 귀하게 여김은 늙은 병사를 사로잡지 않는 것이고, 여운을 남기는 것은 군대를 정돈해 개선하는 것이다. …… 방관房琯의 수레 싸움은 앞사람의 전법을 본받았으나 패했고, 우후虞詡가 부뚜막의 수를 늘인 것은 옛 전법과 반대로 해서 승리했으니, 상황에 따라 변화시키는 묘(합변지권合變之權)는 역시 맥락[時]에 있지 고정된 규칙[法]에 있는 것은 아니다. 박지원, 「문단의 붉은 기에 쓴 머리말」

뜻이 확립되고 나면 말을 다듬어야 합니다. 무릇 말을 다듬는 것은 글이 어우러지고 아름다우며 깔끔하고 정밀하게 할 따름입니다. 앞의 한 구절을 다듬을 때는 뒤의 한 구절을 생각하지 말고, 위의 한 글자를 다듬을 때는 아래의 한 글자를 생각해서는 안 됩니다. 비록 천만 글자의 글을 쓰는 것도 짧은 율시를 짓듯이 글자 하나하나를 조심조심 써야 합니다. 무릇 글에는 쌍행雙行도 있고 단행單行도 있으며, 네 글자가 한 구절이 되는 경우가 있고 세 글자, 다섯 글자가 한 구절이 되는 경우도 있습니다. 글을 다듬을 때는 의당 먼저 이를 선택해야 합니다. 쌍행으로 써야 할 것을 단행으로 써서는 안 되며, 단행으로 써야 할 것을 쌍행으로 써서도 안 됩니다. 네 글자로 한 구절을 이루는 것과 세 글자, 다섯 글자로 한 구절을 이루는 것도 이와 같이 해야 합니다.

무릇 글에는 옛사람의 뜻을 취해 쓴 것도 있고, 자기가 뜻을 만들어 쓴 것도 있습니다. 옛사람의 뜻을 취해 쓴 것은 그 말을 어렵게 해 다른 사람이 이전에 보지 못했던 것처럼 해야 하고, 자기가 뜻을 만들어 쓴 것은 그 말을 쉽게 해 남들이 의심하지 않게 해야 합니다. 옛사람의 뜻을 취하면서 아울러 그 말까지 취할 경우에는 반드시 그 사람과 그 책의 이름을 써서 구별해 내 말과 섞이게 해서는 안 됩니다. 그렇지 않으면 글이 진부해지거나 표절한 글이 됩니다.　이건창李建昌, 「답우인논작문서」答友人論作文書

(글을 끝마쳤으면) 잠시 내버려 글상자에 넣어 두고, 눈으로 보지 말고 또 가슴에서 깨끗이 씻어 몰아내어 마음에 담아 두지 않습니다. 그렇게 하룻밤 또는 2, 3일을 잔 뒤에 일어나 다시 그것을 취해 봅니다. 내가 내 글을 아끼고 사랑하는 마음을 느슨하게 만든 뒤에 남의 글을 보듯이 하면, 옳은 것은 즉시 그 옳음이 드러나고 그른 것은 즉시 그 그른 점이 드러납니다. 그른 것은 버리기 어렵지 않습니다.　이건창, 「답우인논작문서」

죽은 재상의 묘지명을 쓴 사람이 그의 효도와 우애, 화목에 대해 성대하게 썼다. 누군가가 그것에 대해 헐뜯어 말했다. "대신大臣은 나라에 봉사하는 것을 중요한 일로 삼아야 한다. 천하의 치란과 흥망에 대한 것이 아니라면 굳이 전할 것이 없는데, 어찌 이런 자질구레한 것들을 썼는가?" 내가 듣고서 감탄해서 말했다. "옛날에 사람의 전기문을 쓰는 작가는 모두가 집안의 행실을 쓴 것은 아니다. 전기문은 초상화를 그리는 것과 같다. 초상화를 그리는 자가 귀와 눈과 코와 입을 빠뜨리고 그릴 수는 없다. 그러나 정신의 오묘함을 전하는 것은 아마도 귀, 눈, 코, 입에 있지 않고 종종 귀, 눈, 코, 입 밖에서 나오니 이른바 눈썹과 뺨의 수염 같은 것이 그것이다. 집안의 행실은 귀, 눈, 코, 입과 같은 것으로 사람들이 똑같이 갖고 있는 것이다. 그러나 풍도風度와 정신이 들어 있는 눈썹과 뺨의 수염 같은 것은 자기 홀로 갖고 있다. 그러므로 전기문을 잘 쓰는 자는 반드시 그 사람의 풍도와 정신에서 뜻을 다해야 한다." 이건창, 「전설」傳說

내가 예전에 시에 대해 논하면서 글자를 함부로 놓아서는 안 된다고 했다. 글자 또한 시에 넣어서는 안 되는 것이 있기 때문이다. 그리하여 다른 사람의 시구를 살펴보니 마땅히 없을 무無 자를 써야 할 데인데 성운에 구애되어 없을 핍乏 자로 대신했다. 내가 크게 웃으며 말했다. "글자는 각각 마땅하고 마땅하지 않음이 있다. 어찌 그 마땅한지는 묻지도 않고 다만 성률에 맞기만을 구할 수 있단 말인가? …… 문자는 일괄해서 말할 수 없네. 내가 시에 대해 진실로 금기하는 것이 많지만, 마땅한 데다 쓸 것 같으면 나쁜 글자도 도리어 아름다운 글자보다 낫다네. …… 우주 사이에 수없이 많은 글자도 시문을 지을 때 이를 택하면 마땅한 것은 이따금 하나에 그칠 뿐 다시 둘이 있지 않다네. 다만 맑고 고운 것은 마땅한 경우가 많고, 더럽고 저열한 것은 마땅한 경우가 적을 뿐이지. 사람을 쓰는 것에 비유하자면 중후한 덕을 갖춘 사람이나 민첩한 재주를 지닌 사람, 실없는 사람이나 자질구레한 기예를 갖춘 사람도 각각 마땅히 힘쓰는 바가 있어 서로 바꿀 수가 없다네. 기린이나 추우騶虞는 쥐를 잡는 데서는 고양이만 못하고, 지초·난초와 족두리풀은 건물을 떠받치는 데서는 썩은 나무에 미치지 못하지. 다만 귀하게 여기고 숭상할 만한 것은 저기에 있지 않고 여기에 있을 뿐이라네. 진실로 마땅하다면 똥이나 오줌, 종기 같은 것도 시에 넣을 수 있고 안개와 구름, 물과 달 같은 글자들도 그 마땅함을 다툴 수가 없다네. 글을 짓는 사람은 모름지기 마땅한지 마땅치 않은지를 분간하는 것이 급선무라 하겠네." 홍길주, 「수여난필」 睡餘瀾筆

지금 사람은 글을 지을 때 제목과 걸맞지 않는 경우가 많다. 예를 들어 시냇가의 조그만 돌멩이를 읊조리면서 이미 과장해서 펼쳐 봉래와 영주를 만들어 버린다. 이런 까닭에 이름난 산, 큰물을 만나면 문득 붓을 내려 그려 내지 못한다. 중등中等에 미치지 못하는 사람인데도 업적이 우뚝해 한결같이 공자와 같은 기상으로 묘사하니, 만약 정자와 주자가 다시 태어난다면 또 장차 무엇으로 형용하겠는가. 글이란 살아 있는 물건이어서 크게 할 수도 작게 할 수도 있다. 각기 그 제목에 따를 뿐이다. 되[升]들이의 용량을 제목으로 삼았으면 홉[合]으로 만들어서는 안 되고, 또한 말[斗]로 만들어서도 안 된다. 만약 작勺이나 홉, 되, 말을 가리지 않고 모두 열 말, 즉 곡으로 만들어 버린다면 이것이 대체 어떤 모양이 되겠는가? 가령 지극히 더럽고 속된 물건을 제목으로 삼았으면 모름지기 힘껏 그 더럽고 속된 모습을 똑같이 그려 내어 읽는 이로 하여금 그 참모습을 눈앞에서 보는 것처럼 해야지, 문장이 우아하고 아름답지 못한 것을 근심해서는 안 된다. 만약 붓과 먹이 더러워지는 것을 싫어해 문득 아름답고 섬세한 언어로 표현해서 독자로 하여금 이것을 아름다운 여인이나 보배로 여기게 한다면, 어찌 문장에 뛰어나다 말하겠는가. 홍길주, 「수여방필」 睡餘放筆

지금 사람들은 툭하면 어떤 제목은 이미 옛사람들이 너무 많이 지어 놓았기 때문에 새로운 말을 만들 수 없는 것이 괴로워 짓기가 어렵다고들 한다. 이것은 또 크게 어리석은 생각이다. 제목이 비록 옛사람이 이미 많이 지은 것이라 하더라도 지을 때 마주한 경계는 또 옛사람이 지을 때와 각기 다르다는 것을 생각지 않은 것이다. 비록 옛사람이 이 작품을 짓지 않았다 해도 이제 다시 이 말을 쓸 수는 없다. 예를 들어 가을밤에 달을 마주하는 것은 옛사람의 시에 이미 이름난 구절이 많다. 하지만 오늘 내가 앉아 있는 누각에서 눈앞에 보이는 묏부리와 시내와 나무는 전부 다 옛사람이 만났던 것은 아니요, 문득 새로운 경계인 것이다. 또 예컨대 어떤 산수를 노닐 적에 이백李白과 같이 노닌다면 마땅히 어떤 작품을 지었을까. 백낙천白樂天과 함께 노닌다면 마땅히 어떤 작품을 지었을 것이며, 소동파와 더불어 노닌다면 마땅히 어떤 작품을 지었을 것인가. 그 마음속 생각과 경물景物의 흥취는 또 모두 만나는 바에 따라 같지 않을 터이니, 서로 범할 수가 없다. 홍길주, 「수여방필」

4부
맥락의 글쓰기, 전략의 글쓰기

연암의 글쓰기는 전략이다

연암의 글에는 작품마다 풍부한 논의거리가 나오고, 똑같은 작품을 두고서 각기 다른 해석이 나온다는 매력이 있다. 그만큼 그의 작품은 깊고 넓은 미적 성취도를 갖고 있다. 하지만 때로는 다양한 해석이 작가와 작품을 올바로 이해하는 데 걸림돌이 되기도 한다. 특히나 연암은 허위와 모순의 세계에 맞서 '감춤의 미학'을 지향하기에 작가의 진실을 놓치기 쉽다. 해석은 자유지만 그에 맞는 논리적 정합성을 갖추어야 한다.

필자는 연암의 작품에 접근하는 체계적인 틀에 대해 계속 고민해 왔다. 그리하여 사회 구성주의 이론에서 시사점을 얻어 연암의 작품에 접근하는 관점을 마련했다. 곧 작품을 고립된 결과물로 보지 않고 하나의 담론 구조물로 바라봄으로써 맥락 속에서 접근하려는 것이다. 이 시도는 일정한 기준에 따라 미적 성취가 뛰어난 실학자들의 작품에 접근함으로써 체계적인 논리를 만들고 싶은 필자의 바람을 반영하고 있다. 그렇다면 왜 연암의 글쓰기에서 담론 이론에 주목하게 되었는지를 먼저 말해 보겠다.

조선조에서 꾸준히 지지받은 문장관은 재도지기載道之器다. 글은 성현의 말씀, 곧 도덕적 가치를 싣는 도구라는 것이다. 조선조 선비들은 언어에 성현의 말, 인간의 보편적인 규범이 담겨 있다고 생각했다. 극기복례克己復禮를 미덕으로 삼은 성리학자들은 인간의 욕망과 감성을 드러내는 글쓰기를 꺼렸다. 경전의 언어를 좇아 우아하고 순정純正한 문체를 지향했다. 그 가운데 오늘날 산문이라 불리는 문文은 실생활의 필요에 의해 창작된 장르로 실용적인 특징을 갖고 있었다. 감정을 적극적으로 드러내고 순수 서정의 문예미를 추구하는 글은 흔하지 않았다. 이른바 글쓰기의 작법作法에 관심을 갖고 글이 문예미를 갖추기 시작한 것은 17세기 이후의 일이다.

특별히 박지원, 박제가, 이덕무, 이서구 등이 속한 연암 그룹을 주목해 보자. 연암 그룹은 이전과는 전혀 다른, 대단히 새로운 문자관을 이야기한다. 이들은 기호로 문자화된 것을 글이라 생각했던 전통적인 문자관에서 벗어난다. 이른바 푸른 나무에서 지저귀는 새가, 날아다니는 글자고 서로 지저귀는 글이다. 산천초목은 아직 기호화되지 않았을 뿐, 그 자체가 한 편의 훌륭한 시구다. 연암 그룹은 글이 담아내야 할 주요 대상을 자연 사물로 확장함으로써 글쓰기에 일대 변화를 가져온다. 이들에겐 자연의 살아 있는 몸짓, 일상의 모든 존재가 표현 대상이다. 재잘대는 새소리, 튀는 벌레가 한 편의 시이고 글이다. 오히려 과거의 글에서 법 삼으려 한다면 본질에서 벗어나는 일이라고 한다.

자연 사물을 글자로 보는 관점은 글쓰기에서 근본적인 패러다임의 전환을 가져온다. 자연은 끊임없이 변화하므로 글 역시 조건과 상황에 따라 달라져야 하는 것이다. 이 생각 아래서는 언어의 객관적인 진리가 중요한 것이 아니라 상황에 맞게 구성하는 글쓰기가 중요해진다. 언어와 규범의 관계가 언어와 사물 현실의 관계로 바뀜으로써 언어가 담아야 할 대상인 사물(현실)의 특성이 중요해졌다.

무엇보다 연암은 현실을 허위와 모순이 가득한 공간으로 인식한다. 따라서 변화하는 자연, 모순된 현실을 문자로 담아내기 위해서는 글을 알맞게 배치하는 능력이 필요하다. 여기서 전략이라는 개념이 필요해진다. 앞서 이야기했듯이, 연암은 「문단의 붉은 기에 쓴 머리말」騷壇赤幟引에서 글쓰기를 병법에 비유한다. 글자는 군사고 글의 뜻은 장수라고 해, 글쓰기에서의 수사적 기법을 전략의 관점에서 비유한다. 그것을 연암은 '요령'要領이라는 말로 설명한다.

> 글을 잘 쓰는 자는 병법을 아는 걸까? 비유하자면 글자는 군사고, 글의 뜻은 장수다. 제목은 적국이고, 고사故事를 끌어들이는 것은 싸움터의 보루다. 글자를 묶어 구절을 만들고 구절을 모아 문장을 이루는 일은 대오를 이루어 진을 치는 것과 같다. …… 저 글자나 구절이 우아한지 비속한지나 평하고 문장이 높네 낮네 따지는 자들은 모두 상황에 맞게 변화시키는 기미와 적을 제압하는 저울질을 모르는 자다. 비유하자면 용맹스럽지 못한 장수가 마음에 미리 정한 계책이 없는 까닭에 갑자기 제목을 만나면 견고한 성을 우뚝 맞닥뜨린 것과 같다. 눈앞의 붓과 먹은 산의 풀과 나무에 지레 기가 꺾이고, 마음속에 기억하고 외우던 것은 모래 속의 원숭이와 학이 된 목왕穆王의 군사들처럼 아예 흔적 없이 까먹고 만다. 그러므로 글을 쓰는 자는 그 걱정이 항상 스스로 길을 잃고 요령要領을 얻지 못한 데 있다. 무릇 길을 잃어버리면 한 글자도 써 내려가기가 어려워 붓방아만 찧게 되고, 요령을 터득하지 못하면 겹겹으로 두르고 쌓아도 오히려 허술함이 있을까 걱정하게 된다. 비유하자면 항우가 음릉陰陵에서 길을 잃자 애마인 오추마烏騅馬가 달리지 못한 것과 같고, 위청衛靑이 강거剛車 전차로 흉노를 겹겹이 포위했지만 그 추장은 육라六騾 마차로 이미 도망간 것과 같다. 진실로 말이 간단하더라도 요령을 잡으면 이소李愬가 눈 오는 밤에 단 한 번의 공격으로 채성蔡城을 함락한 것과 같고, 한마디 말로 핵심을 뽑

아낸다면 장수 조귀曹劌가 단 세 차례 북을 울려 관문을 빼앗은 것과 같다. 글을 쓰는 방법은 이와 같아야 지극하다 할 것이다. 「문단의 붉은 기에 쓴 머리말」

오늘날 인지주의에서는 전략이란 용어를 사용한다. 전략이란 특정 군사 목표에 도달하기 위한 조직화된 군사 행동을 뜻한다. 규칙이 표준화된 방식으로 행동을 규제하는 일반적인 관습과 관련되는 데 비해, 전략은 목적에 도달하기 위해 그 규칙을 독특하게 또는 개인적으로 사용하는 방식이다. 연암에게 글을 쓴다는 것은 치열한 싸움이며, 글쓰기에서 사용하는 다양한 기법은 싸울 때의 전략과도 같다. 연암은 '전략'이라는 용어 대신에 '요령'이라는 말로 표현했을 뿐이다.

조선 후기 연암 주변의 학자들은 표현하는 용어만 조금씩 다를 뿐 대체로 이와 비슷한 모습을 보여 준다. 예컨대 이덕무는 「영처잡고」嬰處雜稿라는 글에서, "글이란 하나의 틀에만 집착할 필요가 없으며 때[時]에 따라 옮겨가야 한다"라고 해서 때[時]의 중요성을 강조했으며, 박제가나 홍길주는 형세[勢]라는 말을 사용하기도 했다. 때라든가 형세는 모두 상황성을 나타내는 표지로, 일정한 형식에 얽매이지 말고 조건에 맞는 글쓰기 전략을 구사하라는 말이다. 조선 후기 실학자들은 글쓰기에서 고정된 형식을 거부하고 지식을 새롭게 '구성'하는 전략을 구사한다.[1]

오늘날 작문 이론에서도 '전략'이란 말을 사용한다. 최근 작문 이론에서는 구성주의에 바탕을 둔 문제 해결 작문 이론을 강조한다. 이른바 인지주의 작문 이론인데, 이 이론에서는 지식은 상대적이며 '구성'되는 것이라 본다. 여기서 강조되는 것이 글쓰기 과정에서의 '전략'이란 개념이다. 글쓰기는 일종의 전략이라는 것인데, 그 전략이란 글쓰기 과정에서 일어나는 아이디어를 생성하고 조직, 표현, 수정하는 과정을 말한다. 생각 그물 만들기나 얼른 떠올리기 등이 글쓰기 전략에서 흔히 활용되는 용어다. 오늘날 작문 이론에서의 전략이 쓰기 현상과 사고 측면에서 이루어진다면, 연암의 전략 개념은 상황과 구성 측면에서 이루어진다. 이 점에서 오늘날 작문 이론에서의 전략과 연암의 전략 개념은 같으면서 다르다.

박지원의 글쓰기 정신은 사회 인지주의(구성주의)가 좋은 참고가 된다. 사회 인지주의에서는 지식이 사회 구성원들 간의 상호 작용을 통해 이루어진다고 본다. 이 관점에서는 개인을 둘러싼 관계에 관심을 둔다. 여기서 강조되는 것이 '상황성'과 '담화 공동체'다. 사회 인지주의에서는 사회 구성원간의 상황성에 주목한다. 박지원의 작문 전략에서 중요한 개념이 바로 상황성이다. 필자는 연암의 문학 사상에서 중요한 개념이 상황성[權]임을 지속적으로 밝혀 왔다.

박지원은 순전히 개인적인 독백의 글만을 쓰지 않았다. 산문이라는 장르는 일반적으로 개인의 필요에 의해 창작되는 관습적 양식임에 비해 연암의 글은 특별히 사회성이 짙다. 연암의 글은 단순한 자기 고백을 넘어 철저한 의도와 목적을 갖고 있다. 대체로 가상 독자를 염두에 둔다. 따라서 그의 작품은 초시간적 자율성을 지닌 독립적인 구성체가 아니라, 사회(독자)와의 관계망 속에서 존재한다. 얼핏 「옥갑야화」에 실린 「허생전」과 「관내정사」의 「범의 꾸짖음」 등을 떠올려 보라. 문체반정 와중에 『열하일기』가 정조 임금에게 걸려들 만큼 그의 글은 매우 민감한 주제 의식과 표현 형식을 담고 있다. 그의 열린 생각도 순전히 개인의 생각에서 나왔다기보다 그 시대 사회와 그를 둘러싼 공동체와의 대화 속에서 만들어진 것이다. 따라서 연암의 글은 끊임없이 독자와 대화하기를 추구한다.

그러므로 연암의 글쓰기에 대한 탐구는 작품이 이루어지는 상황(맥락)과 예상 독자를 고려하면서 생각해 보아야 한다. 이는 연암의 글을 고립된 결과물로 보기보다 작품을 둘러싼 외부 요소들과의 관계 속에서 들여다보자는 것이다. 작품을 '왜' 쓰게 되었고, 작품이 어떤 과정을 거쳐 쓰였으며, 독자의 입장이 어떻게 반영되었는지를 살피는 것이다. 연암의 글은 독자와 사회를 향해 썼다는 전제 아래 작품이 만들어지기까지의 외적 상황을 살펴, 작품과의 연결 고리를 만드는 작업이 필요하다.

이를 반영해 작품을 분석하는 틀로서 '구성'과 '맥락'의 요소를 중시할 것이다. '구성'은 작품의 구조를 살피는 것이다. '어떤 방식으로' 썼는가를 파악하는 것인데, 기문 뒤에 붙는 후지後識와의 구조 속에서 구성 전략을 살핀다거나 병치의 방식, 표면 의미와 이면 의미 등을 살피는 작업이 여기에 해당한다. '맥락'에서는 작품을 둘러싼 예상 독자 및 사회와의 관련성을 살핀다. '왜', '누구에게' 썼는가에 해당한다. 이러한 작업은 고전 시대 산문의 미학적 성취를 알아보려는 시도이면서 작품이 이루어지는 지식의 논리를 읽어 보려는 것이다.

특별히 「하룻밤에 강을 아홉 번 건넌 기록」, 「황금대기」黃金臺記, 「범의 꾸짖음」을 통해 이 구상에 접근해 보려 한다. 세 글 모두 『열하일기』에 실렸는데, 성취도와 문제의식에서 다른 작품들을 대표할 만한 깊이를 갖추고 있다. 「하룻밤에 강을 아홉 번 건넌 기록」은 연암의 글 가운데 연구자는 물론 일반 대중에게도 가장 잘 알려진 작품이다. 이 작품은 일반 교과서에서 '외물外物에 현혹되지 않는 삶의 자세'를 이야기한 작품으로 이야기되고 있다. 그런데 이 작품이 본래 들어가야 할 자리인 『열하일기』 8월 7일자 기록에 재배치하고 작품의 앞뒤를 구성하는 중요 요소인 장님 메타포를 이해한다면, 기존에 알려진 주제를 뛰어넘는 새로운 해석을 보여 줄 수 있다.

「황금대기」의 배경인 '황금대'는 연행록 공간 가운데서도 굉장히 중요한 상징을 지닌 곳이다. 황금대 관련 기사는 겉으로는 매우 평범하게 기록한 듯 보이지만 맥락에 주목해서 들여다보면 심각한 문제의식을 갖는 작품이다. 연암이 공간을 어떻게 이해하며 어떤 방식으로 자신의 속생각을 담아내는가를 들여다보게 될 것이다.

「범의 꾸짖음」은 연암의 대표적인 소설로 알려진 작품이다. 이 작품은 현재까지도 연구자들 사이에선 원작자 논란이 분분하다. 맥락에 의거해서 접근해 작가 논란을 해결하고 작품의 구성 미학을 살펴, 이 작품이 고전이 낳은 최고 수준의 성취를 보여 주는 문학 작품임을 증명해 보겠다.

세 작품은 연암의 문예 수준을 증명할 수 있는 대표성을 갖고 있다. 이들 작품을 외부 맥락에 의거해 접근함으로써 기존에 말하지 못한 새로운 해석과 연암의 글쓰기 전략을 보여 주겠다.

「하룻밤에 강을 아홉 번 건넌 기록」의 구성과 글쓰기 전략

작품 읽기

『열하일기』「막북행정록」漠北行程錄 8월 7일 기사

잠시 성안에서 말을 쉬었다. 시장과 거리가 제법 번성했으나 집집마다 문이 닫혔다. 문밖에는 모두 양각등羊角燈을 달아 별빛과 아래위로 뒤섞여 반짝인다. 때는 이미 밤이 깊어 두루 구경할 수가 없었다. 술을 사서 조금 마시고 바로 장성을 나섰다. 어둠 속에 군졸 수백 명이 보였다. 아마도 점호를 하는 것 같다. 세 겹의 관문關門을 나와 말에서 내렸다. 장성에 이름을 쓰려고, 작은 칼을 뽑아 벽돌 위의 이끼를 깎아 냈다. 붓과 벼루를 전대 속에서 꺼내 성 밑에 벌여 놓고 사방을 둘러보았으나 벼룻물을 구할 곳이 없었다. 관내關內에서 잠깐 술을 마실 때 두어 잔 더 사서 밤에 마시려고 안장에 매달아 둔 것이 있었다. 이에 그걸 모두 쏟아 별빛 아래에서 먹을 갈고 찬 이슬에 붓을 적셔 크게 수십 글자를 썼다. 봄도 아니고 여름도 아니고 겨울도 아니며, 아침도 아니고 낮도 아니고 저녁도 아닌, 금신金神이 때를 만난 계절인 데다 닭이 막 울려는 때였으니 어찌 우연이겠는가?

다시 또 한 고개를 올랐다. 초승달은 이미 졌는데, 냇물 소리는 더욱 가까웠다. 어지러운 봉우리는 음침함으로 가득해 언덕마다 범이 나올 듯, 구석마다 도둑이 숨어 있는 듯하다. 때때로 긴 바람이 우수수 불어 머리카락을 시원하게 쓸어 준다. 별도로 「밤에 고북구를 나선 기록」夜出古北口記에 적은 것이 있다. (「산장잡기」山莊雜記에 있다.)

물가에 이르니 길이 끊어지고 물이 넓어 아득히 돌아갈 곳이 없다. 네댓의 허물어진 집이 언덕에 의지해 있다. 제독이 달려가 말에서 내려 손수 문을 두드렸다. 수백 번이나 주인을 부르고 욕설을 하자 그제야 응 하며 문에서 나와, 그 집 문 앞의 곧장 건널 곳을 가리킨다. 돈 500닢으로 주인을 고용해서 정사의 가마를 인도하게 해 드디어 물을 건넜다. 무릇 한 강물을 아홉 번 건넜는데, 물속의 돌엔 이끼가 많아 미끄럽고, 물은 말의 배까지 차올랐다. 무릎을 옹송그리고 발을 모아 한 손으로 고삐를 잡고, 또 한 손은 안장을 꽉 잡았다. 끌어 주는 이도 부축해 주는 이도 없었으나 떨어지거나 넘어지지는 않았다. 나는 비로소 말을 다루는 데도 방법이 있다는 것을 깨달았다.

대개 우리나라의 말 다루는 방법은 퍽 위험하다. 옷소매는 넓고 한삼汗衫이 길어 두 손이 휘감겨서 고삐를 잡거나 채찍을 휘두를 때 모두 방해를 받는다. 이것이 첫 번째 위험함이다. 형편이 그렇다 보니 부득불 다른 사람에게 경마를 잡혀 가게 하니 나라의 모든 말이 다 병신이 된다. 고삐를 잡은 자는 항상 말의 한쪽 눈을 가려 말이 자유롭게 달릴 수가 없다. 이것이 두 번째 위험함이다.

말이 길을 나서면 사람보다 더 조심하고 신중함에도 사람과 말이 서로 뜻이 통하지 않아, 마부는 자신이 편한 땅을 디디므로 말발굽은 항상 한쪽 옆으로 내몰린다. 말이 피하려는 곳은 사람이 억지로 딛게 하고, 말이 나아가고 싶은 곳은 사람이 억지로 끌어당긴다. 말이 도리질을 치는 까닭은 다른 데 있지 않다. 사람에게 평소 분노의 마음을 품고 있는 것이다. 이것이 그 세 번째 위험함이다.

말은 한쪽 눈은 이미 사람에게 가려졌고, 다른 한쪽 눈은 사람의 눈치를 살피느라 온전히 길바닥을 볼 수 없으므로 툭하면 넘어진다. 말의 잘못이 아닌데도 채찍을 사정없이 내리친다. 이것이 네 번째 위험함이다.

우리나라 안장과 뱃대끈 제도는 둔하고 무거운 데다 끈과 띠가 너무 엉켜 있다. 말이 이미 등에 한 사람을 실었는데, 입에도 사람을 매단 격이다. 이는 한 필의 말이 두 필의 힘을 쓰는 것인지라 말의 힘이 다해 쓰러지게 된다. 이것이 다섯 번째 위험함이다.

사람이 몸을 쓰는 것도 오른편이 왼편보다 유리한 것을 보면 말도 마땅히 그러하다. 그러나 말의 오른쪽 입아귀는 모는 사람이 재갈로 잡고 눌러 아픔을 참을 수 없으므로, 그 형편이 부득불 목을 비틀게 되어 사람과 함께 옆으로 걸으며 채찍을 피하려 한다. 사람은 곧 말이 그 목을 비틀어 옆으로 걷는 것이 사납고도 날랜 자태라 여겨 기뻐하나, 말의 성정이 아니다. 이것이 여섯 번째 위험함이다.

말이 채찍을 받다 보니 오른쪽 다리가 심하게 아파진다. 말을 탄 사람이 방심한 채 안장에 앉아 있다가 경마잡이가 갑자기 채찍을 휘두르면 사람을 거꾸로 떨어뜨린다. 그리하여 도리어 말을 책망하나, 이는 말의 본의가 아니다. 이것이 일곱 번째 위험함이다.

문무文武를 막론하고 벼슬이 높으면 반드시 왼쪽으로 경마를 잡히게 한다. 이것은 무슨 법이란 말인가? 오른쪽 경마 잡히는 것도 좋지 않은데, 하물며 왼쪽에 경마 잡혀서야 되겠는가? 짧은 고삐도 안 되는데, 하물며 긴 고삐야 되겠는가? 사사로운 집을 드나들 때는 위의威儀를 갖출 법도 하나, 심지어 임금의 수레를 모시는 신하로서 다섯 길 되는 긴 고삐로써 위엄을 보이는 것은 옳지 않다. 문관文官도 안 되는데, 하물며 진영으로 나아가는 무관은 되겠는가? 이것은 이른바 스스로 얽매일 줄을 차는 것이다. 이것이 여덟 번째 위험함이다.

　무장이 입는 옷을 철릭이라 하는데, 이는 군복이다. 세상에 어찌 명색이 군복이면서 소매가 장삼처럼 넓단 말인가? 지금 이 여덟 가지 위험함이 모두 넓은 소매와 긴 한삼 때문인데도 오히려 그 위험함을 편안하게 여긴다. 안타깝다! 비록 백락伯樂으로 하여금 오른편에 경마 잡히고 조보造父에게 왼편을 따르게 하더라도 여덟 가지의 위험함으로 말을 몬다면 여덟 마리 준마일지라도 죽고 말 것이다.

　옛날 이일李鎰이 상주尙州에 진 칠 때 멀리 숲 사이에서 연기가 오르는 것을 보고 군관 한 사람을 시켜 가 보게 했다. 군관이 좌우에서 쌍 경마를 잡히고 거들먹거리며 가는데, 생각지 않게 다리 아래서 왜병 둘이 갑자기 튀어나와 말의 배를 칼로 베고 군관의 목을 베어가 버렸다.(만력 임진년 왜구가 쳐들어왔을 때의 일이다.) 서애西厓 유성룡柳成龍은 어진 정승인데, 『징비록』懲毖錄을 지을 때 이 일을 기록해 비웃었다. 그런데도 또한 그런 난리와 어려움을 겪고도 그 잘못된 습속을 고치지 못하고 있다. 심하구나! 습속의 고치기 어려움이여.

　내가 오늘 밤 이 강물을 건넌 것은 세상에 너무나 위험한 일이었다. 그러나 나는 말을 믿고 말은 제 발굽을 믿고 발굽은 땅바닥을 믿었으니, 말고삐를 남에게 맡기지 않은 효과가 이와 같았다. 수역이 주 주부에게 말했다.

　"옛사람이 위험한 것을 말할 때 '소경이 눈먼 말을 타고 한밤에 깊은 물가로 간다'고 했지요. 참으로 오늘 밤 우리를 두고 한 말입니다."

　내가 꺼들었다.

　"이것도 위험하긴 위험하지만, 위험함을 제대로 안 것은 아니라네."

　두 사람은 한소리로 물었다.

　"어째서 그렇소?"

"소경을 보는 자는 눈이 성한 사람일 것이네. 소경을 보는 자는 스스로 그 마음에 위험하다고 여길 테지만, 소경은 위험함을 알지 못한다네. 소경은 위험함을 볼 수 없는데 뭐가 위험하단 말인가."

서로 껄껄 웃었다. 따로 「하룻밤에 강을 아홉 번 건넌 기록」을 적은 것이 있다. 「산장잡기」에 있다.

「산장잡기」山莊雜記 편 「하룻밤에 강을 아홉 번 건넌 기록」

강물은 두 산 사이에서 흘러나와 바윗돌과 부딪치며 세차게 흘러간다. 그 놀란 파도와 성난 물결, 분노하는 듯한 물결과 슬프게 원망하는 듯한 여울은 내달려 부딪치고 휘말려 뒤엎어지며 울부짖고 고래고래 소리치니, 언제나 만리장성을 무너뜨릴 기세가 있다. 전차 만 대와 기마 만 마리, 대포 만 대와 북 만 개로도 그 무너져 내려앉고 터져 나와 압도하는 강물 소리를 비유하기에 부족하다. 모래밭 위에 거대한 바위는 우뚝하게 늘어서 있고, 강둑의 버드나무는 어두컴컴하다. 마치 물 밑에 있던 물귀신들이 앞다투어 나와 사람을 놀리려는 것 같고, 양옆에서는 교룡蛟龍과 이무기가 낚아채 붙들려는 것 같다. 어떤 이는 이곳이 옛 전쟁터인 까닭에 강물이 이렇듯 운다고 말한다. 이는 그런 것이 아니다. 강물 소리는 어떻게 듣느냐에 달려 있을 뿐이다.

내 집은 산중에 있는데, 집 앞에는 큰 시냇물이 있다. 해마다 여름철에 소나기가 한차례 쏟아지면 시냇물이 갑자기 불어나 항상 전차와 기마, 대포와 북 소리를 듣게 되어 마침내는 귓병이 날 지경이었다.

나는 언젠가 문을 닫고 누워 다른 사물과 비교해 시냇물 소리를 들은 적이 있다. 깊은 솔숲에서 나는 퉁소 같은 소리는 맑은 마음으로 들은 것이고, 산이 갈라지고 벼랑이 무너지는 듯한 소리는 분개한 상태에서 들은 것이다. 수많은 개구리가 다투어 우는 듯한 소리는 교만한 상태에서 들은 것이고, 수많은 비파가 연달아 울리는 듯한 소리는 화가 난 상황에서 들은 것이다. 천둥이 울리고 번개가 내리치는 듯한 소리는 듣는 사람이 놀란 상태인 것이고, 찻물이 뽀글뽀글 끓는 듯한 소리는 듣는 사람이 운치 있는 상태다. 거문고가 웅장하게 들리는 듯한 소리는 슬픈 마음으로 들은 것이고, 바람에 문풍지가 떠는 듯한 소리는 의심스런 마음으로 들은 것이다. 이 모든 소리는 올바로 들은 것이 아니다. 다만 마음속에 미리 정해 놓은 생각에 따라 귀가 그렇게 들었을 뿐이다.

이제 나는 한밤중에 같은 강을 아홉 번 건넜다. 이 강은 북쪽 변방 밖으로부터 흘러나와 만리장성을 뚫고 유하, 조하, 황화, 진천 등 여러 물줄기와 모여 밀운성 아래를 지나 백하가 된다. 내가 어제 배로 백하를 건넜는데, 바로 이 강의 하류였다.

내가 아직 요동 땅에 들어가지 못했을 때는 바야흐로 한여름이었다. 뙤약볕 속을 걷고 있는데 갑자기 큰 강이 앞을 가로막았다. 시뻘건 흙탕물이 산더미같이 일어나 끝을 볼 수 없었다. 천 리 밖에서 큰비가 내린 것이다.

물을 건널 때 사람들은 모두 고개를 쳐들고 하늘을 우러러보았다. 나는 저들이 모두 하늘을 향해 속으로 기도한다고 생각했다. 한참 지나서야 알았지만, 강을 건너는 사람들이 강물이 소용돌이치거나 세차게 용솟음치는 것을 보면 몸은 물살을 거슬러 올라가는 것 같고, 눈은 물살을 따라 내려가는 것 같아서, 갑자기 현기증이 일어나 물에 빠지게 된다. 고개를 쳐든 것은 하늘에 기도하려는 것이 아니라 물을 피해서 보지 않으려는 것이었다. 역시나 목숨이 경각에 달렸는데 어느 겨를에 기도할 경황이 있었으랴!

위험함이 이와 같았는데도 강물 소리는 들리지 않았다. 일행들은 모두 요동의 벌판이 평평하고 드넓어서 강물이 화내며 울지 않는 것이라고 했다. 그러나 이는 강물을 알지 못하는 말이다. 요동의 강물이 울지 않은 적은 없었다. 다만 밤중에 건너지 않았을 뿐이다. 낮에는 강물을 볼 수 있으므로 눈이 오로지 위험한 데만 쏠려, 벌벌 떨며 도리어 눈이 있음을 걱정해야만 할 판에, 어찌 귀에 들리는 소리가 있겠는가? 지금 내가 밤중에 강물을 건너므로, 눈으론 위험한 광경이 보이지 않으니 위험함이 오직 듣는 데로 쏠리는 것이다. 그리하여 귀가 바야흐로 벌벌 떨면서 그 걱정을 이기지 못하는 것이다.

나는 지금에야 진리를 알았다. 마음에 선입견을 갖지 않는[冥心] 사람은 귀와 눈이 폐가 되지 않으나, 귀와 눈만을 의지하는 사람은 보고 듣는 것이 자세하면 할수록 병통이 된다.

오늘 내 마부가 말발굽에 발을 밟혀 뒤의 수레에 그를 실었다. 나는 손수 말의 고삐를 풀어 강물에 뜨게 한 다음 두 무릎을 오므리고 발을 모아 안장 위에 앉았다. 한 번 추락하면 바로 강바닥이다. 강으로 땅을 삼고, 강으로 옷을 삼으며, 강으로 몸을 삼고, 강으로 성정性情을 삼으리라 생각하며, 한 번 떨어질 것을 마음으로 각오했다. 그러자 내 귓속에는 강물 소리가 들리지 않았다. 무려 아홉 번이나 건넜는데도 아무런 걱정이 없었다. 마치 침대 위에서 앉았다 누웠다 일어섰다 하는 것 같았다.

옛날 우임금이 강을 건너는데, 누런 용이 배를 등에 얹는 바람에 매우 위험해졌다. 그러나 사생死生의 판단이 먼저 마음속에 분명해지자 용이든 지렁이든 그 앞에서는 크기가 아무 문제가 되지 않았다.

소리와 색은 외부의 허상, 즉 외물外物이다. 외물이 항상 귀와 눈에 폐를 끼쳐 사람으로 하여금 그 보고 듣는 올바름을 이와 같이 잃어버리게 한다. 하물며 세상을 살아간다는 것은 그 험하고 위험함이 강을 건너는 일보다 더 심해, 보고 듣는 것이 수시로 병폐가 됨에랴! 나는 장차 연암 산중으로 돌아가 다시 앞의 시냇물 소리를 들으며 이를 검증해 볼 것이다. 아울러 자기 몸 챙기는 데 약삭빠르면서 자기의 총명함을 스스로 믿는 자들에게 경계하고자 한다.

들어가며

「하룻밤에 강을 아홉 번 건넌 기록」은 연암의 작품 가운데서도 대중에게 가장 널리 알려진 작품이다. 교과 교재를 개편하는 중에도 꾸준히 국어 교과, 문학 교과에 수록되어 왔을 정도로 높은 문학성과 참신한 주제를 인정받고 있다. 연암 당시에도 크게 회자되었으니 고금古今에 걸쳐 작품성을 인정받는 셈이다. 워낙에 잘 알려져서인지 「하룻밤에 강을 아홉 번 건넌 기록」만을 독립해서 다룬 논의는 별로 없다. 그만큼 이 작품에는 연구자는 물론 대중 일반도 공감하는 일치된 견해가 있다. 감각기관과 마음과의 상관관계를 다루고 있으며, 외물에 현혹되지 않는 삶의 자세를 주제 의식으로 한다는 것이다.

그렇지만 이 작품의 궁극적인 의도는 인식론 차원에 머물지 않는다. 이 작품이 전달하고자 하는 메시지는 매우 중층적이며 현실과 깊이 관련되어 있다. 작품을 맥락 속에서 접근했을 때 작품의 양상이 어떻게 바뀌는지, 주제를 어떤 시각으로 볼 수 있는지를 발견하게 될 것이다.

(1) 작품의 구조와 상징 표현

「하룻밤에 강을 아홉 번 건넌 기록」은 북경에서 열하熱河로 가는 도중을 배경으로 한다. 열하에 머물고 있는 황제의 생신에 맞추어 도착하기 위해 하룻밤에 강을 아홉 번이나 건넌 경험을 이야기하고 있다. 일정에 따르면 이 작품은 「막북행정록」漠北行程錄의 8월 7일자 기록에 놓인다. 해당되는 날짜의 기사에는 그날 밤 옛 전쟁터로 유명한 고북구古北口를 지난 이야기가 있다. 연암 일행은 밤에 고북구를 지나고 나서 곧바로 하룻밤에 강을 아홉 번 건너는 상황을 맞는다. 죽을 고비를 수차례 넘기면서 말에 의지해 강물을 건너고 난 뒤, 연암은 우리나라 말을 다루는 어마법 御馬法이 지극히 위험하다는 사실을 깨닫는다. 여덟 가지 잘못된 어마법에 대해 죽 이야기한 다음, 습관에 익숙해져 폐단을 고칠 줄 모르는 조선의 어리석음을 한탄한다. 이어지는 대목은 이러하다.

내가 오늘 밤 이 강물을 건넌 것은 세상에 너무나 위험한 일이었다. 그러나 나는 말을 믿고 말은 제 발굽을 믿고 발굽은 땅바닥을 믿었으니, 말고삐를 남에게 맡기지 않은 효과가 이와 같았다. 수역이 주 주부에게 말했다.
"옛사람이 위험한 것을 말할 때 '소경이 눈먼 말을 타고 한밤에 깊은 물가로 간다'고 했지요. 참으로 오늘 밤 우리를 두고 한 말입니다."
내가 껴들었다.
"이것도 위험하긴 위험하지만, 위험함을 제대로 안 것은 아니라네."
두 사람은 한소리로 물었다.
"어째서 그렇소?"
"소경을 보는 자는 눈이 성한 사람일 것이네. 소경을 보는 자는 스스로 그 마음에 위험하다고 여길 테지만, 소경은 위험함을 알지 못한다네. 소경은 위험함을 볼 수 없는데 뭐가 위험하단 말인가."
서로 껄껄 웃었다. 따로 「하룻밤에 강을 아홉 번 건넌 기록」을 적은 것이 있다. 「산장잡기」에 있다.

이 기록에 따르자면 「하룻밤에 강을 아홉 번 건넌 기록」은 물을 건넌 뒤, 소경이 눈먼 말을 타고 물을 건너는 위험함에 대한 대화를 나눈 후에 쓴 글이다. 기록을 곧이곧대로 믿는다면 이 작품은 열하를 여행하는 도중에 쓴 작품이다. 작품 본문에서도 "나는 장차 연암 산중으로 돌아가 다시 앞의 시냇물 소리를 들으며 이를 검증해 보겠다"라는 구절이 나오는데, 이 또한 이 작품의 창작 시기가 열하 도중임을 알려 주는 표지다. 글 첫머리의 강 물결에 대한 묘사도 현장에서 직접 쓴 것처럼 매우 구체적이고 자세하다.

그러나 「하룻밤에 강을 아홉 번 건넌 기록」은 열하 여행을 마치고 연암협燕巖峽으로 들어가 『열하일기』를 완성하는 동안에 썼다고 보는 것이 합리적이다. 현장에서 바로 썼다고 보기엔 작품의 구성이 너무도 치밀하다. 소경 이미지라든가 이목耳目에 관한 언급도 현장 경험에서 바로 얻은 깨달음이라기보다는 이전부터 갖고 있던 생각을 이번 경험을 통해 녹여낸 것이다. 이 점은 뒤에서 밝힐 것이다. 연암은 당시의 생생한 정황에 대해 꼼꼼히 메모해 두었다가 고국에 돌아와서 구상을 가다듬어 한 편의 완결된 글로 완성했다. 현장에서 쓴 것처럼 기술한 것은 작품에 현장감과 실제성을 부여하려는 연암의 글쓰기 전략이다.

곧 「하룻밤에 강을 아홉 번 건넌 기록」은 본래 들어가야 할 자리에 다시 배치하면 「밤에 고북구를 나선 기록」夜出古北口記과 같은 날 경험한 이야기이며, 말 다루는 어마법御馬法과 연결되어 있다. 고북구에 대한 기사와 강물을 건넌 경험은 화제話題나 주제 의식면에서 볼 때 서로 연관성이 없다. 하지만 어마법에 관한 기록은 「하룻밤에 강을 아홉 번 건넌 기록」과 매우 가깝게 연관되어 있다. 이 작품을 맥락에 의거해 다시 배치하고 사건의 앞뒤를 정리해 보았다.

- 우리나라의 어마법

① 강물을 아홉 번 건넜다. 말에 의지해 강물을 건너고 난 뒤 말을 다루는 데 방법이 있음을 깨달았다.

② 우리나라의 말 다루는 법은 매우 위험하다. 여덟 가지 어마법의 위험함에 대한 설명. 여덟 가지 위험함은 모두 넓은 옷소매와 긴 한삼 때문에 생긴 것인데, 모든 백성이 습관에 길들여져 그 위험함을 편안하게 여긴다.

③ 임진왜란 때 장수 이일李鎰은 경마 잡히는 행동을 하다가 왜적에게 허망한 죽음을 당했다. 유성룡柳成龍이 이 일을 지적하며 웃음거리로 삼았지만 여전히 황당한 습속을 고치지 못하고 있다. 습속을 고치기란 매우 어려운 일이다.

- 소경 삽화

① 밤에 물을 건너는 것은 지극히 위험한 일이지만, 나는 말을 믿고 말은 제 발을 믿고 발은 땅을 믿으니 경마 잡히지 않는 효과가 매우 크다는 것을 알았다.

② 소경 삽화: 눈먼 말을 타고 소경이 밤중에 깊은 물을 건너는 일은 위험해 보인다. 그러나 소경을 보고 위험하다고 여기는 사람이 진짜 위험한 것이지, 소경 자신은 위험함을 모르므로 위험하지 않다. 소경에 관한 대화를 나눈 뒤에 깨달은 바가 있어 따로 「산장잡기」에서 「하룻밤에 강을 아홉 번 건넌 기록」을 다루었다.

- 「하룻밤에 강을 아홉 번 건넌 기록」

① 눈앞에 펼쳐진 강물 소리 묘사. 강물 소리는 어떻게 듣느냐에 달려 있다.(현재)

② 연암협에서 들은 다양한 시냇물 소리 경험. 이 모든 소리는 올바로 들은 것이 아니다. 마음속에 미리 정해 놓은 생각에 따라 소리를 들었을 뿐이다.(과거)

③ 지금 나는 한밤중에 강을 아홉 번 건넜다.(현재)

④ 요동에 들어가지 못한 한여름의 대낮에 흙탕물이 산더미처럼 밀려오는 큰 강을 건넜다. 곧 빠져 죽을 위험함에 처했어도 강물 소리가 들리지 않았다. 눈이 위험한 데만 쏠려 귀로는 소리가 들리지 않았다.(과거)

⑤ 지금 밤중에 강물을 건너므로 눈으로 위험한 광경이 보이는 대신, 위험함이 듣는 데로만 쏠렸다. 명심자冥心者는 귀와 눈이 폐가 되지 않으나 귀와 눈만을 의지하는 사람은 보고 듣는 것이 자세할수록 병통이 됨을 깨달았다.(현재)

⑥ 손수 말의 고삐를 풀어 강으로 땅을 삼고 성정을 삼을 것을 생각하니 강물 소리가 들리지 않았다.(현재)

⑦ 우임금이 강을 건널 때 누런 용이 배를 등에 얹어 위험해졌다. 그러나 사생死生의 마음을 정하자 용이든 지렁이든 아무 문제가 되지 않았다.(과거의 고사)

⑧ 외물인 소리와 색이 눈과 귀에 폐를 일으켜 보고 듣는 올바름을 잃어버리게 한다. 사람이 세상을 살아가는 일은 그 위험함이 강을 건너는 일보다 훨씬 심해서 보고 듣는 것이 수시로 병폐가 된다. 연암 골짝으로 돌아가 내 생각을 검증하고, 자기 몸 챙기는 데 약삭빠르면서 자기의 총명함을 믿는 자들에게 경고하련다.(현재)

「하룻밤에 강을 아홉 번 건넌 기록」은 그 자체로 하나의 완결된 글이자 문학성이 뛰어난 작품이다. 현재와 과거를 반복적으로 병치시켜 가며 글을 전개하는 방식은 다른 고전의 기문記文에서는 찾기 힘들다. ②에서와 같이 과거의 경험을 들려주는 일은 작가의 주장을 입증해 주는 훌륭한 사례다. 하지만 한편으로 순수한 개인의 체험에 대한 예시는 전거典據와 용사에 바탕을 둔 글쓰기를 했던 옛 전통에서는 글의 권위를 떨어뜨리는 요인으로 작용할 수 있다. 그 점을 고려해서인지, ⑦과 같이 적절한 지점에 우임금에 관한 고사故事를 들어 자칫 약화될 수도 있는 글의 신뢰성과 권위를 보강했다. 첫머리의 강물에 대한 묘사는 눈앞에서 보듯 생생한 데다 반복법을 구사함으로써 기세가 강하고 이미지가 응축되는 효과를 준다.

무엇보다 이 작품이 고금을 막론하고 높게 평가된 것은 인식론적이고 철학적인 주제 의식이 있기 때문이다. 「하룻밤에 강을 아홉 번 건넌 기록」은 동일한 현상이나 사물도 듣거나 보는 사람의 심리 상태에 따라 다르게 인식될 수 있다는 점을 말한다. 제대로 듣는다는 것, 올바로 보는 것이 얼마나 힘든 일인가를 들려주고 마음을 잠잠하게 하는 명심冥心을 하라고 촉구한다.

그런데 이 작품을 이와 같이 8월 7일조에 재배치해 놓고 맥락 속에서 파악해 보면, 기존 논의에서 주목하지 않은 점들이 드러난다.

첫째로는, 어마법에서부터 소경 삽화 그리고 「하룻밤에 강을 아홉 번 건넌 기록」에 이르기까지 '위험함'이라는 제재가 주요한 화제로 반복해서 나온다. 연암은 말에 의지해 강을 건너는 모험을 감행하고 나서 우리나라의 어마법이 매우 위험하다는 점을 여덟 가지로 지적한다. 넓은 소매와 긴 한삼 때문에 경마 잡히는 데 따르는 위험함을 오히려 편안하게 여기는 습속을 안타까워한다. 이어 깊은 밤에 물을 건너는 위험함을 화제로 앞의 논의를 이끌어 간다. '위험함'이라는 동일한 용어를 이어 감으로써 앞의 단락과 연결되면서 화제는 '소경이 눈먼 말을 타고 밤중에 강물을 건너는 위험함'으로 전환된다. 그러면서 진짜로 위험한 자는 소경이 아니라 소경을 보는 자라는 역설적인 논리를 펼친다. 이 점을 주목하면서 「하룻밤에 강을 아홉 번 건넌 기록」을 읽어 가면 뜻밖에도 '위험함'이라는 용어가 반복적으로 나타난다. 그 대목을 옮겨 보겠다.

> 역시나 목숨이 경각에 달렸는데 어느 겨를에 기도할 경황이 있었으랴! **위험함**이 이와 같았는데도 강물 소리는 들리지 않았다.
>
> 낮에는 강물을 볼 수 있으므로 눈이 오로지 **위험한** 데만 쏠려, 벌벌 떨며 도리어 눈이 있음을 걱정해야만 할 판에, 어찌 귀에 들리는 소리가 있을 것인가? 지금 내가 밤중에 강물을 건너므로, 눈으론 **위험한** 광경이 보이지 않으니 **위험함**이 오직 듣는 데로 쏠리는 것이다. 그리하여 귀가 바야흐로 벌벌 떨면서 그 걱정을 이기지 못하는 것이다.
>
> 옛날 우임금이 강을 건너는데, 누런 용이 배를 등에 얹는 바람에 매우 **위험해졌다**. 그러나 사생死生의 판단이 먼저 마음속에 분명해지자 용이든 지렁이든 그 앞에서는 크기가 아무 문제가 되지 않았다. 소리와 색은 외부의 허상, 즉 외물外物이다. 외물이 항상 귀와 눈에 폐를 끼쳐 사람으로 하여금 그 보고 듣는 올바름을 이와 같이 잃어버리게 한다. 하물며 세상을 살아간다는 것은 그 험하고 **위험함**이 강을 건너는 일보다 더 심해, 보고 듣는 것이 수시로 병폐가 됨에랴!

맥락 속에서 작품의 중심 화제를 이끌어 내면 '강물을 건너는 위험함과 그 극복'에 관한 것이다. 곧 「하룻밤에 강을 아홉 번 건넌 기록」은 '위험함'을 중심 제재로 하며, '무엇이 사물에 대한 인식을 위험하게 만드는가?', '위험함을 극복할 방법은 없는가?'를 다룬 글이다. 강물을 건너는 위험함은 강물 자체에 있지 않다. 강물을 바라보는 눈과 귀가 강물을 건너는 것이 위험하다고 느끼게 만드는 것이다. 연암의 말을 빌리자면, 이 목耳目의 누累다.

말을 다루는 어마법에서 '위험함'의 본질은 습속에 젖어 편안해하는 마음에 있다. 이는 현실 인식에 관한 것이다. 소경 삽화에서 위험함이란 소경이 눈먼 말을 타고 강을 건너는 것을 보고 위험하다고 여기는 자의 마음이다. 소경 삽화는 하나의 은유로 볼 수 있으므로 이는 인식론 차원이다. 「하룻밤에 강을 아홉 번 건넌 기록」에서는 일차적으로 보고 듣는 올바름을 마비시키는 외물, 즉 소리와 색깔이 위험함의 실체다. 이는 인식론에 관한 것이다. 그런데 여기서 한발 더 나아간 논의가 나온다. 사람이 세상을 살아가는 것은 그 위험하기가 강을 건너는 일보다 더 심할 뿐만 아니라, 보고 듣는 것이 수시로 병폐가 된다는 것이다. '위험함'이라는 화두가 인식론 차원에서 현실의 문제로 나아가면서 어마법 문제까지 끌어들이고 있다. 「하룻밤에 강을 아홉 번 건넌 기록」이 표면적으로는 물을 참되게 인식하는 자세에 대해 이야기하면서 실제로는 대단히 현실적인 문제를 제기하는 것이다.

「하룻밤에 강을 아홉 번 건넌 기록」에서 위험함은 강물 자체에 있지 않다. 자신의 눈과 귀만을 의지하는 것이 진짜 위험함이다. 눈과 귀에만 의지하는 것이 선입견이다. 사물은 본디 정해진 색이 없다. 다만 내가 눈으로 먼저 정해 버리기에 혼돈과 의심이 생기는 것이다. 따라서 눈과 귀에 의존함으로써 생기는 선입견으로부터 벗어나 마음으로 보아야 한다. 그것이 그 유명한 명심冥心이다. 인식론에서 명심은 다분히 선불교적인 마음의 태도를 드러내지만, 현실 인식으로 나아가면서 현실의 위험함에 대처하는 현실 대응 태도를 말하는 방법론 개념이 되었다.

다음으로 「하룻밤에 강을 아홉 번 건넌 기록」의 길잡이 역할을 하는 소경 삽화가 눈길을 끈다. 소경은 본다는 것과 밀접한 관련을 맺는 존재라는 점에서 소경 삽화는 「하룻밤에 강을 아홉 번 건넌 기록」의 주제를 상징하는 은유다. 강을 건너다가 죽을 고비를 넘긴 일행은 자신들이 '소경이 눈먼 말을 타고 한밤에 깊은 물가로 간다'는 고사만큼 위험한 상황이었다고 이야기한다. 맹인할마盲人瞎馬라는 고사를 갖는 이 말은 『세설신어』世說新語 「배조」排調 편에 등장하는데, 매우 위태로운 상황을 말할 때 쓰는 관용 표현이다. 그러나 연암은 소경의 눈에는 위험한 상황이 보이지 않으므로 위험할 것이 없으며, 소경을 위험하다고 여기는 사람이 진짜 위험하다는 논리를 펼친다. 다소 궤변에 가깝게 들리지만, 소경은 연암의 다른 글에도 반복적으로 등장하는 일종의 메타포다.

소경 일화는 「요술 이야기」幻戲記에도 나타난다. 「요술 이야기 후지」幻戲記後識에선 마술쇼를 구경한 연암이 '마술사에게 속는 것은 밝게 본다는 것이 오히려 탈이 되기 때문'인 문제를 제기한다. 여기에도 40년간 장님으로 살다가 갑자기 눈을 뜬 소경 삽화가 등장한다. 그 일화는 다음과 같다.

> 우리나라의 서화담 선생이란 분이 외출 나갔다가 길에서 울고 있는 자를 만났다오. "너는 왜 우느냐?" 물으니, 그가 이렇게 대답했다오. "저는 세 살에 눈이 멀어 지금 마흔 살입니다. 예전에 길을 갈 때는 발에 보는 것을 맡기고, 물건을 잡을 때는 손에 보는 것을 맡기고, 소리를 듣고서 누구인지를 분간할 때는 귀에다 보는 것을 맡기고, 냄새를 맡고서 무슨 물건인가를 살필 때는 코에다 보는 것

을 맡겼습니다. 사람들은 두 눈만 가졌지만 저에게는 손과 발과 코와 귀가 눈 아닌 것이 없었습니다. 또 어찌 손과 발, 코와 귀뿐이겠습니까? 해가 뜨고 지는 것을 낮에는 피곤함으로 보고, 물건의 모습과 빛깔은 밤에 꿈으로 보았습니다. 아무런 장애도 없고 의심과 혼란도 없었습니다. 그런데 오늘 길을 가는 도중에 두 눈이 별안간 맑아지고 눈동자가 저절로 열렸습니다. 천지는 드넓고 산천은 뒤섞여 온갖 사물이 눈을 가리고 온갖 의심이 마음을 막았습니다. 손과 발, 코와 귀는 뒤죽박죽 착각을 일으켜 온통 예전의 일상을 잃어버렸습니다. 집이 어디인지 까마득하게 잃어버려 홀로 돌아갈 방법이 없기에 울고 있습니다." 그러자 화담 선생이 말했다오. "네가 네 지팡이에게 물어본다면 지팡이가 응당 저절로 알 것이다." 그러자 소경이 말했다오. "제 눈이 이미 밝아졌으니 지팡이를 어디에다 쓰겠습니까?" 화담 선생이 말했다오. "도로 네 눈을 감아라. 바로 거기에 네 집이 있을 것이다." 「요술 이야기 후지」

눈을 뜨자 길을 잃어버린 소경에게 내린 처방은 도로 눈을 감으라는 것이다. 눈이 밝아짐으로써 의심과 혼란이 생겼으니 눈을 감아 마음으로 느끼라는 주문이다. '밝게 본다는 것이 오히려 탈이 된다'는 「요술 이야기 후지」의 말은 '보고 듣는 것이 자세할수록 병폐가 된다'는 「하룻밤에 강을 아홉 번 건넌 기록」의 언급과 서로 통한다. 「요술 이야기 후지」와 「하룻밤에 강을 아홉 번 건넌 기록」은 공통적으로 보고 듣는 경험의 한계를 지적한다는 점에서, 두 글에 공통으로 등장하는 소경 역시 동일한 상징을 품고 있다고 보아야 한다.

셋째, 8월 7일조 기사에 나오는 어마법과 「하룻밤에 강을 아홉 번 건넌 기록」에 공통으로 등장하는 소재인 고삐의 상징도 주목된다.

무릇 한 강물을 아홉 번 건넜는데, 물속의 돌엔 이끼가 많아 미끄럽고, 물은 말의 배까지 차올랐다. 무릎을 옹송그리고 발을 모아 한 손으로 고삐를 잡고, 또 한 손은 안장을 꽉 잡았다. 끌어 주는 이도 부축해 주는 이도 없었으나 떨어지거나 넘어지지는 않았다. 나는 비로소 말을 다루는 데도 방법이 있다는 것을 깨달았다. 대개 우리나라의 말 다루는 방법은 퍽 위험하다. 옷소매는 넓고 한삼汗衫이 길어 두 손이 휘감겨서 고삐를 잡거나 채찍을 휘두를 때 모두 방해를 받는다.   『열하일기』 8월 7일 기사

오늘 내 마부가 말발굽에 발을 밟혀 뒤의 수레에 그를 실었다. 나는 손수 말의 고삐를 풀어 강물에 뜨게 한 다음 두 무릎을 오므리고 발을 모아 안장 위에 앉았다. 한 번 추락하면 바로 강바닥이다. 강으로 땅을 삼고, 강으로 옷을 삼으며, 강으로 몸을 삼고, 강으로 성정性情을 삼으리라 생각하며, 한 번 떨어질 것을 마음으로 각오했다. 그러자 내 귓속에는 강물 소리가 들리지 않았다. 무려 아홉 번이나 건넜는데도 아무런 걱정이 없었다. 마치 침대 위에서 앉았다 누웠다 일어섰다 하는 것 같았다.   「하룻밤에 강을 아홉 번 건넌 기록」

말을 타면 경마 잡히는 것은 조선인의 오랜 관습이다. 옷소매가 넓고 한삼이 길어 어쩔 수 없이 남에게 말고삐를 맡기는 것인데, 이로 인해 말 타는 일이 매우 위험해짐에도 편안히 여길 정도로 습속에 젖어 버렸다. 연암도 처음부터 말의 고삐를 푼 것은 아니었다. 8월 7일자 기사를 보면 "무릎을 옹송그리고 발을 모아 한 손으로 고삐를 잡고, 또 한 손은 안장을 꽉 잡았다"라고 기술했다. 그러고 나서야 말을 다루는 데도 방법이 있음을 깨닫고, 우리나라 어마법이 습속에 젖어 위험함을 고치지 않고 있

음을 깨닫는다. 이러한 자각을 통해 연암은 직접 말의 고삐를 푸는 모험을 감행하는 것이다. 그것은 실로 한 번 추락하면 바로 강바닥인 곳에서, 한 번 떨어져 죽을 것을 마음으로 각오해야만 하는 새로운 시도다. 그러나 "나는 말을 믿고 말은 제 발을 믿고 발은 땅을 믿으니" 아홉 번 강을 건넜음에도 침대 위에서 앉았다 누웠다 하는 것 같더란다.

이로 보건대 연암이 "손수 말의 고삐를 풀었다"고 한 표현은 단순한 행동이 아니다. 무지몽매한 습속에 대한 거부이자 새로운 깨우침의 세계로 나아가려는 극적인 시도다. 일상의 관습과 습속을 거부하는 행위는 분명 위험한 행위다. 그 관습이 이데올로기와 깊이 관계될수록 관습에 대한 거부는 자칫 목숨을 각오해야만 하는 일이기도 하다. "한 번 추락하면 바로 강바닥이다"라는 표현은 그래서 서늘하게 다가온다. 그러나 '한 번 떨어질 것을 마음으로 각오'하자 두려움을 주는 이목耳目의 누累인 '강물 소리'가 마침내 들리지 않게 되었다. 하지만 어떻게 강물 소리가 들리지 않을 수 있을까? 강물 소리가 들리지 않았다는 것은 일체의 관습과 선입견으로부터 해방되었음을 뜻하는 연암의 상징이다.

이렇게 분석해 보니 말의 고삐를 푼 행동이야말로 실은 명심冥心의 구체적인 실천 행위다. 앞뒤 문맥으로 볼 때도 명심에 대한 깨달음 이후 말의 고삐를 푼 내용이 나온다. 명심의 함축된 의미가 사회에서의 습속 문제와 매우 가깝게 연결되어 있음을 짐작케 한다.

곧 맥락에서 접근하면 「하룻밤에 강을 아홉 번 건넌 기록」은 '위험함', '소경'이라는 어휘가 작품을 이해하는 중요한 상징으로 부각된다. 또 두 어휘는 앞뒤 맥락, 작품간의 맥락에서 현실 인식을 드러내 주는 중요한 표지標識가 됨으로써 「하룻밤에 강을 아홉 번 건넌 기록」의 주제를 인식론에서 현실 문제로 나아가게 한다. 나아가 연암이 고삐를 푼 행동도 그 자체로는 별다른 의미를 갖지 않았지만, 맥락 속에서는 작품의 주제를 드러내는 중요한 행동 방식이었다.

작품을 고립된 구조로 파악했을 때, 「하룻밤에 강을 아홉 번 건넌 기록」의 주제는 외물에 현혹되지 않는 삶의 태도라는 인식론적이고 철학적인 주제 의식을 보여 준다. 그러나 맥락 속에서 작품의 구조를 바라보자 현실과 사회를 바라보는 작가의 현실 인식이 비교적 뚜렷하게 드러났다. 연암이 이 작품을 실제 경험한 날짜에 넣지 않고 따로 배치한 것은 예상 독자로 하여금 비판의 의도를 감추려는 치밀한 전략도 작용했을 것이다. 글을 읽는 사대부들에게 이 작품이 자신들의 허위의식과 좁은 소견을 비판하고 있음을 들키지 않도록 주제 의식을 희석시키는 방법을 쓴 것이다. 「범의 꾸짖음」과 「허생전」에서는 짐짓 작품을 자신이 쓰지 않은 척 시치미를 떼는 전략을 구사했다면, 「하룻밤에 강을 아홉 번 건넌 기록」은 따로 떼어 놓기 전략을 구사함으로써 개인적인 삶의 태도를 말하는 작품처럼 보이도록 하는 장치를 마련했다.

(2) 맥락에서 본 작품의 주제 의식

「하룻밤에 강을 아홉 번 건넌 기록」에 대한 기존의 일반적인 시각을 간단히 정리하자면 이러하다. 이 작품은 경험과 관찰을 바탕으로 사물의 본질에 대해 이야기하고 있으며, 이목耳目에 현혹되지 않고 마음으로 대상을 보아야 한다는 명심冥心을 주제로 한다. 명심이란 일체의 선입견과 편견을 배제하고 객관적이고 공정한 시각으로 사물을 보는 태도를 말한다.

사실 명심이란 용어는 연암의 전유물은 아니다. 불교와 도교에서 마음의 작용과 관련해 자주 쓰는 말이다. 글자 그대로 풀이하자면 '마음을 고요하게 한다' 정도의 의미가 될 것이다. 연암 이전 선학先學들의 글에도 이 용어가 종종 등장하는데, 특히 이규보李奎報라든가 신흠申欽, 이색李穡 등의 글에서는 자주 언급된다. 참선이나 명상의 경지 또는 고요히 사색하는 상황에서 이 용어를 자주 사용한다. 인식론이나 철학의 차원에서 연암의 명심을 이해한다면 '사물과 나의 경계가 사라지고 서로 통일된 마음 상태, 주객 합일의 내면' 정도로 이해하는 것이 자연스럽다. 곧 기본적으로 명심은 매우 관념적이고 철학적인 함의가 강한 용어다.

그런데 명심冥心은 아홉 번 강을 건넌 경험 과정에서 얻어진 것일까? 명심은 기본적으로 보고 듣는 이목耳目의 한계와 관련된다. 그런데 '본다는 것'에 대한 성찰은 연암이 열하 여행 훨씬 전부터 지속적으로 관심을 가져온 문제의식이다. 「능양시집 서문」, 「소완정에 대한 기문」, 「낭환집 서문」 등이 대표적인데, 이들은 모두 보는 것의 문제를 이야기한다. 작품에서 연암은 지속적으로 말하길, "우리의 눈을 전적으로 믿지 마라, 눈에 보이는 현상을 액면 그대로 보지 마라, 이면을 들여다보고 마음으로 보라"고 한다. 이러한 성찰은 「하룻밤에 강을 아홉 번 건넌 기록」에 그대로 녹아 있다. 이 작품들은 대체로 1770년대 초반에 썼다. 곧 명심이란 용어는 연암이 꾸준하게 탐구했던 문제의식을 강을 건넌 경험을 끌어들여 완성한 개념이다.

이 도가적인 용어가 연암의 사유에서 중요한 이유는, 여느 학자들이 개인의 수양이나 내면 의식 차원에서 이 용어를 사용하는 데 비해 연암은 사회적이고 실천적인 개념으로 사용한다는 데 있다.

명심자冥心者는 작품의 앞뒤 문맥을 따져 보았을 때 소경과 동일한 메타포를 갖는다. 연암에게 소경은 평등의 눈을 지닌 지혜자를 상징한다. 『열하일기』「도강록」渡江錄에도 소경이 등장하는데, 글에서 연암은 중국의 국경 관문인 책문이 믿기지 않을 만큼 변화한 모습을 하고 있자 불같은 질투심을 느낀다. 그러곤 이내 돌이켜 반성하며 소경의 눈을 갖겠다고 다짐한다.

이 책문은 중국의 맨 동쪽 변두리에 불과한데도 오히려 이만큼이다. 앞으로 구경할 것을 생각하니 문득 기가 꺾이고 곧장 발길을 돌리고 싶은 생각이 들면서 온몸이 화끈거린다. 그러나 나는 깊이 반성하며 읊조렸다.
"이것이 질투심이구나."
내 본디 성품이 맑아 부러워하거나 질투하는 마음이 전혀 없었는데, 지금에 한 번 국경을 넘자 그 만분의 일도 보지 못하고서 벌써 잘못된 생각이 드는 것은 무엇 때문일까? 이는 곧 본 것이 적기 때문일 것이다. 만약 석가여래의 밝은 눈으로 온 세계를 두루 본다면, 평등하지 않을 게 없을 것이다. 모든 것이 평등하다면 질투와 부러움은 저절로 없어질 것이다.
나는 장복을 돌아보며 물었다.
"네가 만약 중국에서 태어났다면 어떠했겠느냐?"
"중국은 오랑캐 나라인뎁쇼. 소인은 싫습니다요."
마침 한 소경이 어깨에 비단 주머니를 둘러메고 손으로 거문고를 뜯으며 지나간다. 나는 크게 깨달았다.
'저야말로 평등한 눈을 가진 사람이로구나.'

『열하일기』, 「도강록」 6월 27일조

무지한 하인조차 중국은 못된 오랑캐라는 생각이 뼛속 깊이 박혀 있다. 글에서 장복이가 편견에 갇힌 인간을 상징한다면, 소경은 석가여래의 밝은 눈을 가진 자를 상징한다. 소경은 눈으로 보지 않는다. 기존의 지식에 물들지 않았으니 머리, 곧 지식으로 보지도 않는다. 소경은 마음으로 보는 자다. 그러니 곧 명심冥心하는 자다. 「요술 이야기 후지」의 '도로 눈을 감으라'라는 말 역시 지각과 경험의 눈으로 보지 말고 내면의 눈으로 보라는 뜻을 담고 있다. 「요술 이야기 후지」에서는 소경 일화를 들려주고, 이어서 "세상에서는 광명안光明眼, 진정견眞定見이 사라진 지 오래되었다"라는 문장이 나오는데, 여기서 진정견은 일반 용어가 아니다. 불교에서 나온 말로, 마음을 어지럽히지 않는다는 뜻이다. 혜능慧能이 설법한 불교 책인 『육조단경』六祖壇經의 "만약 모든 경물을 보더라도 마음을 어지럽히지 않는 것, 이것이 진정眞定이다"若見諸境 心不亂者 是眞定也라는 말에서 가져왔음이 분명한데, 명심과 비슷한 의미임을 알 수 있다.

명심은 개인의 마음을 중요하게 여기므로 객관론과 대비되는 관념론의 영역에 있다. 그렇지만 연암에게 명심은 관념론과는 다른 층위에서 이해된다.

> 나는 지금에야 진리를 알았다. 마음에 선입견을 갖지 않는[冥心] 사람은 귀와 눈이 폐가 되지 않으나, 귀와 눈만을 의지하는 사람은 보고 듣는 것이 자세하면 할수록 병통이 된다. 「하룻밤에 강을 아홉 번 건넌 기록」

여기서 명심은 귀와 눈만을 의지하는 사람, 즉 신이목자信耳目者와 대비된다. 곧 연암에게 명심은 귀, 눈 등과 같은 주관적인 감각 세계와 대비되는 개념이다. 그리하여 명심은 객관 세계를 올바로 파악하는 중요한 방법론이 된다. 이것이 일반적인 명심의 뜻과는 다른 연암만의 명심에 대한 의미 부여이며, 따라서 명심이 연암의 세계관을 이해하는 핵심어로 부상될 수 있는 것이다.

곧 맥락 속에서 바라보면 명심은 세계를 올바로 바라보기 위한 현실 대응 태도를 드러내는 개념이다. 특별히 명심을 현실 인식과 관련지어 해석한 논의가 있었다. 일찍이 임형택 교수는 명심과 소경에 대한 의미를 조명한 뒤, "연암은 감성 인식이 가지고 있는 한계와 그 현실적인 문제점을 절실하게 느끼고 이성 인식으로 극복, 지양할 것을 요망했다"고 정리했다.[2] 필자 역시 이와 동일한 층위에서 명심의 의미를 이해했다.

이제 작품의 주제 의식에 대해 정리해 보겠다. 「하룻밤에 강을 아홉 번 건넌 기록」은 강을 아홉 번 건넌 경험을 바탕으로 겉으로는 사물을 참되게 인식하는 삶의 자세를 이야기한다. 그러나 이 경험을 『열하일기』의 해당 날짜에 재배치하고 맥락에서 접근했을 때는 삶과 현실을 위험하게 만드는 요소와 그 대응 방식을 말한 작품이 된다. 무서운 소리와 위험한 광경으로 가득한 강을 건너는 일은 왜곡과 허위로 가득한 위험한 세상을 건너가는 일에 대한 은유다. '명심'은 평등안, 진정견의 소유자인 소경과 동일한 의미를 가지며, 말의 고삐를 푸는 행위는 명심의 태도가 구체화된 현실 대응의 방식이다. 그것은 일체의 사회적 관습과 선입견에 대한 거부이며, 세상의 위험에 빠지지 않는 현실 대응 방식이다.

그랬을 때 조금은 생뚱맞아 보이는 마지막 구절의 의미도 새롭게 다가온다.

> 소리와 색은 외부의 허상, 곧 외물外物이다. 외물이 항상 귀와 눈에 폐를 끼쳐 사람으로 하여금 그 보고 듣는 올바름을 이와 같이 잃어버리게 한다. 하물며 세상을 살아간다는 것은 그 험하고 위험함이 강을 건너는 일보다 더 심해, 보고 듣는 것이 수시로 병폐가 됨에랴! 나는 장차 연암 산중으로 돌아가 다시 앞의 시냇물 소리를 들으며 이를 검증해 볼 것이다. 아울러 자기 몸 챙기는 데 약삭빠르면서 자기의 총명함을 스스로 믿는 자들에게 경계하고자 한다.
> 「하룻밤에 강을 아홉 번 건넌 기록」

마지막 구절에서 연암은 자기 몸 챙기는 데 약삭빠르면서 자신의 총명함을 믿는 자들에게 경계한다고 해 느닷없이 비판적인 어조가 섞인 언급으로 끝을 맺었다. 이 마지막 구절이야말로 이 글의 궁극적 주제 의식이자 예상 독자에게 건네는 은근한 비판이다. 자기 몸 챙기는 데 약삭빠르면서 스스로 총명하다고 믿는 자들이란 누구일까? 연암은 「북학의 서문」北學議序에서, '나고 늙고 병들고 죽을 때까지 제 땅을 벗어난 적이 없어 우물의 개구리나 밭의 두더지마냥 제가 사는 곳이 제일인 양' 여기며 사는 우리나라 선비들, '단지 한 줌의 상투를 가지고 스스로 천하에서 제일 낫다고 여기는' 조선의 선비들을 비판했다. 또 「능양시집 서문」에서는 '사물 자체는 이상할 것이 없는데 저 혼자 의심해 화를 내며 한 가지라도 생각과 다르면 만물을 모조리 비방'하는 사람들을 비꼬았다. 연암은 젊은 시절부터 죽 좁은 조선에서 태어나 우물 안 개구리처럼 살면서 스스로 가장 똑똑한 양 여기는 조선의 고루한 선비들을 비판하곤 했다. 「하룻밤에 강을 아홉 번 건넌 기록」의 마지막 문장도 위험한 습속에 젖어 지내면서도 스스로를 가장 똑똑하다고 여기는 조선의 선비들을 겨냥한 발언이라 본다. 그랬을 때 「하룻밤에 강을 아홉 번 건넌 기록」은 단순히 인식론의 영역을 넘어 사회 비판 의식을 감추고 있는 문제의 작품이 되는 것이다.

(3) 속임은 스스로가 속는 것이다
「하룻밤에 강을 아홉 번 건넌 기록」이 독자들에게 궁극적으로 전하려는 메시지는 '본다는 것'에 대한 진지한 물음이다. 연암은 과연 우리는 세계의 진실을 올바로 보고 듣는 것인지를 묻는다. 과연 우리 눈은 얼마나 세상을 객관적으로 바라볼 수 있을까? 세상은 위험한 강을 건너는 것과 같다. 온갖 잘못된 색깔과 소리가 강을 올바로 건너지 못하게 만든다. 잘못 만들어진 습관과 편견, 지배 이데올로기가 만들어 낸 고정관념을 사람들은 아무런 의심도 없이 습관적으로 받아들인다.

연암은 진실을 바로 보지 못하는 일차적 책임을 대상을 바라보는 주체에게 돌린다. 「요술 이야기 후지」에서는 "요술쟁이가 눈속임해서 속는 것이 아니라 보는 사람이 자기 자신을 속이는 것"이라고 했다. "속임은 당하는 것이 아니다. 스스로 속임에 넘어가는 것이다"라고 말한 18세기 독일의 시인 괴테의 말과 하나로 통한다. 연암은 대상을 탓하기에 앞서 주체가 선입견과 편견을 갖고 있기에 진실과 어긋나게 본다고 생각한다. 기존에 갖고 있던 선입견 때문에 강물을 건너는 데 두려움을 심어 주고 실체를 볼 수 없게 만든다. 「하룻밤에 강을 아홉 번 건넌 기록」의 소경 삽화에서 말하듯이, 강물을 건너는 소경은 스스로가 위태로운 줄 모르나 소경을 보는 자는 그 마음에 위태롭다고 여기는 것이다.

게다가 우리의 눈은 겉으로 드러난 현상밖에 볼 수 없다. 앞을 보면 뒤를 못 보고, 뒤돌아보면 앞을 놓친다. 거대한 사물은 일부분만을 볼 수 있고, 아주 작은 것은 제대로 알 수가 없다. 나아가 인간은 보이는 것만을 믿는다. 빨간 안경을 끼고 세상을 보라. 세상은 온통 빨간색일 뿐이다.

따라서 연암은 진실한 세계를 이루기 위해서는 무엇보다도 세계를 인식하는 인간 스스로가 그 책임을 져야 하는 것으로 생각했다. 그것은 깨어 있는 한 지식인의 냉혹한 자기 성찰이자 자기비판이다.

연암의 작품에는 '보는 것'과 관련한 내용이 참 많다. 「하룻밤에 강을 아홉 번 건넌 기록」과 「요술 이야기」 외에도 「능양시집 서문」, 「소완정에 대한 기문」素玩亭記, 「낭환집 서문」蜋丸集序 등은 '본다는 것'의 한계와 중요성에 대해 이야기한다. 그러면서 연암은 반복해서 강조한다. 당신의 눈을 전적으로 믿지 마라. 아주 꼼꼼하게 들여다보라. 제대로 보라.

왜 연암은 보는 것의 문제를 그토록 집요하게 되풀이하는 것일까?

연암에게 본다는 것은 진실한 인간 세계를 만드는 유일한 통로다. 연암은 무엇을 보느냐, 어떻게 보느냐 하는 것이 진실을 찾기 위한 관건이라고 생각했다.

세상이 거짓과 속임수로 가득할 때 우리의 눈을 어디에 고정시켜야 하는가. 연암은 말한다. 눈에 보이는 상식과 통념을 아무런 생각 없이 보고 믿지 마라. 현상에 눈을 고정시키지 말고 좁은 견해를 갖지 마라. 넓게 생각하고 안을 들여다보라. 기존의 가치 체계가 만들어 준 선입견과 사회적 통념에 얽매이지 마라. 눈을 감고 명심冥心으로 보라. 단순히 간과看過하지 말고 끊임없는 성찰省察의 시각을 가져라.

황금대의 장소성과 「황금대기」의 글쓰기 전략

작품 읽기

「황금대」黃金臺

노이점盧以漸 군은 나라에서 경학과 행실로 일컬어졌다. 평소에 춘추시대의 존왕양이尊王攘夷에 엄격해서 길에서 사람을 만나면 만주족이든 한족이든 따지지 않고 한가지로 '되놈'이라고 불렀으며, 지나는 곳의 산천이나 누대는 노린내 나는 고장의 것이라고 해 거들떠보지도 않았다. 그러나 황금대, 사호석射虎石, 태자하太子河 등과 같은 옛 유적지〔古跡〕는 거리가 멀어 에돌아야 하거나 이름이 잘못되어도 따지지 않고 반드시 끝까지 찾아내고야 말았다.

    하루는 나와 함께 황금대를 찾기로 약속했다. 나는 널리 사람들을 찾아다녔으나 아는 이가 없었고, 옛 기록을 찾아보아도 그 설이 분분했다. 「술이기」述異記에, "연燕 소왕昭王이 곽외郭隗를 위해 쌓은 축대로, 지금의 유주, 연 소왕의 옛 성안에 있다. 그곳 사람들은 현사대賢士臺라 부르고, 초현대招賢臺라고도 부른다"라고 했다. 지금 연경은 기주冀州에 속하는 지역으로 연 소왕의 옛 성도 어느 곳에 붙어 있는지 내가 모르는데, 하물며 이른바 황금대이겠는가? 『태평어람』太平御覽에서는 "연나라 소왕이 천금을 대 위에 두고서 천하의 선비를 맞이했는데, 이를 황금대라고 불렀다"라고 했다. 그렇다면 후세에는 다만 그 이름만 전하는 것이지, 실제로는 그런 누대는 없었음을 알 수 있다.

하루는 노이점 군이 몽골 사람 박명博明에게서 얻었다면서 그 적은 것을 보여 주는데, 『장안객화』長安客話라 했다. 이르기를 "조양문을 나와서 해자垓子를 따라 남쪽으로 가다가 동남쪽 모퉁이에 이르면 우뚝 솟은 하나의 흙 언덕이 바로 황금대다. 해가 서산에 넘어가고 사방이 아득하고 쓸쓸해질 때 옛날을 조문하는 선비로 황금대에 오른 자는 문득 고개를 숙이고 둘러보며 천고의 옛일을 회상한다"고 했다. 노 군은 이로 인해 실망해서 가 보려던 것을 그만두더니, 다시는 황금대를 입에 올리지 않았다.

어느 한가한 날 노이점 군과 함께 동악묘의 연희를 구경하기 위해 수레를 같이 타고 조양문을 나섰다가 돌아오려 할 때 태사 고역생高棫生을 만났다. 고 태사는 사헌篩軒 능야淩野를 함께 태우고서 황금대를 찾아가는 길이라고 했다. 능야는 월중越中 사람으로 또한 기특한 선비였는데, 연경이 초행인데도 고적을 찾아가는 길이었다. 나에게 함께 가자고 하니, 노 군은 크게 기뻐하며 하늘의 인연이 있다고 했다. 도착하고 보니 그저 몇 길 안 되는 허물어진 흙 언덕으로, 주인 없는 황폐한 무덤에 불과했는데 억지로 황금대라고 이름 붙인 것이었다. 별도로 기문을 지었다.

「황금대기」黃金臺記

조양문을 나와 해자를 따라서 남쪽으로 가면 몇 길의 무너진 흙 언덕이 있는데, 이것이 옛날의 황금대였다고 한다. 세상에서 전하기를, 연나라 소왕이 궁실을 짓고 황금대 위에 천금을 두고 천하의 선비를 초빙해 강대국 제나라에 원수를 갚으려 했다. 때문에 옛날을 조문하는 선비가 이곳에 이르면 비분강개한 심정으로 서성거리며 차마 발길을 돌리지 못했다고 한다. 아, 슬프다. 누대 위의 황금은 다 사라졌건만 국사國士는 오지 않는구나. 그러나 천하 사람들에게는 본래 원수가 없는데도 원수를 갚으려는 자는 그치지를 않으니, 이 누대 위의 금도 천하에서 서로 돌고 돌지 않았다고 할 수는 없을 것이다. 청컨대 원수를 갚았던 큰 사건을 차례로 들어서 천하에 황금을 많이 쌓아 놓은 사람들에게 고하련다.

진나라 때 제후의 장수들에게 황금으로 뇌물을 주어 그 나라를 멸망시킨 것은 몽염蒙恬이 유력하다. 이사李斯는 본래 제후의 문객門客으로 제후를 위해서 몽염에게 복수해 천하에 원수 갚는 자가 이에 이르러 조금 누그러졌다. 얼마 뒤 조고趙高는 이사를 죽이고, 자영子嬰은 조고를 죽였으며, 항우項羽는 자영을 죽였고, 패공沛公은 항우를 죽였는데, 그때 들어간 황금이 4만 냥이었다. 석숭石崇의 재물과 부도 가져온 곳이 있을 것인데, 도리어 욕을 하면서 "종놈이 내 재물을 탐내는구나" 했으니, 어찌 이다지도 어리석단 말인가. 그러나 옮겨 전하는 동안 서로 복수하면서 천 년이 지난 지금까지 그 황금은 아직도 있을 것이다. 어째서 그런 줄 아는가?

원위元魏의 이주조爾朱兆의 난리 때 성양왕城陽王 휘徽는 황금 100근을 가지고 있었는데, 낙양령洛陽令 구조인寇祖仁의 한 집안에서 난 세 자사刺史가 모두 자기가 발탁해 준 사람인지라 그에게 가서 의탁했다. 구조인이 그 집안사람들에게 말하길, "오늘에 우리 집안의 부귀는 지극하지만 휘 때문에 걱정이야"라고 했다. 구조인은 휘를 잡으러 장수가 올 것을 알고, 휘에게 다른 장소로 도망치라고 하고는, 길에서 그를 맞아 죽여 버린 뒤 그 머리를 이주조에게 보냈다. 이주조의 꿈에 휘가 와서 말했다. "내게 황금 200근이 있어 구조인의 집에 맡겼으니, 그대가 그것을 가질 수 있다." 이주조가 구조인을 잡아 꿈대로 이를 찾았으나 얻지 못하고, 구조인을 죽여 버렸다. 이것은 바로 그 원수를 갚으려는 자가 아직도 있다는 것이 아니겠는가?

오대五代 시절 성덕 절도사 동온기董溫箕는 황금 수만 냥을 가지고 있었는데, 동온기가 거란의 포로가 되자 아문 안의 지휘사인 비경秘瓊이 동온기의 가족을 모두 죽여 한 구덩이에 파묻어 버리고 그 금을 빼앗았다. 진晉 고조高祖가 왕위에 오르자 비경을 옮겨 제주齊州 방어사로 삼으니, 그 금을 싸 가지고 위주魏州 길로 나서는데, 범연광范延光이 국경에 군사를 숨겨 놓았다가 비경을 죽이고 금을 모두 빼앗았다. 범연광도 끝내 금으로 인해 양광원楊光遠에게 죽임을 당했고, 양광원은 진晉 출제出帝에게 목을 베었다. 그러고 나서 옛 부하였던 송안宋顔이 그 금을 모두 취해 이수정李守貞에게 바쳤다. 이수정은 뒤에 주周 고조高祖에게 패해 처자와 함께 불타 죽었다. 그러나 그 금만은 틀림없이 아직도 인간 세상에 남아 있을 것이다. 무엇으로 그런 줄을 알겠는가?

옛날에 도둑 세 명이 함께 무덤 하나를 도굴하고서 서로 말했다. "오늘은 피곤하고 금을 많이 얻었으니 술과 밥을 사 오지 않겠는가?" 그중 한 명이 선뜻 일어나서 갔다. 길을 가는 도중에 혼자 기뻐하며 말했다. "하늘이 좋은 기회를 주는구나. 셋이 나누느니 혼자 차지하고 말 테야." 그 밥에 독을 넣어 가지고 돌아왔다. 그러자 두 도둑이 갑자기 일어나서는 그를 때려죽이고, 먼저 술과 밥을 배불리 먹은 뒤 금을 둘로 나누었다. 그러나 얼마 못 가 함께 무덤 옆에서 죽고 말았다. 아아! 이 금도 반드시 길가에 굴러다니다가 어떤 사람이 주워서 이를 얻었을 것이다. 이것을 주워 얻은 자도 반드시 하늘에 묵묵히 감사하면서 이 금이 무덤 속에서 파내져 독약을 먹은 끝에 나온 것일 줄은 알지 못했을 것이다. 그리고 이 앞뒤로 또 몇천 몇백 명을 독살할지도 미처 몰랐을 것이다. 그런데도 세상 사람들 중에 금을 좋아하지 않는 자가 없는 것은 무슨 까닭인가?

『주역』에서 "두 사람이 마음을 합하면 그 이로움은 금을 끊는다"二人同心 其利斷金라고 했다. 이는 반드시 도적의 점괘일 것이다. 어째서 그런 줄 아느냐고? 끊는다는 것은 나눈다는 말이다. 나누는 것이 금이라고 한다면, 마음을 합치는 것이 '이로움'임을 알 수 있을 것이다. 의리를 말하지 않고 이로움을 말했으니, 그것이 의롭지 못한 재물임을 알 수 있다. 이게 바로 도적이 아니고 무엇이겠는가?

나는 천하의 사람들에게 바란다. 황금이 있다고 해서 반드시 기뻐할 일도 아니요, 없다고 해서 반드시 슬퍼할 일도 아니다. 이유도 없이 자기 앞에 황금이 굴러들면 천둥이 치는 것처럼 놀라고 귀신을 만나듯 무서워하며, 길을 가다가 수풀에서 뱀을 만나 머리칼이 쭈뼛 서도록 소스라쳐서 물러나듯이 해야 할 것이다.

들어가며

이야기를 진행하기에 앞서 먼저는 공간에 대한 이해가 필요하다. 문학에서 작품의 배경이 되는 공간은 작품을 이해하는 데 참 중요하다. 공간은 인간의 경험을 효과적으로 드러내 주는 도구이며, 작품 속에 형상화된 공간은 작가가 지향하는 생각을 반영하기도 한다. 특히 오늘날은 과거의 실증주의 지리학에서 벗어나 인본주의 지리학에 주목함으로써 인문학에서도 공간과 장소에 관한 논의가 많은 조명을 받고 있다. 과거의 지리학은 공간을 물리적이고 객관적인 실체로 보았다. 그러나 인본주의 지리학에 의하면 공간은 단순히 객관적이고 독립적으로 실재하는 장소가 아니라, 장소를 경험하는 사람과의 관계에 놓여 있다. 곧 공간은 인간의 실존이 이루어지는 생활 세계다. 그리하여 추상적이고 관념적인 곳을 '공간'이라고 부르고, 구체적이고 경험적인 곳은 '장소'라는 말로 구별한다. 이 관점은 인본주의 지리학의 대표적 인물인 이푸 투안Yi-Fu Tuan과 에드워드 렐프Edward Relph의 이론에 힘입은 것이다.[3]

그런데 공간을 인간의 삶과 결합시키는 양상은 인본주의 지리학에 국한하지 않는다. 우리의 고전 시대만 보더라도 공간과 삶은 분리되지 않았다. 율곡栗谷, 퇴계退溪, 다산茶山, 연암燕巖, 완당阮堂, 성호星湖 등 고전에서 익히 알려진 호號인 이들의 공통점은 자신이 태어난 곳이나, 자신이 사는 거처를 호로 삼은 것이다. 고전 시대의 공간은 인간과 매우 가깝게 연결되어 있었다. 집과 고향은 자신의 몸이자 존재의 근거였다. 자신이 사는 집, 사는 동네를 자字나 호로 삼아 자기 정체성으로 삼고, 인품과 동일한 것으로 여겼다. 집과 동네는 친밀한 장소였고 자궁과도 같은 곳이었다. 산수 자연과의 관계에서 쓰는 물아일체物我一體라는 말에는 나와 공간을 일체화하려는 인식이 담겨 있었다. 산수山水에 대해 흔히 풍월주인風月主人이라고 해 산수에 대한 소유 의식을 드러냄으로써 나를 둘러싼 공간을 정신적으로 소유하려는 의식을 보여 주기도 했다. 조선의 지식인들과 중국의 인사들이 교유할 때, 우정의 징표로 자신이 사는 곳을 그림으로 그려 주고받는 관례가 성행한 사실로 미루어 보더라도 고전 시대에 공간은 단순히 물리적 실체가 아니라 정신적인 장소였고, 인품의 상징이었다.

수많은 고전의 공간 가운데 특별히 주목되는 곳이 사행使行 공간이다. 사행 공간은 모르는 세계를 향한 새로운 타자 체험의 공간이었다. 특히 중세 시대에 중국은 조선 사람들이 새로운 세계를 체험하는 거의 유일한 공간이었다. 한양에서 북경까지는 오늘날엔 두세 시간이면 충분하지만, 옛날에는 둘 사이를 오고 가는 데 장장 5개월이 소요되었다. 사행길은 누군가에겐 공식적인 정치 외교의 장場이었으며, 누군가에겐 새로운 체험을 위한 여행이었다. 사행에는 수많은 체류 공간이 있었고, 그곳에는 새로운 인종, 새로운 문화, 새로운 볼거리가 있었다. 사행 공간에서 사람들은 타자를 체험하고 자기를 새롭게 구성했다.

그렇지만 중국은 타자의 땅이었다. 대명의리對明義理와 소중화 의식을 갖고 있던 조선 사람들은 청淸을 되놈이라며 혐오했다. '무찌르자 오랑캐'는 집권층부터 하층민에 이르기까지 수백 년간 뼛속 깊이 박힌 국가 이념이었다. 오랑캐 땅은 군자가 밟을 바가 아니요, 오랑캐 복장을 한 사람과는 절대 말을 주고받아서는 안 된다고 생각했다. 사람들은 중국을 '경험'하기보다 외면하려고 했다. 그러나 한편으로 중국 땅에는 공자의 사당이 있었고, 백이숙제伯夷叔齊의 묘가 있었으며, 조선 선비들이 숭앙해 마지않는 역사 인물들의 자취가 있었다. 그곳은 동경의 땅이자 거룩하게 우러르는 제의祭儀의 공간이었다. 그리하여 조선 후기의 사행 공간에는 두려움, 기대, 설렘, 낯섦, 동경, 혐오 등의 감정들이 복합적으로 뒤섞여 있었다. 사행 공간은 단순히 물리적 공간에 그치지 않았으며, 어떤 형태로든 '의미 있는 공간'이었다.

그렇지만 그 '의미'는 역사적 공간에 갇히거나 표준화된 장소 경험인 경우가 많았다. 대명의리에 기반을 둔 북벌北伐 이데올로기와 '그때 저기'를 지향하는 관습적인 시선은 사행 공간에서의 진정한 장소 체험을 가로막았다. 사람들은 직접 땅을 경험한 것이 아니라 국가 이데올로기에 의해 주입된 관념으로 중국의 공간을 바라보았다. 그것은 이들의 사행 경험이 표준화된 장소 체험임을 의미한다. 사행원이 지나간 대부분의 노정路程은 지식의 재고在庫에 기여했을 뿐이다. 단순한 견문이 아닌, 공간을 개인적으로 경험하고 인식을 넓히는 데 기여하지는 못했다.

실지實地로서 공간을 체험하고 새로운 장소 경험을 한 경계인境界人이 바로 연암이다. 연암이 미지의 공간을 체험하고 인식하는 태도를 들여다

보면, 기존의 사람들과는 사뭇 다르다. 중국에 들어서서 처음으로 만나는 장관인 요동벌판에서는 통곡하고 싶다고 말하는가 하면, 페르시아 시장과 같이 화려한 유리창에서는 군중 속의 고독을 체험한다. 격전지로 유명했던 초유의 공간 고북구에서는 그 주변의 환상적인 풍경에 사로잡힌다. 여기에는 관습적인 공간을 개인 경험의 장소로 만드는 그만의 주체적인 시각과 진정성이 있다.

연암이 만난 수많은 사행 공간 가운데 특별히 '황금대'를 살펴볼 것이다. 황금대에 주목하는 이유는 두 가지다. 먼저 '황금대'라는 공간이 갖는 위상이다. '황금대'는 조선 사회에서 북경을 대신하는 말로 불릴 만큼 역사적으로 굉장히 의미 있는 공간이다. 그리하여 북경으로 사행을 떠나는 사신들은 황금대에 꼭 들르고자 했다. 둘째는 황금대에 담긴 문제성이다. 황금대 기사는 표면적으로는 무심한 듯, 담담하고 평범하게 기술되어 있다. 「황금대」는 표면적으로는 황금대 탐방기를 표방하고, 「황금대기」는 황금에 대한 인간의 탐욕을 경계하는 내용을 담고 있다. 그렇지만 황금대를 둘러싼 외부 맥락에 의거해서 작품을 들여다보면, 평범한 진술 너머에 깊은 문제의식을 담고 있다.

이 논의는 단순히 황금대라는 하나의 공간을 이야기하려는 데 그치지 않는다. 연암이 사행 공간을 어떻게 바라보고 어떤 방식으로 형상화하는지, 그 은밀한 글쓰기 전략을 들여다보게 될 것이다.

(1) 「황금대」, 「황금대기」의 구성 방식

황금대 기사를 구성하는 「황금대」와 「황금대기」는 『열하일기』 「황도기략」黃圖紀略에 나란히 붙어 실려 있다. 특정 장소에 대해 두 항목으로 나누어 기술한 것도 『열하일기』 전체 구성을 살펴보자면 매우 이례적이다. 연암이 '황금대'라는 공간에 특별한 의미를 부여하고 있음을 짐작할 수 있다. 먼저 「황금대」와 「황금대기」의 구성을 간단하게 정리해 보겠다.

• 「황금대」
① 노이점은 춘추대의春秋大義에 엄격한 사람이라서 중국인은 무조건 되놈으로 불렀으며, 중국 땅은 거들떠보지도 않았다. 그러나 옛 유적지는 반드시 찾아갔다.
② 노이점과 함께 황금대를 수소문했으나 아는 사람이 아무도 없었다. 황금대는 이름만 전할 뿐, 실제로는 없음을 알 수 있다.
③ 노이점은 『장안객화』에 기록된 황금대가 매우 초라한 모습이자 실망해서 다시는 황금대 이야기를 꺼내지 않았다.
④ 노이점, 고역생과 함께 황금대를 찾았다. 황금대는 몇 길의 허물어진 흙 언덕이었다.

• 「황금대기」
① 황금대는 허물어진 언덕이다. 연나라 소왕이 황금대 위에 천금을 두고 천하의 어진 선비를 초빙해서 강대국 제나라의 원수를 갚으려 했다. 때문에 옛일을 회고하며 슬퍼하는 선비들이 비분강개한 기분으로 차마 발길을 돌리지 못한다.
② 황금대의 황금이 다 사라지자 국사國士는 오지 않았다. 원수를 갚았던 역대의 사건을 보여 주어 황금을 쌓아 놓는 자들에게 경고하련다.
③ 몽염은 황금으로 제후국을 무너뜨리고, 이사는 몽염을 죽이고, 조고는 이사를 죽이고, 자영은 조고를 죽이고, 항우는 자영을 죽이고, 패공은 항우를 죽였다. 황금은 돌고 돌아 서로 원수가 되고 원수를 갚으면서 오늘에 이르렀다. 황금만은 아직도 세상에 남아 있다.
④ 구조인은 황금을 차지하려다 황금을 숨겨 둔 채 죽임을 당하고 말

았다. 이로 보건대 원수를 갚으려던 자는 아직도 있다.

⑤ 동온기와 비경, 범연광, 양광원, 송안, 이수정은 금을 갖고 있다가 차례로 목숨을 잃었다. 그 금은 인간 세상 어딘가에 있을 것이다.

⑥ 도둑 세 사람이 금을 도굴해 서로 차지하려다가 서로를 죽이고 말았다. 황금 때문에 수많은 사람이 계속 죽었지만, 천하 사람들은 황금을 사랑하지 않는 자가 없다.

⑦ 두 사람이 마음을 합하면 그 이로움은 금을 끊는다고 했다. 의리를 말하지 않고 이로움을 말했으니, 그 금은 불의의 재물이다.

⑧ 황금이 까닭 없이 굴러들면 귀신을 만난 듯 무서워하고, 뱀을 만나 물러나듯이 해야 한다.

「황금대」와 「황금대기」는 하나로 연결되어 있으면서, 한편으로는 별도로 독립되어 있다. 「황금대기」의 서두가 「황금대」의 맨 마지막 부분을 이어받아 진행하는 형식을 취한 것이다. 그러면서 한편으로 「황금대」는 황금대를 찾기까지의 내력을 기술하는 반면, 「황금대기」는 황금을 차지하기 위해 서로를 죽이는 인간들의 복수와 탐욕에 대해 이야기한다. 얼핏 「황금대」는 황금대의 실체를 다루고, 「황금대기」는 인간의 탐욕을 경고하는 교훈적인 글로 보인다.

한 연구자는 「황금대기」가 갖는 문제성을 갈파하며, 연암이 이 작품을 통해 황금대의 허위성을 폭로함으로써 '세계의 변화를 외면하고 자기기만에 갇혀 공멸의 길로 향해 가는 조선 지식 사회를 질타'하는 작품이라고 파악했다.[4] 이 책은 이와 같은 논지에 기본적으로 동감하면서, 「황금대」와 「황금대기」를 둘러싼 외부 맥락에 주목해 작품의 주제 의식을 보다 심층적으로 들여다보고자 한다.

「황금대」는 황금대가 주요 제재이며, 「황금대기」는 황금이 주요 제재다. 「황금대」를 이끌어 가는 주인공은 노이점이란 인물이다. 노이점은 맥락 속에서 살피면 하나의 상징으로 이해될 수 있는 인물이다. 따라서 「황금대기」의 주제 의식을 올바로 이해하려면 황금대와 황금, 노이점을 둘러싼 외적 맥락에 주목해야 한다.

(2) 황금대의 관습성과 장소 신화

「황도기략」에 실린 「황금대」와 「황금대기」는 이본에 따라 두 작품이 하나로 묶여 있기도 하다. 「황금대」는 겉으로는 노이점이라는 유학자가 황금대를 찾기까지의 과정을 서사적으로 서술하고 있어 얼핏 범범한 내용 같아 보이지만, 그 안을 파고들면 범상치 않은 얘깃거리가 숨어 있다. 「황금대」의 속살을 파헤치기 위해서는 먼저 황금대가 어떤 의미를 갖는 공간인지를 살펴볼 필요가 있다.

　　황금대란 명칭은 연燕나라 소왕昭王이 역수易水 가에 높은 누각을 지은 뒤, 그 위에 황금을 쌓아 놓고 천하의 어진 선비들을 모은 데서 유래한 이름이다. 연의 소왕은 아버지 쾌의 복수를 위해 곽외의 조언에 따라 누대를 세운 뒤 황금을 쌓아서 사방의 인재들을 불러 모았다. 그리하여 마침내 악의樂毅를 얻어 제나라를 무너뜨리고 부강한 나라를 만들었다. 황금대는 처음엔 초현대招賢臺로 불리다가 황금의 의미가 강조되어 황금대黃金臺 또는 금대金臺로 불렸다. 황금대는 예를 갖추어 어진 선비를 맞이한다는 뜻의 후례초현厚禮招賢이라는 상징을 지니게 되었다. 조선과 중국의 조공 사행이 시작된 이래 황금대는 조선 사신들에게 매우 중요한 사행 공간이었다.

　　사행 관련 각종 문헌을 살펴보면, 조선의 선비들은 사행을 가면 황금대를 찾아가 황금대에 담긴 정신을 추억했다.

①

한 조각 빈 누대 석양빛 비추고,
산천은 근심스레 고금의 정 품었네.
황금대의 준마는 어디를 향해 갔나,
흰 머리 영웅 위해 후생은 탄식하네.
구름 가고 물 흘러 저녁 빛 재촉하고,
목동과 나무꾼의 슬픈 노래 퍼지누나.
천추토록 혼백魂魄은 응당 오가리니,
창국 땅 마을에는 다 무너진 무덤 있네.

一片空臺夕照明　　山川鬱鬱古今情
黃金駿馬歸何處　　白首英雄歎後生
雲去水流催暝色　　牧哀樵怨動悲聲
千秋魂魄應來往　　昌國良鄉有廢塋

김상헌金尙憲, 「금대석조」金臺夕照

②

지난해 북경에 들어갔을 때,
황금대에서 마음껏 노래했다네.
연 소왕 죽은 지 이미 오래라,
준골 역시 다 사라졌다네.

前年赴燕都　　放歌金臺上
昭王沒已久　　駿骨亦凋喪

권칙權佸의 시 중 9~12구

③
상전벽해 될 정도로 대지가 바뀌어,
황금대 옛터에 석가당 새로 지었네.
연인涓人의 준골은 소식이 없고,
시든 풀 저녁 볕에 대지는 황량하네.

土劫相乘海種桑　黃金新築釋迦堂
涓人俊骨無消息　衰草斜陽大地荒[5]

이해응李海應,「석조사」夕照寺

①글은 김상헌의 연도 팔경燕都八景 중 '금대석조'金臺夕照를 노래한 것이다. 연경의 빼어난 여덟 경관 가운데 '금대석조'라는 것이 있어서 조선의 선비들은 '석조사'夕照寺를 황금대의 옛터로 여겨 왔다. 시인은 저녁에 황금대 터에 들렀다. 빈터에는 적막하게 햇빛만이 비치고 황금은 사라진 채 인재들도 가뭇없다. '준마'는 인재를 의미한다. 퇴락한 황금대 터에서 사라져 버린 인재를 생각하며 시인은 근심에 겨워하는 것이다. ②와 ③의 시인도 앞의 시인과 비슷한 시상과 감흥을 노래한다. '준골' 역시 인재를 뜻한다. 황량한 옛터, 죽어 버린 현주賢主, 사라진 인재, 쓸쓸한 심정. 황금대를 찾은 조선 선비들은 황금은 사라지고 빈터만 남아 있는 황금대의 자취에서 후례초현의 의미를 되새기며 감회에 젖곤 했다.

황금대 관련 시문을 남긴 작가들은 헤아릴 수 없을 만큼 많다. 확인해 보았더니 성현成俔(1439~1504), 정수강鄭壽崗(1454~1527), 신광한申光漢(1484~1555), 민제인閔濟仁(1493~1549), 주세붕周世鵬(1495~1554), 박태순朴泰淳(1563~1704), 조위한趙緯韓(1567~1649), 정홍명鄭弘溟(1582~1650), 최유연崔有淵(1587~미상), 정두경鄭斗卿(1597~1673), 이단상李端相(1628~1669), 민유중閔維重(1630~1687), 오도일吳道一(1645~1703), 서종태徐宗泰

(1652~1719), 조관빈趙觀彬(1691~1757), 변종운卞鍾運(1790~1866), 이유원 李裕元(1814~1888) 등 수많은 작가가 황금대를 제목으로 하는 시문을 남겼다. 그뿐만 아니라 청음淸陰 김상헌金尙憲(1570~1652), 상촌象村 신흠申欽(1566~1628), 계곡谿谷 장유張維(1587~1638) 등을 비롯한 수많은 유학자들이 북경을 향해 떠나는 지우知友에게 황금대를 찾아가 조문할 것을 권면하는 시를 남겼다. 예컨대 상촌 신흠은 「서장관으로 북경에 가는 좌랑 이척을 전별하다」別李佐郞惕以書狀朝京라는 시에서 "그대 의당 황금대를 방문해 보게, 북경 시장 슬픈 노래 협객 뼈 향기로우리"煩君且向金臺訪, 燕市悲歌俠骨香라는 시구를 남겼으며, 계곡 장유는 「성절을 축하하러 북경에 가는 이를 전송한 12운」送人赴皇都賀聖節十二韻의 끝 구절에서 "그대 편에 두 줄기 눈물을 부치나니, 나를 위해 금대에 조문해 주오"憑君寄雙淚, 爲我吊金臺라는 시구를 남겼다.

작가들 면면을 살펴보면 쉽게 알 수 있듯, 황금대에 대한 관심은 조선 초부터 조선 후기까지 지속적으로 이어져 왔다. 북경에 가는 사신들은 황금대를 꼭 들러야 하는 필수 코스처럼 생각했다. 그리하여 황금대의 또 다른 이름인 연대燕臺는 북경을 대신하는 말로 흔히 사용되었다. 황금대 탐방은 일종의 신성한 성지순례와도 같았다. 황금대에 관한 시문은 수백 편을 헤아리는데, 이들 기록들을 찬찬이 뜯어보면 황금대를 찾는 조선인들은 크게 두 방향에서 황금대를 기념했다.

첫째는 황금을 아끼지 않고 현사賢士를 구한 연 소왕의 행위를 기리며 그의 죽음을 조문했다. 연나라 소왕은 선군先君의 원수를 갚기 위해서는 현인을 구해야 나라를 다스리고 백성을 안정시킬 수 있다고 생각했다. 그리하여 스스로를 낮추고 황금을 쌓아 현사賢士를 불러들였다. 그러고는 마침내 악의를 얻어 제나라를 격파하고 복수를 이룰 수 있었다. 조선 사신들이 연 소왕을 조문하며 그의 행위를 기린 것은 연 소왕이 자신을 낮추어 현인을 등용했고, 한편으로는 강대국인 제나라를 물리쳐 선친의 원수를 갚은 데 있었다.

둘째는 빈터만 남고 사라진 인재를 생각하며 애달픈 생각에 젖었다. 연의 소왕은 기원전 314년에 왕위에 올라 즉위 초에 황금대를 만들었으니, 연암 때와는 2천 년의 시간적 거리가 있다. 세월이 너무 많이 흘러 버려 황금대의 위치를 찾는 일은 쉽지가 않았다. 석조사夕照寺를 황금대의 옛터로 보기도 했으며, 조양문 동남쪽에 우뚝 솟은 언덕을 황금대 터로 보기도 했다. 중국 현지인들도 황금대가 어느 곳인지 몰랐던 것을 보면, 정작 현지인들은 황금대에 별 관심이 없는데 조선 선비들만이 큰 관심을 기울여 왔음을 알 수 있다. 황금대에 대한 기대를 품고 수소문해서 찾아가면, 정작 황금대는 황량한 빈터였다. 황금은 사라지고 빈터만이 덩그러니 있었다. 조선 선비들은 황량한 흙더미를 바라보며 사라진 현사賢士를 구하는 뜻을 붙이거나 때를 만나지 못한 자신의 처지를 슬퍼하며 감회에 젖어들었다.

특별히 조선 전기 문집에 실린 황금대 관련 시문에는 두터운 예로 어진 이를 초빙하는 군주의 뜻을 성사盛事로 기리는 외연의 의미 속에, 때로 지금의 임금을 향한 은미한 풍자를 담거나 회재불우懷才不遇의 심회를 가탁하는 내포를 품고 있었다.[6] 조선 후기 황금대 관련 시문도 이와 비슷한 양상을 보여 주면서, 한편으로는 연 소왕이 선군의 원수를 갚은 점을 이야기하기도 했다. 제나라에 복수를 한 연 소왕의 행위는 조선 후기 북벌을 국가 대의로 삼은 조선 선비들에게 동일시의 감정을 심어 주면서 회고의 정을 더욱 강하게 느끼게 한 것으로 보인다.

여하튼 조선의 사신들이 황금대를 찾아 조문한 이래 황금대에 대해 느끼는 심정은 어느 시기나 비슷했다.

연 소왕이 대를 쌓아 그 위에 황금을 두고 천하의 선비를 맞이했으니, 그 이름을 황금대라 했다. 지금의 황성皇城은 연나라 서울의 옛 땅인데, 금대석조金臺夕照는 팔경에 들기에 내가 금대라는 데를 물었더니, 어떤 사람이 석조사夕照寺를 가리키며 "이것이 진짜 옛터다"라고 했다. 시야가 멀리까지 통하고 저녁 햇빛이 가득 비추며 흐릿한 기운이 쓸쓸해 사람의 옛 회포를 불러일으킨다. 아, 황금이 흙과 같이 모두 다 불루佛樓의 선궁禪宮으로 들어가고, 천하의 준골(인재)이 산과 같은데도 감히 사는 사람이 없으니, 슬픈 노래로 강개慷慨하는 무리가 응당 악의樂毅의 무덤에 조문하며 술을 붓고 통곡할 것이다.

윗글은 1828년에 연행을 간 박사호朴思浩의 『심전고』心田稿에 실린 「황금대구기」黃金臺舊基다. 작가는 황량한 저녁 햇살을 받고 있는 황금대의 옛터에서 감회에 젖어든다. 연 소왕이 쌓았던 황금은 다 사라지고 천하의 인재를 알아보는 이는 없다. 그러니 큰 뜻을 품었으되 이루지 못하고 슬픈 노래를 부르는 강개한 이가 악의의 무덤 앞에서 슬퍼하리라는 것이다. 악의는 연나라 소왕에게 발탁되어 원수인 제나라를 물리치는 데 기여했던 인물이다. 악의의 무덤 앞에서 통곡한다는 것은 인재를 모으지 못해 복수할 수 없는 현실을 개탄하는 것이다.

'슬픈 노래로 원통해하는 무리'에는 유래가 있다. 연행록을 보면 북경에 간 조선 사신들이 '슬픈 노래[悲歌]를 부르는 강개한 지사'를 찾는 내용이 자주 나온다. 도대체 조선 사신들이 찾는 '슬픈 노래를 하며 강개해 마지않는 무리'는 누구일까? 바로 강대국 진秦나라에 원수를 갚고자 했으나 뜻을 이루지 못한 연나라의 자객 형가荊軻와 태자 단丹 등을 가리킨다. 강대국 진秦이 천하 통일을 앞두고 있을 때, 변방의 약소국이었던 연

燕은 진나라에게 당한 수모를 갚기 위해 진시황을 없애려 노력했으나 모두 수포로 돌아갔다. 그 가운데 역수易水 가에서 비장한 노래를 부르며 떠나가 진시황을 살해하려다 실패한 형가가 있다. 「자객열전」에 형상화된 형가의 형상은 조선의 지식인들에게 깊이 각인되어, 이후 형가는 강개한 지사의 모범이 되었다. 게다가 북경의 다른 이름 연경燕京은 옛 연나라의 수도였기 때문에 붙인 이름이었다. 그러니 북경에 들어간 조선 사신들은 자연스레 연나라를 떠올렸고, 강대국 진나라에 복수하려다 실패한 연나라의 지사들을 계속 호출했다. 이들에게 청나라에 원수를 갚고자 하는 자신들의 모습을 투영했던 것이다.[7] 곧 조선 사신들이 북경에서 슬픈 노래를 부르는 강개한 지사를 찾는 행위에는 대명의리를 실현해 복수를 이루고자 하는 조선 선비들의 염원이 담겨 있었다.

각설하고, 황금대 앞에서 후례초현의 임금을 기리거나, 인재가 사라진 현재를 쓸쓸해하거나, 자신을 알아주지 않는 현실을 슬퍼하는 행위는 조선조 전후기 내내 상투적으로 지속되었다. 황금대는 유교적 치도治道와 복수설치復讐雪恥를 실현한 상징적인 공간으로, 조선조 유학자들에게 끊임없는 관심의 대상이었다. 명나라 시절엔 후례초현의 성사盛事를 기리는 공간으로, 청나라 시절엔 그와 더불어 복수설치를 위한 인재를 그리워하는 공간으로 기능했다. 사행 공간 가운데 이렇게 오랫동안 지속적인 관심을 받은 공간이 있었을까 싶다.

황금대는 오늘날의 장소 개념에서 보자면 '장소 신화'에 가깝다. 장소 신화란 장소와 장소에 부여된 의미가 자의적으로 사회적 과정을 통해 결합해서 기호를 형성하지 못하고, 장소에 특정한 의미가 고정되어 버리는 현상을 말한다. 장소에 부여된 의미는 사회적·역사적 과정을 통해 형성된 것이기 때문에 언제든 다양한 사회적 과정을 통해 새롭게 형성될 수 있다. 그런데 장소에 특정한 의미가 고착되어 버리면 장소에 부여된 의미가 불변적, 불가항력적인 것으로 전도되어 버린다. 장소의 의미가 새롭게 형성될 가능성이 사라질 뿐만 아니라, 특정 집단의 이해를 대변하는 도구로 전락할 여지가 있다.[8]

황금대는 연나라 소왕에게 자신을 낮춘 어진 임금, 선군의 복수를 한 의리의 임금이라는 이미지를 만듦으로써 조선조 유자들에게 충의忠義를 상징하는 공간이 되었다. 그리하여 조선의 임금들도 황금대에 많은 관심을 가졌으며, 어느 해에는 두 군데의 과거 시험장에서 모두 '황금대부' 黃金臺賦를 출제하는 일도 있었다.[9] 그리하여 황금대는 북경에 사신 가는 유학자들은 꼭 들러야 하는 공간이었다. 황금대를 찾은 조선의 선비들은 연 소왕을 조문하며 깊은 감회에 젖거나, 심지어 눈물을 흘렸다. 각종 황금대 관련 시문을 보면 황금대에서 눈물을 흘리는 조선 선비들의 모습을 종종 확인할 수 있다. 황금대는 일종의 제의 공간의 성격을 갖고 있었으며, 통치 세력의 입장에서 보자면 후례초현과 복수설치의 뜻을 각인시킴으로써 통치 질서를 유지하는 기능을 했다.

그렇다면 연암은 황금대에 대해 어떤 인식을 지녔는가.

① 하루는 나와 함께 황금대를 찾기로 약속했다. 나는 널리 사람들을 찾아다녔으나 아는 이가 없었고, 옛 기록을 찾아보아도 그 설이 분분했다. 「술이기」에, "연 소왕이 곽외를 위해 쌓은 축대로, 지금의 유주, 연 소왕의 옛 성안에 있다. 그곳 사람들은 현사대賢士臺라 부르고, 초현대招賢臺라고도 부른다"라고 했다. 지금 연경은 기주冀州에 속하는 지역으로 연 소왕의 옛 성도 어느 곳에 붙어 있는지 내가 모르는데, 하물며 이른바 황금대이겠는가? 『태평어람』에서는 "연나라 소왕이 천금을 대 위에 두고서 천하의 선비를 맞이했는데, 이를 황금대라 불렀다"라고 했다. 그렇다면 후세에는 다만 그 이름

만 전하는 것이지, 실제로는 그런 누대는 없었음을 알 수 있다.[10]

②어느 한가한 날 노이점 군과 함께 동악묘의 연희를 구경하기 위해 수레를 같이 타고 조양문을 나섰다가 돌아오려 할 때 태사 고역생을 만났다. 고 태사는 사헌 능야를 함께 태우고서 황금대를 찾아가는 길이라고 했다. 능야는 월중越中 사람으로 또한 기특한 선비였는데, 연경이 초행인데도 고적을 찾아가는 길이었다. 나에게 함께 가자고 하니, 노 군은 크게 기뻐하며 하늘의 인연이 있다고 했다. 도착하고 보니 그저 몇 길 안 되는 허물어진 흙 언덕으로, 주인 없는 황폐한 무덤에 불과했는데 억지로 황금대라고 이름 붙인 것이었다. 별도로 기문을 지었다.[11]

①에서 연암은 노이점과 함께 황금대를 찾아 이리저리 수소문한다. 그러나 황금대를 아는 현지인도 없고, 관련 기록은 출처가 무성하기만 하다. 기록에 따르자면 황금대가 연 소왕의 옛 성 어딘가에 있다고 하지만, 연 소왕의 옛 성도 모르는데 어떻게 황금대를 알 수 있겠느냐는 것이다. 곧 황금대는 그 이름만 전해 오는 것일 뿐, 실제의 누대는 없을 거라는 것이다. ②는 뜻하지 않게 황금대에 가게 된 이야기다. 막상 황금대라고 불리는 곳을 가 보니 주인도 없는 황량한 무덤 같은 몇 자의 무너진 언덕에 지나지 않았는데, 억지로 이름을 붙여서 황금대라 했다는 것이다.

두 인용문은 황금대를 찾아 나선 과정을 객관적으로 기술한 것처럼 보인다. 그렇지만 이 글은 여타 황금대 관련 기록과 전혀 다른 전개를 보여 주며, 은근한 냉소와 비아냥거림을 숨기고 있다. 다른 작가들의 황금대 관련 기록을 살펴보면, 황금대를 찾은 후 옛일을 추억하거나 빈터를 서성이며 감회에 젖는 모습을 보여 준다. 그러나 연암은 황금대를 찾기까지의 과정과 그 허무한 결과를 들려줌으로써 기를 써 가며 황금대를 조문하는 행위가 얼마나 부질없는 짓인가를 말하려 한다. 나아가 조선 선비들이 갈망하는 황금대가 실은 허구의 공간이라고 하여 황금대의 실체마저 부정하는 발언을 한다. 황금대는 황폐한 몇 자 언덕에 억지로 이름을 붙인 결과물일 따름이라는 것이다.

연암은 황금대는 이름만 전해지는 허울뿐인 공간이라고 한다. 황금대는 없다. 무너진 흙더미에 얼토당토않는 명칭을 붙였을 뿐이다. 이것이 연암이 황금대에 대해 말하고 싶은 속생각이다.

조선 선비들에게 황금대는 심상지리心象地理의 공간, 즉 내가 실제로 경험한 공간이 아니라 머릿속에 상상되고 주입된 공간이었다. 그들이 가서 확인하고자 한 것은 지금 여기의 초라한 황금대가 아니라, 소왕이 쌓았다는 그때 저기의 찬란한 황금대였다.

앞의 인용문에도 나타나 있지만, 조선의 많은 선비는 석조사를 황금대의 옛터로 여겼다. 연도 팔경의 하나인 금대석조를 떠올려 석조사가 바로 금대라 생각했다. 그런데 연암은 조선 사람들이 석조사를 황금대의 옛터로 생각한다는 사실을 알면서도 짐짓 외면했다. 「앙엽기」盎葉記의 '석조사' 항목에서 『석진일기』析津日記의 기록을 거론하며 "연도 팔경八景 중에 금대석조金臺夕照가 있으니, 석조사 이름도 여기서 나왔다"라고 언급했다.[12] 이렇듯 다른 사람들이 금대석조를 황금대와 연결 짓는 데 반해 연암은 '석조사' 항목에서 황금대와 관련한 일체의 언급을 하지 않았다. 그런 사실을 몰랐다기보다는 황금대의 실체를 부정했기에 금대석조를 황금대와 연결시키고 싶지 않았다고 봐야 한다.

곧 황금대에 대한 조선인들의 생각을 염두에 두고 연암의 황금대에 대한 인식을 들여다보면, 겉으로는 평범해 보이지만 실은 장소 신화가 되어 버린 황금대의 무장소성을 조롱하고 있음을 발견한다.* '황금대는 없다'는 은밀한 생각 속엔 과거의 관습에 갇혀 버린 조선 사회를 비웃는 연암의 비판 의식이 담겨 있다.

(3) 노이점의 상징과 소중화주의

「황금대」에서 상황을 이끌어 가는 중심 인물은 연암이 아니다. 「황금대」는 노이점이란 인물이 황금대를 찾아 나선 일종의 '탐방기'와도 같다. 노이점은 61세에 상방비장上房裨將의 자격으로 연암과 함께 사행에 참여한 인물이다. 『열하일기』 본문에도 네댓 차례 이름만 간단하게 등장한다. 그는 서얼 출신의 선비였으며, 고지식한 성격에 춘추대의를 금과옥조로 여기고 옛 성인의 법도를 지킨다는 자부심이 강한 사람이었다. 곧 대청 관계에서 강경한 북벌의 입장을 지닌 소중화주의자였다.[13] 그가 연암과 함께 사행에 참여한 뒤에 쓴 『수사록』隨槎錄에는 숭명배청崇明排淸의 북벌 의식을 갖고 있는 소중화주의자로서의 모습이 잘 나타나 있다. 「서관문답서」西館問答序에서는 연암이 지구와 해는 움직이며 지구는 둥글다는 주장을 펼치자, 그 자신은 주자의 설을 고수하면서 지구는 움직이지 않는다고 고집하는 장면도 있다. 또 산해관에서는 명나라의 멸망을 슬퍼했으며, 백이숙제의 사당에서는 평생 잊을 수 없는 성대한 일이라고 감격해하기도 했다. 노이점은 주자를 존숭하는 유학자이자 북벌 의식과 대명 의리를 확고하게 붙들고 있는 사람이었다.

　연암이 본 노이점도 이와 다르지 않다. 「황금대」에서 연암은 겉으로는 노이점이라는 인물을 객관적으로 쓴 것처럼 보이지만, 맥락에 유의해

---

*　'무장소성'이란 인본주의 지리학의 대표 학자인 에드워드 렐프가 사용한 용어로, 장소 경험이 능동적, 주체적이지 못하고 수동적, 관습적으로 이루어지는 것을 말한다. 에드워드 렐프 지음, 김덕현·김현주·심승희 옮김, 『장소와 장소상실』, 논형, 2005, 175~238쪽 참조.

서 행간을 읽으면 노이점에 대한 은밀한 생각을 엿볼 수 있다. 노이점에 대한 정보는 글의 첫머리에서 자세히 보인다.

> 노이점 군은 나라에서 경학과 행실로 일컬어졌다. 평소에 춘추시대의 존왕양이에 엄격해서 길에서 사람을 만나면 만주족이든 한족이든 따지지 않고 한가지로 '되놈'이라고 불렀으며, 지나는 곳의 산천이나 누대는 노린내 나는 고장의 것이라고 해 거들떠보지도 않았다. 그러나 황금대, 사호석, 태자하 등과 같은 옛 유적지는 거리가 멀어 에돌아야 하거나 이름이 잘못되어도 따지지 않고 반드시 끝까지 찾아내고야 말았다.[14]

한마디로 노이점은 중화를 높이고 오랑캐를 배척하는 소중화 의식이 확고한 사람이라는 것이다. 경학과 행실로 일컬어졌다는 말은 그가 유학의 전통 가치를 철저하게 따르고 실천하는 인물임을 말해 준다. 중국인은 무조건 되놈이라 욕하고 중국의 땅을 노린내 난다고 경멸하는 태도는 그가 철저한 북벌 사상을 지닌 인물임을 나타낸다. 또 옛 중화의 자취가 서린 고적古跡을 사행로에서 벗어나 있거나 실제 여부가 불분명하더라도 기어코 찾아가려는 모습은 그가 중화주의에 깊이 빠진 사람임을 보여 준다.

노이점은 그 당시 북벌론과 소중화 사상에 물들어 있던 선비들의 전형이다. 홍대용이 북경의 건정동에서 항주의 세 선비를 만나 대화를 나눈 사건에 대해 김종후金鍾厚가 "비린내 나는 원수의 나라"에 사행을 가는 일부터가 선비의 도리가 아니라고 비난하면서, 북경에 들어가더라도 견문을 넓히는 것 외에 "오랑캐의 일에 대해서는 털끝만큼도 못 본 체해야 한다"고 말했는데, 노이점과 생각이 하나로 통한다.

그런데 이와 관련해 연암은 「북학의 서문」北學議序에서 다음과 같이 말한다.

> 장차 배우고 물어야 한다면 중국을 버려 두고 어떻게 하겠는가? 그러나 그들은 말하길, 지금 중국을 다스리는 자는 오랑캐들이라고 하면서 배우기를 부끄러워해, 중국의 옛 법마저 싸잡아 천하고 야만적이라 여긴다. …… 우리를 저들 중국과 비교한다면 진실로 한 치도 나은 점이 없다. 그럼에도 유독 상투를 튼 것만 가지고 스스로 천하에 제일이라고 뽐내면서 "지금의 중국은 옛날의 중국이 아니다"라고 말한다. 그 산천은 비린내와 노린내가 난다고 헐뜯고, 그 백성은 개나 양이라고 욕을 하며, 그 언어는 오랑캐 말이라고 모함하면서, 중국 고유의 좋은 법과 아름다운 제도마저 싸잡아 배척해 버린다. 그렇다면 앞으로 어디를 본받아 나아가야겠는가?
>
> 「북학의 서문」

연암이 비판하는 '그들'이란 자신이 본 것만을 최고라고 우기고, 누추하게 사는 것을 검소한 것이라 착각하는 사람들이다. 대명의리에 집착해 중국(淸)의 모든 문물은 야만적이라 비난하고, 중국 백성은 개나 양이라고 욕을 하며, 중국의 땅은 노린내가 난다고 무조건 헐뜯는 이들이다. 「황금대」 첫머리에서 소개한 노이점의 행실은 연암이 극력 비판하는 이들의 모습이었다.

노이점과 같은 부류의 사람들에 대해 연암은 『열하일기』「일신수필」 7월 15일 기사에서 '상사'上士라고 말한 바 있다. 상사上士는 중국엔 '도무지 아무것도 볼만한 것이 없다'고 외치는 자다.[15] 아무리 부강하고 훌륭한 문장가와 박학다식한 사람들이 있어도 머리를 깎고 변발을 했으니

'되놈'에 불과하다는 것이다. '되놈'이라면 개돼지 같은 짐승일 뿐이니, 개돼지에게 볼만한 것이 없다고 외치는 자다. 그러므로 노이점은 단순히 한 개인이 아니다. 허울뿐인 북벌北伐에 집착해 중국(淸)이라면 무조건 배척하고 중화中華의 것이라면 무조건 숭배하는 완고한 소중화주의자들을 대표한다.

노이점의 황금대 찾기 노력은 다음과 같이 전개된다.

> 하루는 나와 함께 황금대를 찾기로 약속했다. 나는 널리 사람들을 찾아다녔으나 아는 이가 없었고, 옛 기록을 찾아보아도 그 설이 분분했다. …… 하루는 노이점 군이 몽골 사람 박명博明에게서 얻었다면서 그 적은 것을 보여 주는데, 『장안객화』라 했다. 이르기를 "조양문을 나와서 해자를 따라 남쪽으로 가다가 동남쪽 모퉁이에 이르면 우뚝 솟은 하나의 흙 언덕이 바로 황금대다. 해가 서산에 넘어가고 사방이 아득하고 쓸쓸해질 때 옛날을 조문하는 선비로 황금대에 오른 자는 문득 고개를 숙이고 둘러보며 천고의 옛일을 회상한다"고 했다. 노 군은 이로 인해 실망해서 가 보려던 것을 그만두더니, 다시는 황금대를 입에 올리지 않았다.[16]

노이점의 고적古跡 탐방 노력은 오랑캐 청나라에 의해 훼손된 자존심을 회복하려는 보상 심리의 산물이다. 황금대는 그에겐 중화 문물의 상징이다. 소중화의 이념을 증명하는 거룩한 곳이자 유교적 충의忠義를 상징하는 공간이다. 그는 직접 경험하기도 전에 이미 황금대를 상상 속에서 체험했을 것이다. 그가 황금대에 들르는 것은 '구경'이나 '유람'이 아니라 일종의 성지순례였다. 그에게 황금대는 매우 신성하고 거룩한 제의 공간이었다. 그는 황금대에서 그 정신을 기림으로써 청나라에 대한 복수심을 정신적으로 보상받고 존명배청의 정당성을 확인하고 싶었을 것이다. 곧 노이점에게 황금대는 대명의리와 화이론華夷論의 이념적 정당성을 확고하게 해 주는 성지聖地와도 같은 곳이었다.

그런데 아무리 황금대를 수소문해도 그 실체를 확인할 도리가 없는 것이다. 황금대는 현지 사람들조차 관심이 없는 용도 폐기된 공간이었다. 하루는 지기로 맺은 박명에게서 황금대에 관한 정보가 적힌『장안객화』란 책을 하나 얻는다. 그 책에 기록되어 있는 황금대는 하나의 흙 언덕에 불과했다. 저녁 무렵에 황금대에 오른 선비는 옛날을 회상하며 쓸쓸히 생각에 잠기더라는 것이다. 이에 노이점은 크게 실망해 가고 싶은 마음이 뚝 사라지며 더 이상 황금대에 대해 말하지 않게 되었다.

왜 노이점은『장안객화』의 내용에 크게 실망했을까? 사실『장안객화』에 기록된 황금대에 관한 정보는 황금대 관련 시문을 남긴 사행 작가들의 기록과 별반 다를 바 없다. 노이점 이전에 황금대에 들른 많은 사행 작가들은 황금대를 찾아 옛 흔적이 사라진 빈터를 서성이며 감회를 노래했다. 앞서의 인용문들은 그와 같은 모습들을 이야기하고 있다. 연암도「황금대기」에서 "옛일을 회고하며 슬퍼하는 선비들이 여기에 이르면 비분강개한 기분으로 서성거리며 발길을 차마 돌리지 못했다"고 적었다.『장안객화』에 담긴 황금대에 관한 기록도 이와 똑같다. 그럼에도 왜 노이점은 황금대 관련 기록에 실망하고 애써 언급조차 하지 않으려 했을까?

노이점은 공주 출신의 시골 선비였다. 한양에 거주하는 지식인들은 중국 문명의 실체를 직간접적으로 체험함으로써 비교적 객관적인 정보를 얻을 수 있었던 반면, 지방의 선비들은 시대 상황에 어두울 수밖에 없었고, 기존의 전통과 이념을 충실하게 이어 갔다. 노이점에게 황금대의 이미지는 이전부터 주입되어 온 황금을 쌓아 둔 멋진 공간으로 각인되어 있었을 것이다. 지금의 황금대에 관한 정보를 모른 채 상상으로 만든 황금대를 실체로 여겼을 것이다. 그에게 황금대는 상상으로 쌓아 올린 공간이었고, 연 소왕 시절의 이미지로 각인되어 있었다. 그러니 초라한 흙무더기에 불과한 황금대를 그는 도저히 인정할 수 없었다.

연암이 노이점을 내세워 말하고자 한 것은 한 개인에 대한 냉소가 아니다. 노이점으로 표상되는 완고한 북벌론자, 소중화 의식에 찌든 유학자들의 허위의식이다. 연암은 과거의 도그마에 사로잡혀 현재의 실체를 인정하지 못하는 완고한 북벌론자들을 은근히 조롱한 것이다. 이들은 시대의 변화를 직시하지 못하고 옛날의 중화를 찾아 헤맸다. 황금대는 무너지고 그 실체마저 사라져 버렸건만, 현재의 실상을 짐짓 외면하고 기를 쓰며 과거의 황금대를 찾아 헤맸다.

노이점에 대한 은근한 냉소는 결국 노이점이 황금대를 직접 확인하는 것으로 끝맺는다. 조선의 선비들이 그토록 찾아 헤매는 황금대는 고작 황량한 무덤 같은 몇 자의 무너진 언덕이었다. 그들이 그토록 갈망하고 눈물까지 흘렸던 역사적 공간은 용도 폐기된 공간에 불과했다. 「황금대」는 겉으로는 노이점의 황금대 찾기 노력을 담담한 시선으로 서술한 듯했으나, 사실 그 안에는 북벌과 소중화 의식에 집착하는 조선 선비들을 향한 매서운 놀림이 담겨 있다.

(4) 황금의 상징과 복수설치의 허상

「황금대」가 노이점의 황금대 탐방기라고 한다면, 곧바로 이어지는 「황금대기」는 황금의 실상을 파헤치는 글이다. 제목은 「황금대기」라고 해 놓고 황금을 제재로 삼은 점이 이채롭다. 「황금대」에서 황금대의 허위성을 다루고 나서 「황금대기」에선 황금의 허위성을 다룬 것이다. 「황금대기」는 표면적으로는 황금에 대한 인간들의 탐욕을 경계하는 내용을 담고 있다. 글을 쓴 목적에 대해 연암은 본문에서 "원수를 갚았던 큰 사건을 차례로 들어서 천하에 황금을 많이 쌓아 놓은 사람들에게 고하련다"라고 의도를 밝혔다. 본문의 내용 역시 역대 황금을 두고 벌어진 인간들의 복수가 낳은 비극적인 결과들에 대해 들려준다.

그런데 글의 제목은 「황금대기」라 해 놓고, 왜 짐짓 황금과 복수에 대한 이야기를 들려주는 걸까? 이 의문을 풀기 위해 「황금대기」의 첫머리를 꼼꼼히 검토해 보기로 한다.

> 조양문을 나와 해자를 따라서 남쪽으로 가면 몇 길의 무너진 흙 언덕이 있는데, 이것이 옛날의 황금대였다고 한다. 세상에서 전하기를, 연나라 소왕이 궁실을 짓고 황금대 위에 천금을 두고 천하의 선비를 초빙해 강대국 제나라에 원수를 갚으려 했다. 때문에 옛날을 조문하는 선비가 이곳에 이르면 비분강개한 심정으로 서성거리며 차마 발길을 돌리지 못했다고 한다. 아, 슬프다. 누대 위의 황금은 다 사라졌건만 국사國士는 오지 않는구나. 그러나 천하 사람들에게는 본래 원수가 없는데도 원수를 갚으려는 자는 그치지를 않으니, 이 누대 위의 금도 천하에서 서로 돌고 돌지 않았다고 할 수는 없을 것이다. 청컨대 원수를 갚았던 큰 사건을 차례로 들어서 천하에 황금을 많이 쌓아 놓은 사람들에게 고하련다.[17]

연암은 황금대를 둔 목적이 강대국 제나라에 원수를 갚기 위한 것이라고 했다. 후례초현의 관습적인 의미 대신에 복수설치復讐雪恥로 그 의미를 돌렸다. 그렇게 되면 황금은 '어진 선비를 초빙하기 위한 도구'가 아닌, '복수를 위한 도구'로서 의미를 갖는다. 연암은 뛰어난 인재를 초빙하기 위한 황금은 지금 사방으로 다 흩어져 버렸건만 인재는 나타나지 않음을 짐짓 애석해한다. 그러나 정말 황금은 가뭇없이 사라진 것일까? 연암은 아니라고 말한다. 원수가 없는데도 원수를 갚는 자는 끊임이 없었으니, 황금대의 금도 세상에서 계속 돌고 돌아 전해 왔으리라는 것이다. 이어지는 세 편의 사건은 그 점을 증명하는 사례다. 다시 간단하게 정리해 보겠다.

① 진나라 때 제후의 장수들에게 황금으로 뇌물을 주어 그 나라를 멸망시킨 것은 몽염이다. 이사는 몽염에게 복수했고, 조고는 이사를 죽였으며, 자영은 조고를 죽였고, 항우는 자영을 죽였다. 패공은 항우를 죽였는데, 황금 4만 냥이 들었다. 옮겨 전하는 동안 서로 복수하면서 천 년이 지난 지금까지도 그 황금은 아직 있을 것이다.

② 이주조의 난리 때 성양왕城陽王인 휘는 황금 100근을 갖고 구조인에게 의탁했다. 그러나 구조인은 휘를 죽이고 그 머리를 이주조에게 보냈다. 이주조의 꿈에 휘가 나타나 황금 200근이 구조인의 집에 있다고 알려 주자, 이주조는 구조인을 잡아 죽였다. 이를 본다면 황금의 복수자는 아직도 있다는 것이 아니겠는가?

③ 동온기가 황금을 수만 냥 가지고 있었는데, 비경이 동온기의 가족을 모두 죽이고 금을 취했다. 범연광은 비경을 죽이고 금을 취했다. 범연광은 황금 때문에 양광원에게 죽임을 당했고, 양광원은 진晉의 출제에게 죽임을 당했다. 출제의 옛 부하였던 송안이 황금을 모두 취해 이수정에게 바쳤고, 이수정은 주周의 고조에게 패해 처자와 함께 불에 타 스스로 죽었다. 그러니 그 금은 분명 아직도 인간 세상에 남아 있을 것이다.

세 글 모두 황금 때문에 복수가 복수를 낳은 사건들이다. 그렇지만 죽고 죽이는 상황이 반드시 복수를 갚기 위함만은 아니다. 아무 원한 관계가 없어도 황금 때문에 서로를 죽고 죽였다. 그러니 황금이 지금까지 있다면 복수자도 여전히 있을 것이고, 황금도 인간 세상 어딘가에 남아 있을 것이다. 세 글은 서로 대등한 병렬의 구성을 보여 주는 것 같지만 '황금은 아직 있다'에서 '복수자는 아직 있다'로, 다시 '황금은 인간 세상에 있다'로 전개되는 인과적 구성을 보여 준다.

이어지는 글에서 세 명의 도둑이 황금을 차지하려다 서로 죽이고 죽은 불교의 설화를 들려주면서, '천하의 사람들 가운데 황금을 사랑하지 않는 자가 없는 것은 어째서인가?'라고 묻는다. 그러고는 다음과 같이 말한다.

> 『주역』에서 "두 사람이 마음을 합하면 그 이로움은 금을 끊는다"二人同心 其利斷金라고 했다. 이는 반드시 도적의 점괘일 것이다. 어째서 그런 줄 아느냐고? 끊는다는 것은 나눈다는 말이다. 나누는 것이 금이라고 한다면, 마음을 합치는 것이 '이로움'임을 알 수 있을 것이다. 의리를 말하지 않고 이로움을 말했으니, 그것이 의롭지 못한 재물임을 알 수 있다. 이게 바로 도적이 아니고 무엇이겠는가? 나는 천하의 사람들에게 바란다. 황금이 있다고 해서 반드시 기뻐할 일도 아니요, 없다고 해서 반드시 슬퍼할 일도 아니다. 이유도 없이 자기 앞에 황금이 굴러들면 천둥이 치는 것처럼 놀라고 귀신을 만나듯 무서워하며, 길을 가다가 수풀에서 뱀을 만나 머리칼이 쭈뼛 서도록 소스라쳐서 물러나듯이 해야 할 것이다.[18]

「황금대기」의 마지막 부분이다. 『주역』의 구절은 본래 '두 사람이 마음을 합하면 그 날카로움이 쇠를 끊는다'는 뜻으로, 친구 사이의 도타운 우정을 일컫는 말이다. 그런데 연암은 그 자신 특유의 '의미 변용'을 만들어, 도적의 점괘로 둔갑시킨다. 한자의 특성인 다의성多義性을 활용해 끊는다(斷)는 뜻을 나눈다는 의미로, 날카로움(利)을 이롭다는 뜻으로, 쇠(金)를 금으로 바꾸어 해석한다. 두 사람이 마음을 합하면 그 이로움은 금을 나눈다는 뜻으로 바꾸었다. 두 사람이 마음을 합하는 까닭은 의리에 있는 것이 아니라 황금을 나누어 가지려는 잇속 때문이었다. 연암은 세상 사람들이 서로 협력하는 것은 의리에 있지 않고 자신의 잇속을 챙기려는 마음에 있음을 은연중에 꼬집었다. 그 잇속의 정점에 황금이 있으며, 황금은 의롭지 못한 재물이 되는 것이다.

여기에 이르자 황금은 '복수의 도구'이자 '의롭지 못한 재물'이 되었다. '황금대'라는 명칭은 순전히 황금이 갖는 긍정적인 의미 덕분에 붙여졌다. 초현대에서 황금대로 부른 것도 황금의 의미를 부각시키기 위해서였다. 연 소왕은 원수를 갚기 위해 세상에서 가장 귀한 황금도 아끼지 않고 현사賢士를 초빙하는 데 썼으니, 황금은 '가장 귀한 것'이라는 이미지에 '인재를 초빙하는 최적의 도구'라는 이미지까지 덧입혀졌다. 그리하여 황금대는 조선의 선비들에게 가장 숭고하고 고귀한 장소로 상징화되었고, 사행 길에서 가장 가 보고 싶은 곳이자 꼭 들러야만 하는 순례지가 되었다. 그렇지만 연암은 황금은 단순히 인간의 욕망을 채우기 위한 복수의 도구일 뿐임을 증명함으로써 황금대의 신성성과 장소 신화를 파괴했다. 연 소왕이 황금을 쌓은 것은 복수를 하기 위해서일 뿐이었다. 그 복수란 꼭 그래야만 하는 당위성과 의리 때문에 이루어지는 것이 아니다. 자신의 욕망과 잇속을 챙기기 위한 행위일 뿐이다. 복수는 반드시 원수나 당위성이 있어서 이루어지는 것이 아니라 아무런 원한이 없어도 황금을 얻으려는 욕망 때문에 이루어지기도 한다.

그리하여 연암이 「황금대기」에서 황금대를 말하지 않고 황금을 말한 이유가 분명해졌다. 황금의 실체를 폭로함으로써 직접적으로 황금대를 비판하지 않고도 황금대가 갖고 있던 이념의 도그마를 해체한 것이다. 연암은 겉으로는 황금에 대한 욕망이 불행한 결과들을 낳았으니 재물을 조심해야 한다는, 지극히 상식적이고 교훈적인 주제를 이야기한 것처럼 말했다. 그렇지만 이면에서는 조선 사회가 그토록 숭앙해 마지않는 황금대의 실체를 폭로하려는 의도를 담고 있었다. 앞에서 황금대의 실체를 보여 주었다면, 여기서는 황금의 허상을 까발리는 전략을 구사했다. 자신의 논지를 입증하기 위해 황금대의 목적이 강대국 제나라의 원수를 갚는 데 있었다고 말하고, 황금의 의미는 복수를 하기 위한 도구였음을 말했다.

그렇다면 황금대의 장소 신화를 해체하려 한 연암의 궁극적인 의도는 어디를 향해 있는 것일까? 「황금대기」 첫머리에서 연암은 옛날을 조문하는 선비가 황금대에 오면 비분강개한 심정으로 발길을 돌리지 못한다고 했다. 무엇을 비분강개하는 것일까? 강대국 제나라에 원수를 갚으려 한 연 소왕의 복수심은 강대국 청나라에 원수를 갚고자 비분강개하는 조선의 선비들과 그 이미지가 겹친다. 조선 후기의 선비들이 비분강개하는 가장 중요한 요인은 오랑캐인 청나라가 중화인 명나라를 무너뜨린 데 있었다. 앞서도 이야기했듯이 각종 연행록을 살펴보면 연행을 간 많은 조선의 선비들이 북경에서 슬픈 노래를 부르거나 비분강개한 지사를 찾는 장면이 종종 나타나곤 하는데, 이들이 찾아 헤매는 비분강개한 지사란 조국의 원수를 갚기 위해 절치부심하는 선비, 구체적으로는 명나라의 회복을 위해 슬픔을 견디며 살아가는 명나라의 후예였다.

또 황금이 복수의 도구가 되니 '천하에 황금을 많이 쌓아 놓은 사람들'은 복수를 줄기차게 주장하는 북벌론자들을 떠올리게 한다. 황금을 쌓아 놓는 행위가 의리를 위해서인 것 같지만 실제로는 자기 이익을 위한 행위에 불과하듯이, 북벌론이 의리를 위한 것 같지만 실제로는 집권 세력의 이로움을 위한 행위에 불과하다는 점을 연암이 말하려 했다고 본다.

이같이 연암에 의해 황금은 복수의 도구가 되었고, 이는 역사적 맥락 속에서 당시 북벌론자들의 복수설치와 연결되었다. 그리하여 황금의 허망함은 곧 황금대의 숭고성을 퇴색시켰고, 이는 기를 쓰고 황금대를 찾아가 강대국 제나라를 무너뜨린 연 소왕을 기리며 지금의 강대국 청나라에 복수할 것을 다짐하는 북벌론자들의 허구성을 꼬집는 데로 나아갔다. 「황금대기」는 당시 가장 강력한 지배 이념이었던 북벌과 소중화주의의 허상을 은근히 비꼬고 있다는 점에서 문제의 작품이다.

이상과 같이 얼핏 무미건조해 보이는 '황금대' 기사 속에는 독단적인 신념에 갇힌 소중화주의와 북벌北伐 도그마에 대한 쌀쌀한 비웃음과 은근한 비판이 숨어 있었다. 조선 사람들이 그토록 사랑해 마지않는 황금대는 허상의 공간에 불과했다. 또 강대국 청나라에 대해 복수를 주장하는 북벌의 외침은 자기기만에 불과했다. 이를 말하기 위해 맹목적인 소중화주의자를 상징하는 노이점과 복수의 도구에 불과한 황금을 중심 제재로 삼아, 은밀하고 간접적인 방식으로 황금대의 허구성을 깨뜨렸다. 노이점의 황금대 탐방 실패기는 황금대의 장소 신화를 깨뜨리려는 전략이고, 황금을 향한 인간의 탐욕과 복수의 허망함에 대한 여러 사례는 북벌의 허구를 깨뜨리려는 전략이었다.

연암이 저 완고한 소중화주의자들을 비판한 것은 저들이 단순히 과거를 기려서가 아니었다. 역사적 공간을 과거에만 가두고 현재를 부정하려는 의식이 숨어 있어서였다. 유학자들은 현재의 황금대를 부정하고 과거의 황금대 속에만 머물러 있었다. 황금은 이미 사라졌음에도 황금에 집착하고, 황금대는 흙무더기에 불과하건만 과거의 찬란한 황금대를 끊임없이 찾아 헤맸다. 그들은 현재의 청나라를 부정하고 사라진 명나라를 찾아 헤맸다. 거기에는 청나라에 대한 무조건적인 배척의 태도가 있었다.

연암은 황금대가 단순히 역사적 공간이 아니라 고도의 정치성과 이데올로기가 숨어 있는 곳임을 꿰뚫어보았다. 우리들 또한 이와 같은 연암의 통찰력을 흡수해 고전의 공간을 새로운 관점에서 바라보고 공간에 담긴 의미와 자취를 다시 찾아내 가야 하리라 본다. 앙리 르페브르는 공간은 사회적이고 정치적이며 전략적이라고 주장했다. 공간은 단순히 자연의 사물이 아니라 하나의 생산물이라는 것이다. 앙리 르페브르는 지배계급들이 공간을 수단으로 이용한다고 보았다. 헤게모니는 공간을 수단으로 해서 이데올로기적 공간을 생산해 내는 것이다.[19] 이러한 관점이 어찌 현대 자본의 공간에서만 적용되는 사항이겠는가? 연암이 외친 황금대 공간의 허구성에서 그 구체적 실체를 똑똑히 확인한다. '공간과 장소'의 문제는 현대에만 의미 있는 제재가 아니라 고전에서도 꽤 의미를 갖는 논의거리다.

「범의 꾸짖음」의 작가와 글쓰기 전략

작품 읽기

『열하일기』「관내정사」 7월 28일자 기사

옥전玉田의 옛 이름은 유주幽州다. 옛날의 무종국無終國으로 주나라 소공召公이 봉해진 곳이다. 『정의』正義에서는 "소공이 처음 무종에 봉해졌다가 뒤에 계주薊州로 옮겼다"고 했고, 『시경』 서문에서는 "부풍 옹현 남쪽에 소공의 정자가 있으니, 곧 소공의 식읍食邑이다"라고 했으나, 어느 말이 옳은지 모르겠다. (중략)

 저녁이 되어 옥전현玉田縣에 이르니 무종산無終山이 있다. 누군가가 연나라 소왕昭王의 사당이 이곳에 있다고 했다. 성안으로 들어가 한가하게 구경하는데, 한 가게에서 피리 소리와 노랫소리가 흘러나왔다. 정 진사와 함께 소리를 따라 들어가 살펴보았다. 행랑채 아래에 젊은이 대여섯 명이 나란히 앉아 있었는데, 어떤 이는 생황을 불고 어떤 이는 현악기를 연주하기도 했다. 방 안으로 돌아서 들어가니 한 사람이 단정히 의자에 앉아 있다가 우리를 보고 인사를 했다. 용모가 제법 단아하고 나이는 쉰 살쯤 되어 보이며 수염은 희끗희끗했다. 이름을 적어 보여 주자 머리만 끄덕일 뿐 성명을 물어도 대답하지 않았다. 사방의 벽에는 유명한 사람들의 서화를 가득 걸어 놓았다. 주인이 일어나 작은 감실을 열자, 감실 안에는 주먹만 한 크기의 옥으로 만든 부처가 놓여 있고, 부처 뒤에는 관음상을 그린 작은 탱화가 걸려 있는데, "태창泰昌 원년(1620) 봄 3월에 저양滁陽의 구침邱琛이 그리다"라고 적혀 있었다. 주인은 부처 앞에 향을 피우고 절을 한 다음 일어나 감실 문을 닫았다. 다시 의자에 앉더니 자신의 성명을 써 보였다. "이름은 심유붕沈由朋이고, 소주蘇州 사람입니다. 자는 기하箕霞, 호는 거천巨川이며, 나이는 마흔여섯입니다." 말수가 적고 조용하며 여유가 있었다.

내가 인사를 하고 일어나 막 문을 나서려는데, 탁자 위에 구리로 만든 사슴이 있었다. 푸른 비췻빛이 깊이 배어들고 높이는 한 자 남짓 되었다. 또 두어 자 남짓 되는 벼루 가리개에는 국화를 그렸고, 표면에는 유리를 붙였는데, 솜씨가 매우 절묘했다. 서쪽 바람벽 밑에는 푸른 꽃병이 놓였는데, 푸른빛의 복숭아꽃 한 가지가 꽂혀 있고, 검은색의 큰 나비 한 마리가 앉아 있었다. 처음에는 만든 거라고 여겼는데, 자세히 살펴보니 백금과 비취 빛깔을 지닌, 과연 진짜 나비였다. 꽃 위에 다리를 붙여 놓아 말라 죽은 지 이미 오래되었다.

벽 위에는 한 편의 이상한 글이 걸려 있었다. 백로지白鷺紙에 작은 글씨로 써서 액자로 만들어 가로로 붙여 놓았는데, 한쪽 벽을 다 차지했다. 글씨가 정밀하고 뛰어났다. 벽으로 가 쭉 읽어 보니 이른바 세상에 드문 기이한 글이었다. 나는 돌아와 앉아서 물었다.

"벽 위에 걸린 글은 누가 지었나요?"

주인은 가로저었다.

"누가 썼는지 모르겠군요."

정 진사가 물었다.

"이 글은 요즘 글 같은데, 혹 주인 선생이 쓴 건 아닌가요?"

심유붕이 말했다.

"저는 문자를 모르거니와 작가의 성명조차 적혀 있지 않습니다. 한나라도 모르는 제가 어찌 위나라, 진나라를 애기할 수 있겠습니까?"

내가 말했다.

"그럼, 이걸 어디서 구했단 말이오?"

심유붕이 대답했다.

"지난번 계주 장날에 사들인 것입니다."

내가 말했다.

"베껴 가도 될까요?"

심유붕은 머리를 끄떡였다.

"상관없습니다."

종이를 가지고 다시 오겠다고 약속하고 저녁을 먹은 후 정 진사와 함께 다시 갔다. 방 안에는 이미 촛불 두 개가 켜져 있었다. 내가 벽으로 가 액자를 풀어 내리려 하자 심유붕은 하인을 불러 내려 주었다.

내가 재차 물었다.

"이것은 선생께서 지은 거죠?"

심유붕은 고개를 흔들었다.

"저의 밝은 마음은 불 보듯 분명합니다. 저는 오랫동안 부처님을 모셔 왔기에 헛소리나 망령된 말을 참회하며 삼가고 있답니다."

나는 정 진사에게 부탁해 중간부터 써 나가도록 하고, 나는 처음부터 써 내려갔다.

심유붕이 물었다.

"선생은 이 글을 베껴 무얼 하려는 겁니까?"

내가 말했다.

"고국으로 돌아가 우리나라 사람들에게 한번 읽혀 주려는 겁니다. 응당 배를 잡고 웃다 너무 웃어 고꾸라져 입안의 밥알들이 벌 날 듯 튀어나오고 갓끈이 썩은 새끼줄처럼 끊어질 것입니다."

숙소로 돌아와 불을 밝히고 살펴보았다. 정 진사가 베낀 부분은 틀린 글자가 수도 없고, 자구를 누락해 문맥이 전혀 통하지 않았다. 그래서 대략 내 생각을 보태고 다듬어 한 편의 글을 만들었다.

「범의 꾸짖음」虎叱

범은 슬기롭고 성스러우며 문무를 겸비했고, 자애롭고 효성스럽고 지혜롭고 어질며, 웅장하고 용맹스러워 천하에 적수가 없다. 그러나 비위狒胃는 범을 잡아먹고 죽우竹牛도 범을 잡아먹으며, 박駁도 범을 잡아먹는다. 오색사자五色獅子는 큰 나무가 있는 동굴에서 범을 잡아먹는다. 자백玆白도 범을 잡아먹고, 표견豹犬은 날아서 범과 표범을 잡아먹으며, 황요黃腰는 범과 표범의 심장을 꺼내 잡아먹는다. 뼈가 없는 활猾은 범과 표범에게 잡아먹혔다가 그 뱃속에서 범과 표범의 간을 먹는다. 추이酋耳는 범을 만나면 찢어서 씹어 먹는다. 범이 맹용猛㺋을 만나면 눈을 감고 감히 보지 못하지만, 사람은 맹용을 두려워하지 않고 범을 두려워한다. 범의 위세가 정말 대단하지 않은가?

범이 개를 잡아먹으면 취하고 사람을 잡아먹으면 신령스러워진다. 범이 한 번 사람을 잡아먹으면 사람이 죽어 변한 창귀倀鬼가 굴각屈閣이 되어 범의 겨드랑이에 붙어 있는데, 범을 인도해 부엌에 들어가서 혀로 솥의 귀를 핥게 한다. 그러면 주인은 배고픈 생각이 들어 아내를 시켜 밤중에 밥을 짓도록 한다.

범이 두 번째로 사람을 잡아먹으면 그 창귀는 이올彛兀이 되어 범의 광대뼈에 있으면서 높은 곳에 올라 사냥꾼이 있는지를 살핀다. 만약 골짜기에 함정을 파고 쇠뇌를 설치해 놓았으면, 먼저 가서 그 덫을 풀어 버린다.

범이 세 번째로 사람을 잡아먹으면 그 창귀는 육혼鬻渾이 되어 범의 턱에 붙어 있으면서 알고 있는 친구들 이름을 많이 일러바친다.

범이 창귀를 불러 모았다.

"날이 저무는데 어디서 먹을 것을 구해야겠느냐?"

굴각이 대답했다.

"제가 예전에 점을 쳐 두었습니다. 뿔도 없고 날개도 없이 머리가 까만 동물로, 눈 속에 발자국이 있는데 왼발 오른발 교대로 듬성듬성 났고 꼬리를 살펴보니 머리에 있어서 꽁무니를 감추지 못했습니다."

이올이 말했다.

"동문에 먹을 것이 있는데, 그 이름은 의원입니다. 입에 온갖 풀을 머금고 있어서 살코기가 무척 향기롭습니다. 또 서문에도 먹을 것이 있는데, 그 이름은 무당입니다. 온갖 귀신에게 아양을 떠느라 날마다 깨끗하게 목욕재계합니다. 이 두 가지 중에 고기를 고르십시오."

범이 수염을 떨치며 화난 빛으로 말했다.

"의원 의醫는 의심할 의疑다. 그 의심스런 바를 사람들에게 시험해 해마다 수만 명을 죽게 만든다. 무당 무巫는 속일 무誣다. 귀신을 속이고 백성을 미혹케 해 해마다 수만 명의 목숨을 앗아 간다. 그래서 사람들의 분노가 뼛속으로 들어와 금잠金簪으로 변했으니 독해서 먹을 수가 없다."

육혼이 말했다.

"숲 속에 고기가 있습니다. 어진 간과 의로운 쓸개에 충성스럽고 결백한 마음을 품고 예禮와 악樂을 실천하면서 입으로는 수많은 사상가의 말을 외우고 다니고 마음으로는 만물의 이치에 통달했으니, 이름을 '덕이 높은 선비'라고 합니다. 등이 불룩하고 몸이 살져 다섯 가지 맛을 다

갖추고 있습니다."

범이 눈썹을 치켜뜨고 침을 흘리며 고개를 젖히고 웃었다.

"짐도 들었다만, 어떠한 자냐?"

창귀들이 앞다투어 범에게 아뢰었다.

"한 번은 음陰이었다가 한 번은 양陽이 되는 것을 도라고 하는데, 유자들은 꿰뚫고 있습니다. 오행五行이 서로 낳고 육기六氣가 서로 조화를 이루는데, 선비가 이를 이끌어 줍니다. 음식이 맛있기로는 이보다 좋은 것은 없습니다."

범은 발끈해 낯빛이 변하더니 정색을 하고 불쾌해하며 말했다.

"음양陰陽이란 하나의 기운이 나타났다 사라졌다 하는 것인데, 기를 둘로 나누었으니 그 고기는 잡스러울 것이다. 오행은 자리가 정해져 있어 애초에 서로 낳는 관계가 아닌데도 지금 억지로 자식과 어미로 만들고 짠맛과 신맛 등을 분배해 놓았으니, 그 맛은 순수하지 못할 것이다. 육기는 스스로 운행하므로 서로 펴고 이끌어 줄 필요가 없는데도 지금 망령되이 도와주고 보충해 준다 일컬으며 사사로이 자기의 공로를 드러내려 하니, 그것을 잡아먹으면 너무 딱딱해 체하거나 토하지 자연스레 소화가 되겠느냐?"

정鄭나라의 한 마을에 벼슬을 하찮게 여기는 선비가 있었으니 북곽선생北郭先生이었다. 마흔의 나이에 손수 교정한 책이 1만 권이었으며, 사서오경의 뜻을 풀어서 다시 지은 책이 1만 5천 권이었다. 황제는 그의 의로움을 갸륵하게 여겼으며, 제후들은 그의 이름을 흠모했다. 마을의 동쪽에는 아리따운 젊은 과부가 있었으니 동리자東里子였다. 황제는 그 정절을 가상히 여겼고 제후들은 그 정숙함을 사랑해, 그 마을 사방 몇 리 땅을 내려 '동리 과부의 마을'이라고 이름 지어 주었다. 동리자는 수절을 잘하는 과부라 했지만 아들이 다섯이었고, 각기 그 성이 달랐다.

하루는 다섯 아들이 서로 의논했다.

"강 북쪽엔 닭이 울고 강 남쪽엔 별이 빛나는데, 방 안에서 소리가 나네. 어쩌면 북곽선생의 목소리와 저토록 닮았을까?"

다섯 형제는 번갈아 문틈으로 엿보았다. 동리자가 북곽선생에게 부탁하고 있었다.

"오랫동안 선생님의 인품을 흠모했습니다. 오늘 밤 선생님의 글 읽는 소리를 듣고 싶사옵니다."

북곽선생은 옷깃을 여미고 무릎 꿇고 앉아 시를 읊었다.

"원앙새는 병풍에 있고
반딧불은 반짝반짝 빛나네.
가마솥과 세발솥,
무얼 본떠 만들었나?

사물로 내 뜻을 비유하는 흥興으로 썼구나."

다섯 아들은 서로 의논했다.

"『예기』에 '과부의 문엔 들어가지 않는다'고 했는데, 북곽선생은 어진 분이잖아."

"나는 정나라 성문이 무너진 곳에 여우 굴이 있다고 들었어."

"나는 여우가 천 년을 묵으면 둔갑해 사람 모양으로 된다고 들었어. 이는 여우가 북곽선생으로 둔갑한 게 아닐까?"

다섯 아들은 서로 꾀를 냈다.

"듣기로는, 여우의 갓을 얻은 사람은 천금을 가진 부자가 되고, 여우의 신발을 얻은 사람은 대낮에도 몸을 숨길 수 있으며, 여우의 꼬리를 얻은 사람은 남을 잘 꼬드겨 반하도록 만들 수 있다고 했어. 저 여우를 잡아 죽여 나눠 갖는 게 어때?"

이에 다섯 아들은 안방을 둘러싸고 들이닥쳤다. 북곽선생은 소스라치게 놀라 허둥지둥 도망치면서도 사람들이 자신을 알아볼까봐 두려워, 다리 하나를 들어 목에 걸고 귀신처럼 춤추고 웃으며 문을 뛰쳐나갔다. 달아나다가 들판의 구덩이에 빠지고 말았는데, 그 속에는 똥이 가득했다. 아등바등 더위잡고 올라가 머리를 내놓고 바라보니, 범이 길을 막고 있었다. 범은 이맛살을 찡그리고 구역질을 하면서 코를 막은 채 머리를 왼쪽으로 돌리며 숨을 내쉬었다.

"그 선비, 역겹구나."

북곽선생은 머리를 조아리며 엉금엉금 기어 나왔다. 세 번 절을 하고 꿇어앉고서 고개를 들어 아뢰었다.

"범님의 덕이야말로 참 지극하십니다. 성인은 당신의 변화를 본받고, 제왕은 당신의 걸음걸이를 배웁니다. 사람의 자식은 당신의 효를 본받고, 장수는 당신의 위엄을 취합니다. 명성은 신령스런 용과 나란하여 용님은 바람을 일으키고, 범님은 구름을 만드십니다. 인간 세상의 천한 이 몸은 감히 당신 아래서 다스림을 받겠습니다."

범이 꾸짖었다.

"가까이 오지 마라. 예전에 내 듣기로 선비 유儒는 아첨할 유諛라 하더니 과연 그렇구나. 네가 평소에는 세상의 나쁜 이름을 모아 멋대로 내게 붙이더니, 지금 다급해지자 눈앞에서 아첨을 하니 누가 네 말을 믿겠느냐! 무릇 천하의 이치는 하나이니, 범의 성품이 악하다면 사람의 성품도 악할 것이고, 사람의 성품이 선하다면 범의 성품도 선할 것이다.

네 온갖 말은 다섯 가지 윤리에서 벗어나지 않고, 경계하거나 권면하는 따위도 항상 예禮, 의義, 염廉, 치恥인 사강四綱에 있다. 그렇지만 마을에 코가 베이거나 발이 잘리거나 얼굴에 범죄자 낙인을 하고 다니는 자들은 모두 오륜을 어긴 자다. 형벌의 도구인 오랏줄, 도끼, 톱을 날마다 쓰기 바빠 겨를이 없는데도 사람들의 나쁜 짓을 막지 못하고 있다. 범의 집안에는 본래 이런 형벌이 없다. 이로 보건대 범의 성품이 사람보다 어질지 않더냐? 범은 풀과 나무를 먹지 않고, 벌레와 물고기를 먹지 않는다. 누룩으로 빚은 술과 같이 어긋나고 어지러운 물건을 좋아하지 않고, 새끼를 기르는 잗단 짐승들은 차마 건드리지 않는다. 산에 들어가면 노루나 사슴을 사냥하고 들에서는 말이나 소를 공격하지만, 일찍이 먹고사는 일에 얽매여 음식 때문에 남과 다투어 본 적이 없다. 범의 도가 참으로 광명정대하지 않더냐?

범이 노루나 사슴을 잡아먹으면 너희는 범을 미워하지 않다가, 범이 말이나 소를 잡아먹으면 '원수'로 여긴다. 이 어찌 노루나 사슴은 사람에게 은혜를 끼치지 않지만, 말이나 소는 너희에게 공로가 있어서가 아니겠느냐? 그러나 그 태워 주고 일해 주는 수고로움과 주인을 따르며 충성을 다하는 정성이 있지 않으면, 날마다 푸줏간을 채우며 뿔이나 갈기조차 남기지 않는다. 그러면서 다시 우리의 노루와 사슴까지 침범해 우리가 산에서 먹을 것이 모자라게 하고, 들에서도 먹을 것이 없도록 만들었다. 만약 하늘이 그 일을 공평하게 한다면, 너를 잡아먹어야 하겠느냐, 아니면 놓아주어야 하겠느냐?

대개 자기 소유가 아닌데도 이를 취하는 것을 도盜라 하고, 생명을 해치고 물건을 빼앗는 것을 적賊이라 한다. 너희들은 밤낮없이 돌아다니면서 팔을 걷어붙이고 눈을 부라리며 남의 것을 빼앗고 훔치면서도 부끄러운 줄을 모른다. 심지어는 돈을 형님(옛날 돈은 네모난 구멍이 뚫렸으므로 공방형孔方兄이라 불렀다)이라 부르고, 장수가 되려고 아내를 죽이기도 하니, 인류의 도리를 다시 논할 수가 없을 정도다. 그런데다 다시 메뚜기에게서 밥을 가로채고 누에한테서는 옷을 빼앗으며 벌을 쫓아내어 꿀을 훔친다. 더 심한 놈은 개미 새끼로 젓을 담가 조상에게 제사를 지내기도 한다. 그 잔인하고 야비한 행위가 네놈들보다 심한 이가 누가 있겠느냐? 네놈들이 이理를 말하고 성性을 논할 때 툭하면 하늘을 들먹이지만, 하늘이 명령한 바로써 본다면 범이든 사람이든 만물의 하나일 뿐이다. 하늘과 땅이 만물을 기르는 어짊으로 논하자면 범과 메뚜기, 누에와 벌, 개미는 사람과 함께 길러지는 것이니, 서로 어그러져서는 안 되는 것이다. 그 선악으로써 판별한다면, 벌과 개미의 집을 공공연히 빼앗아 가는 놈이야말로 천지의 큰 도둑이 아니겠느냐? 메뚜기와 누에의 살림을 제 마음대로 훔쳐 가는 놈이야말로 인의仁義를 해치는 큰 도적이 아니겠느냐?

범이 아직까지 표범을 잡아먹지 않은 것은 진실로 차마 자기 부류를 해칠 수 없어서다. 그런데다가 범이 노루나 사슴을 잡아먹은 숫자는 사람이 노루나 사슴을 잡아먹은 숫자만큼 많지가 않다. 범이 잡아먹은 소나 말의 수도 사람이 잡아먹은 소나 말보다 많지가 않다. 범이 사람을 잡아먹은 것을 꼽아 봐도 사람들이 자기들끼리 서로 잡아먹는 수보다는 적을 것이다. 지난해 중국 관중 지역이 크게 가물었을 때 사람들이 서로 잡아먹은 숫자가 수만 명이었고, 몇 해 전 산동 지역에 큰 홍수가 났을 때 사람들이 서로 잡아먹은 숫자가 수만 명이었다. 그렇기는 해도 사람들끼리 서로 잡아먹은 것이 많기로는 춘추시대하고 견줄 수 있겠느냐? 춘추시대에는 덕을 세운다는 명분을 앞세워 일으킨 전쟁이 열일곱 번이고, 원수를 갚는다는 명분으로 일으킨 난리가 서른 번이었다. 흘린 피는 천 리에 이어지고, 죽은 시체는 백만이었다.

그렇지만 범의 세상에서는 홍수나 가뭄을 알지 못하기에 하늘을 원망할 까닭이 없고, 은혜와 원수에 대해 모르고 사는지라 다른 존재를 미워할 것이 없다. 하늘의 명을 알고 거기에 순종하므로 무당이나 의원의 간사한 속임수에 넘어갈 일이 없고, 타고난 바탕을 따라 천성을 지켜 살기에 세상의 잇속에 병들지도 않는다. 이것이 범이 슬기롭고 성스러워지는 까닭이다. 범의 얼룩덜룩한 무늬 하나만 보여 주어도 천하에 문채를 보여 주기에 족하며, 아주 작은 무기도 빌리지 않고서 오로지 자신의 발톱과 이빨에만 의지해 무용을 천하에 빛낼 수 있다. 종묘 제사의 그릇에 범을 새긴 것은 효를 천하에 널리 알리려는 것이다. 하루에 한 번 사냥해 그 먹이를 까마귀, 솔개, 땅강아지, 개미가 함께 나누어 먹게 하니, 인자함은 이루 다 말할 수 없다. 남을 헐뜯은 자를 잡아먹지 않고, 불구자나 병든 자를 잡아먹지 않으며, 상을 당한 자도 잡아먹지 않으니 의로움은 이루 다 말할 수 없다.

그런데 인자하지 못하구나, 너희가 잡아먹는 것이야말로! 덫과 함정으로도 부족해 새그물, 노루그물, 후릿그물, 반두그물, 촘촘한 그물, 삼태그물까지 만들었으니, 처음으로 그물을 만든 자야말로 분명코 천하에 으뜸가는 재앙을 만든 놈이다. 게다가 뾰족창, 쥘창, 삼지창, 도끼, 세모창, 짧은 창, 긴 창도 만들었다. 화포가 한 번 터지면 소리는 화산을 무너뜨리고 불기운은 음양을 흐트러뜨리니, 천둥 번개보다 무섭다.

그럼에도 오히려 그 포악함을 드러내기에 부족하다 싶어 곧 부드러운 털을 입으로 빤 다음 아교를 섞어 끝을 뾰족하게 만들었다. 모습은 대추씨 같고 길이는 한 치가 안 되는데, 오징어 먹물에 적셨다가 이리저리 찌른다. 굽은 것은 세모창 같고, 날카로운 것은 작은 칼 같고, 예리한 것은 긴 칼 같고, 갈라진 것은 가지창 같고, 곧은 것은 화살 같고, 힘껏 당겨진 것은 활시위 같다. 이 무기가 한번 움직이면 온갖 귀신이 밤중에 울부짖는다. 그 잔혹하게 서로를 잡아먹는 것으로 누가 너희보다 더 심하겠느냐?"

북곽선생은 자리를 옮겨 엎드려서 엉거주춤 절을 두 번 하고 머리를 거듭 조아렸다.

"옛글에 아무리 악한 사람일지라도 깨끗이 목욕해 몸가짐을 가다듬으면 상제도 섬길 수 있다고 했습니다. 인간 세상의 천한 이 몸은 감히 당신 아래서 다스림을 받겠습니다."

숨소리를 죽이고 가만히 귀를 기울였으나 오래도록 아무런 말도 들리지 않았다. 참으로 황송하기도 하고 두렵기도 해 손을 모으고 머리를 조아렸다가 고개를 들어 보니, 동녘은 밝아 오고 범은 이미 사라졌다. 아침 일찍 밭일 가던 농부가 물었다.

"선생님, 무슨 일로 새벽에 들판에 절을 올리십니까?"

북곽선생이 말했다.

"내 들으니 '하늘이 높다 하나 감히 머리를 숙이지 않을 수 없고, 땅이 두텁다 하나 감히 조심스레 걷지 않을 수 없다'고 했다네."

후지 後識

연암씨는 말한다. 이 글은 비록 작자의 성명은 없으나 아마 가까운 시기 중국 사람이 비분해서 지었을 것이다. 세상의 운세가 긴 밤으로 들어가면서 오랑캐의 재앙이 맹수보다 더 심하다. 선비 가운데 부끄러움이 없는 자는 문장을 주워 모아 세상에 아첨을 하고 있다. 어찌 남의 무덤을 몰래 파는 유학자로서 범에게 잡아먹힐 자가 아니겠는가?

지금 이 글을 읽어 보니 말이 이치에 많이 어긋나서 거협肽篋, 도척盜跖과 취지가 같다. 그러나 천하의 뜻있는 선비가 어찌 하루라도 중국을 잊을 수 있겠는가? 지금 청나라가 세상을 다스린 지 겨우 4대에 불과한데도 문무를 겸비하고 장수를 누리지 않는 황제가 없다. 태평한 100년 동안 온 천하가 평안하니, 이 일은 한漢·당唐 때도 없었다. 그들이 평안을 온전히 하면서 기반을 굳건히 세우는 뜻을 관찰하니 아마도 또한 하늘이 명을 내려 임금의 자리에 앉힌 듯싶다.

옛날 누군가가 일찍이 하늘이 자세하게 말해 준다는 말을 의심해 성인 맹자에게 질문을 했다. 성인은 분명히 하늘의 뜻을 체득해 말씀했다. "하늘은 말로써가 아니라 행동과 일로써 보여 주신다." 나는 언젠가 『맹자』를 읽다가 이 부분에 이르러 의혹이 점점 심해진 적이 있다. 감히 묻는다. "행동과 일로써 보여 주신다면 오랑캐로써 중화를 바꾸어 놓은 것은 천하의 큰 치욕인데, 백성들의 원통함은 어떻게 할 것인가? 향기로운 제물과 비린내 나는 제물은 각기 그 덕에 따라 다르겠지만, 온갖 귀신은 무슨 냄새로 제물을 받겠는가?"

따라서 사람이 처한 입장으로 보면 중화와 오랑캐가 진실로 구분이 있지만, 하늘이 명령한 바로써 본다면 은나라 모자든 주나라의 모자든 각기 그때의 제도를 따른 것일 뿐이다. 하필이면 청나라의 붉은 모자만을 의심해야 하겠는가? 이에 하늘이 정하면 사람을 이긴다는 설과 사람이 많으면 하늘을 이기기도 한다는 설이 그 사이에 떠돌고, 사람과 하늘이 서로 연관된다는 이치는 도리어 후퇴해서 기수氣數를 따르게 되었다. 앞 시대 성인의 말씀에 징험해 보아도 맞으니, 문득 "천지의 기수가 이와 같아"라고 말하는 것이다. 슬프다! 이것이 어찌 진정 기수가 그런 것이겠는가?

안타깝다. 명나라 왕의 은택은 이미 말라 버렸다. 중원의 선비들이 그 머리를 변발로 바꾼 지 100년이 지났건만 자나 깨나 가슴을 치며 명나라 왕실을 생각하는 것은 어째서인가? 차마 중국을 잊지 못해서다.

청나라가 스스로 도모하는 방식도 서투르다. 앞 시대의 오랑캐 천자들이 중국을 본뜨다가 쇠망한 것을 징험해 쇠 비석에 글을 새겨 파수를 보는 전정箭亭에 묻었다. 그들은 자신들의 옷과 모자를 부끄러워하지 않은 적이 없었다고 말하면서도 오히려 다시 강하고 약한 형세를 의관에 연연하니 그 얼마나 어리석은가?

 문왕의 지략과 무왕의 뛰어난 업적으로도 오히려 마지막 왕의 쇠망을 구하지 못했거늘, 하물며 말단의 옷과 모자에서 자강自強을 구해야겠는가? 옷과 모자가 참으로 전쟁에서 편리하다면, 북쪽 오랑캐와 서쪽 오랑캐는 유독 전쟁에서 사용해선 안 되는 옷과 모자란 말인가?

 힘으로 능히 서북쪽의 오랑캐로 하여금 중국의 옛 풍속을 따르게 한 다음에야 비로소 천하에서 가장 강해질 것이다. 천하 사람들을 욕된 구렁텅이에 가두고 호령하기를, "조금만 너희의 수치를 참고 우리를 좇아 강하게 되라"라고 하니, 나는 모르겠다, 그 강하게 되는 바를.

 군이 반란군의 군사 기지인 신시新市나 녹림綠林에서 눈썹을 붉게 칠하고 노란 두건을 둘러 일반인들과 스스로 다르게 하지 않더라도, 만약 어리석은 백성이 일단 청나라의 모자를 벗어 땅에 내팽개친다면 청나라 황제는 앉은자리에서 천하를 잃어버릴 것이다. 지난날 스스로 강하게 해 줄 것이라고 믿었던 모자가 도리어 사라지는 것을 구제할 겨를도 없어질 것이다. 그들이 쇠 비석을 땅에 묻어 후세에 교훈을 내리려고 했던 것이 어찌 잘못이 아니겠는가? 이 글은 본래 제목이 없었는데, 지금 글 가운데 있는 호질虎叱(범의 꾸짖음)이란 글자를 취해 제목으로 삼아 중원이 맑아질 날을 기다린다.

들어가며

고전 문학을 통틀어 최고의 형식 미학을 보여 준 작품을 들라면 「범의 꾸짖음」을 꼽고 싶다. 「범의 꾸짖음」은 굉장히 의뭉스럽되 노골적이며, 웃기되 슬프고, 유쾌하되 불쾌한 작품이다. 자못 심각한 주제를 눙치듯 얘기하나 매우 직설적이고, 근엄한 인간을 우스꽝스럽게 그려 내어 웃음이 나지만 인간의 연약함을 건드리기에 안쓰럽고, 가려운 데를 긁어 주어 시원하나 나 자신을 향하고 있기에 불쾌하다.「범의 꾸짖음」이 정말 그런 작품인지 따져 보려 한다.

그런데 막상「범의 꾸짖음」에 접근하려 하면 작가 문제부터 발목을 잡는다. 고전 문학사에서「범의 꾸짖음」만큼 작가 논란이 분분한 작품도 없다. 글에서 누가 썼는지에 대해 분명히 밝혀 놓았지만, 오히려 그 점으로 인해 원작자가 누구인지 오리무중에 빠져 버리고 말았다.「범의 꾸짖음」의 내용만 놓고 보면 주제 의식이나 문체 등 모든 면에서 연암의 작품임을 의심할 여지가 없다. 그런데 연암이 본문의 앞뒤에 중국인이 썼다고 언급함으로써 작가는 미궁으로 빠져 버렸다. 작가 논란이 분분해지자 작품의 주제에 대한 논란도 분분해졌다. 본문의 선명한 주제 의식, 노골성은 희석되고 작품의 주요 소재들은 다의성多義性을 띠게 되었다. 정작 글을 쓴 당사자는 쏙 빠지고 독자들만 혼란에 빠지는 형국이다.

문학 이해의 본질은 미적인 체험을 하는 일이다. 작가 문제를 확실하게 결론 내리기 어려운 상황이라면 거기에 연연해하기보다는 작품에 대한 이해와 감상에 관심을 기울이는 것이 바람직하다. 그렇긴 하나「범의 꾸짖음」의 경우, 작가가 누구냐에 따라 작품 해석에 큰 영향을 끼치고 작품을 이해하는 방식이 달라진다. 따라서 작품의 서술 미학을 이야기하기 전에 작가 문제에 대한 입장을 어떻게든 정리하지 않을 수 없다.

이러한 논란을 해명하는 열쇠 또한 작품을 둘러싼 맥락에 있다. 예상 독자와 주요 소재를 둘러싼 맥락을 살펴「범의 꾸짖음」의 작가 문제를 밝히고, 작품의 구성 미학에 대해 이야기해 보겠다.

(1) 작가 논란과 맥락의 중요성
먼저 작가 논란이 생긴「범의 꾸짖음」의 도입 부분을 살펴보기로 한다.

벽 위에는 한 편의 이상한 글이 걸려 있었다. 백로지白鷺紙에 작은 글씨로 써서 액자로 만들어 가로로 붙여 놓았는데, 한쪽 벽을 다 차지했다. 글씨가 정밀하고 뛰어났다. 벽으로 가 쭉 읽어 보니 이른바 세상에 드문 기이한 글이었다. 나는 돌아와 앉아서 물었다.

"벽 위에 걸린 글은 누가 지었나요?"

주인은 가로저었다. "누가 썼는지 모르겠군요."

정 진사가 물었다. "이 글은 요즘 글 같은데, 혹 주인 선생이 쓴 건 아닌가요?"

심유붕이 말했다. "저는 문자를 모르거니와 작가의 성명조차 적혀 있지 않습니다. 한나라도 모르는 제가 어찌 위나라, 진나라를 얘기할 수 있겠습니까?"

내가 말했다. "그럼, 이걸 어디서 구했단 말이오?"

심유붕이 대답했다. "지난번 계주 장날에 사들인 것입니다."

내가 말했다. "베껴 가도 될까요?"

심유붕은 머리를 끄떡였다. "상관없습니다."

종이를 가지고 다시 오겠다고 약속하고 저녁을 먹은 후 정 진사와 함께 다시 갔다. 방 안에는 이미 촛불 두 개가 켜져 있었다. 내가 벽으로 가 액자를 풀어 내리려 하자 심유붕은 하인을 불러서 내려 주었다.

내가 재차 물었다. "이것은 선생께서 지은 거죠?"

심유붕은 고개를 흔들었다. "그것은 불 보듯 분명합니다. 저는 오랫동안 부처님을 모셔 왔기에 헛소리나 망령된 말을 참회하며 삼가고 있답니다."

나는 정 진사에게 부탁해 중간부터 써 나가도록 하고, 나는 처음부터 써 내려갔다.

심유붕이 물었다. "선생은 이 글을 베껴 무얼 하려는 겁니까?"

내가 말했다. "고국으로 돌아가 우리나라 사람들에게 한번 읽혀 주려는 겁니다. 응당 배를 잡고 웃다 너무 웃어 고꾸라져 입안의 밥알들이 벌 날 듯 튀어나오고 갓끈이 썩은 새끼줄처럼 끊어질 것입니다."

숙소로 돌아와 불을 밝히고 살펴보았다. 정 진사가 베낀 부분은 틀린 글자가 수도 없고, 자구를 누락해 문맥이 전혀 통하지 않았다. 그래서 대략 내 생각을 보태고 다듬어 한 편의 글을 만들었다.

「열하일기」, 「관내정사」, 7월 28일자 기사

윗글에 따르면 「범의 꾸짖음」은 어느 가게에 걸려 있던 출처 불명의 기문이다. 「범의 꾸짖음 후지」에서는 "이 글은 비록 작자의 성명은 없으나 아마 가까운 시기 중국 사람이 비분悲憤해서 지었을 것이다"라고 해 슬프고 분한 마음을 품은 중국 사람이 지은 작품으로 짐작했다. 비분해하는 중국 사람이란 조국인 명나라의 멸망을 슬퍼하며 사는 청나라 통치 하의 한인漢人을 가리킨다. 곧 「범의 꾸짖음」의 도입부와 후지에 의하면 「범의 꾸짖음」의 구입처는 중국의 계주 장터이고, 작가가 누구인지는 알 수가 없다. 문면文面 그대로 믿으면 「범의 꾸짖음」의 원작자는 근세近世 슬프고 애통해하는 중국인인데, 연암과 정 진사가 「범의 꾸짖음」의 전반부와 후반부를 각자 맡아 베낀 다음 정 진사가 빠뜨리고 잘못 베낀 부분을 연암이 다시 보충해 다듬은 것이다.

그런데 「범의 꾸짖음」의 내용과 문체가 연암 문학의 특성과 퍽 비슷하다 보니 작가 논란이 생겼다. 실제로는 연암 자신이 작품을 창작해 놓고 의뭉스럽게 자신이 쓰지 않은 척했다는 것이다. 작가 문제가 쉽지 않은 논란거리임은 『연암집』을 최초로 간행했던 창강滄江 김택영金澤榮의 입장 번복에서도 확인된다.

창강은 『연암집』 초간본을 간행할 때, 「범의 꾸짖음」에 대해 "누군가는 연암 선생이 세속의 거짓 학자를 풍자하기 위해 지은 것으로 심씨〔沈商〕 운운한 것은 가탁한 것이라고 하는데, 어찌 그렇겠는가?"[20]라고 해 연암의 발언을 그대로 수용하는 태도를 보였다. 하지만 뒤에 편찬한 『소호당집』韶護堂集 「박연암호질문발」朴燕巖虎叱文跋에서는, "선생은 세속의 위선적인 유학자들이 실행은 없고 번거로운 논의만 좋아함을 미워해 이 글을 지어 비난한 것으로, 원망과 비방을 불러올까 두려워 중국인에게 가탁해서 숨긴 것이다"[21]라고 말을 바꾸었다. 그가 생각을 바꾼 이유는 「범의 꾸짖음」의 성취도가 상당한데도 불구하고 청조淸朝의 작가 중에 이와 같은 글을 지은 자가 없다는 것, 내용 가운데 오행상생설五行相生說 비판은 평소 연암의 지론이었다는 것, 본문 중의 "상을 당한 자는 먹지 않는다"衰服者不食는 말은 조선에만 있는 속담이라는 점 등이었다. 따라서 비록 출처가 중국인에게서 나왔다고 하더라도 연암이 다시 고쳐서 글을 썼으므로 「범의 꾸짖음」은 연암의 작품이어야 한다는 것이다.

창강의 이와 같은 입장 번복은 오늘날 학자들의 고민을 상징적으로 보여 준다. 연암이 중국인이 지은 작품이라고 누차 강조했으니 그대로 믿으면 그만인데, 작품의 성취와 문체가 연암이 아니고선 생각하기가 힘든 것이다. 이에 따라 「범의 꾸짖음」의 작가 문제는 첨예한 논쟁이 되어 왔으며, 이에 대한 연구사 검토가 이루어지기까지 했다.[22] 작가 논란에 대한 입장을 정리하면 크게는 중국인 원작설, 연암 개작설, 연암 창작설로 나뉜다. 중국인 원작설과 연암 개작설을 주장하는 학자들도 「범의 꾸짖음」이 연암의 사상을 잘 반영하고 있다는 점에서는 공통된 입장을 보인다. 중국인이 썼다고 언급한 연암의 말을 사실의 언어로 보느냐 허구의 언어로 보느냐에 따라 입장이 갈라지는 것이고, 허구의 언어로 볼 때도 어디까지가 사실이고 허구이냐에 따라 주장이 달라진다.

각각의 입장은 그 근거들이 일정한 설득력을 갖고 있는 까닭에 어느 한쪽의 주장이 일방적으로 옳다고 단정하기가 어렵다. 중국인 원작이든 연암 창작이든 「범의 꾸짖음」의 내용이 연암의 사상을 잘 보여 준다는 점에서는 일치된 견해를 보인다는 점을 감안한다면, 더 이상의 작가 논쟁은 소모적인 듯 보이며 작품의 미적 성취도에 주목하는 것이 나아 보인다. 그런데 작가에 따라 작품의 성격이 많이 달라진다는 문제가 있다. 중국인 원작설과 연암 개작설의 입장에 서면, 「범의 꾸짖음」의 주제라든가 핵심 제재인 북곽선생과 범의 상징은 일차적으로는 대청對淸 관계 속에서 이해될 수밖에 없다. 하지만 순수하게 연암이 창작했다는 관점에서는 국내 현실과 관련해 작품을 이해하게 된다. 따라서 작가 문제를 마냥 무시하기가 어렵다. 할 수만 있다면 확실하게 결론짓는 것이 작품을 이해하는 데 유리하다.

지금까지 작가 논란은 글의 문면에 나타난 사실에 근거해 논의가 진행되어 왔다. 중국인 원작설과 연암 개작설은 작품에서 언급한 연암의 '입'을 신뢰한 것이고, 연암 창작설은 작품 속에 나타난 연암의 사상과 문체에 주목한 것이다.

그런데 앞서 계속 언급했듯이 연암의 문학은 오늘날 사회 인지주의 관점과 매우 비슷한 면모를 보여 준다. 연암의 글은 특별히 사회성이 짙다. 그는 글쓰기를 일종의 전략으로 보며 대체로 가상 독자를 염두에 두었다. 곧 그의 작품은 사회와의 관계망 속에서 존재하며, 맥락과 상황에 의거한 글쓰기를 보여 주고 있다. 따라서 「범의 꾸짖음」은 작품이 이루어지는 사회적 맥락과 예상 독자에 관심을 가질 필요가 있다. 특별히 작가로 설정된 비분해하는 중국인의 표상과 예상 독자, 상징어, 창작 동기 등을 사회 현실과 관련지어 논의를 진행해 보겠다.

(2) 맥락으로 「범의 꾸짖음」의 원작자 살피기

● 한인漢人의 표상과 예상 독자

앞서 이야기했듯이 연암은 「범의 꾸짖음」의 작가를 비분悲憤해하는 중국인이라고 추론했는데, 이와 똑같은 발언이 「허생전」이 실린 「옥갑야화」에도 등장한다. 「허생전 후지」에서는, "어떤 자는 말하기를 허생은 명나라 유민일 것이라고 한다. 숭정 갑신년(1644) 명나라가 망한 뒤에 건너와서 산 사람들이 많았는데, 허생이 혹 그런 사람이라면 그 성도 분명 허씨가 아닐 것이다"[23]라고 해서 허생의 정체를 명나라 유민으로 추측했다. 비분해하는 중국인과 명나라 유민은 둘 다 명나라의 후예인 한인漢人을 가리킨다. 연암이 「범의 꾸짖음」의 작가와 허생의 정체를 똑같이 명나라 유민인 한인으로 말했다는 점에서 무언가 의미심장해 보이며, 의도적이라는 느낌을 갖게 한다.

「범의 꾸짖음」의 원작자를 중국인으로 보는 연구자들은, 작가가 슬프고 분해하는 이유는 청나라에 굽실거리며 살아가는 한인들의 아부에 화가 났기 때문이라 본다. 명나라를 다시 일으켜 세우기 위해 싸우지는 못할망정 청 왕조에 아부하며 살아가는 한인들에게 분노해 이를 풍자의 대상으로 삼아 「범의 꾸짖음」을 썼다는 것이다. 그를 상징하는 인물이 북곽선생이라는 것이다.

그런데 '비분해하는 중국인'(한인)이 그 당시 조선 선비들에게 어떤 이미지로 각인되어 있었는지를 꼼꼼히 살펴볼 필요가 있다. 그 당시 비분해하는 중국인은 조선 선비들에겐 단순한 존재가 아니었다. 이들은 오늘날로 따지면 명나라의 회복을 갈망하는 '독립지사'의 이미지를 갖고 있었다. 청나라에 다녀온 사행 기록인 연행록燕行錄을 살펴보면, 조선 선비들이 북경에서 슬픈 노래를 부르는 선비, 강개慷慨한 지사를 찾아다니는 장면이 종종 나타난다. 예컨대 홍대용의 연행록에는 북경에 가서 슬픈 노래[悲謌]를 부르고 원통해하는 사람을 찾아다니는 내용이 나타난다.[24] 1791년에 중국에 다녀온 김정중金正中의 『연행록』에서도 '슬픈 노래를 부르는 강개한 선비'를 찾는 작가의 노력이 나타난다.[25] 연행자들이 찾아 헤매는 슬픈 노래를 부르는 강개한 지사란, 조국인 명나라의 회복을 꿈꾸며 슬픔을 참고 견디면서 살아가는 명나라의 후예를 말한다.

왜 조선의 선비들은 청나라에 가서 명나라의 유민을 애써 찾아다녔을까? 명나라의 회복을 갈망하며 숨어 사는 선비는 조선 사람들에겐 중화中華의 상징이었다. 임진왜란 때 조선을 도와준 명과의 의리를 깊이 간직하고 있던 조선의 선비들에게 청 왕조는 반드시 무찔러야 할 오랑캐의 나라이자 북벌北伐의 대상이었다. 청나라가 들어선 이래로 조선의 사대부들은 청나라 땅을 밟는 것조차 수치스럽게 여겼다. 중국에 들어가더라도 청나라 사람들과는 절대 말을 해서는 안 된다고 생각했다. 연암의 표현을 빌리자면, "우리나라 벼슬아치들은 태어나면서부터 매우 존귀한 척해, 중국 사람을 보면 만인滿人이나 한인漢人 할 것 없이 모두 오랑캐놈으로 보고 잘난 척하는 태도가 애초부터 몸에 배어 버렸다"[26]는 것이다. 하지만 한편으론 청나라가 조선에 대한 경계심을 풀고 문금門禁이 보다 자유로워지면서 청나라 문물과 사람들을 접촉하는 기회가 많아졌다. 이때 조선의 선비들이 찾은 중국인이 명나라의 후예인 한인이었다. 사실 명나라가 망한 지 100여 년이 훨씬 넘었기에 대부분의 한인은 현실을 체념하고 청에 순응하며 살아갔다. 하지만 한인 가운데 비록 변발을 하고 옷깃을 왼쪽으로 여미는 좌임左衽을 했어도, 명나라의 회복을 갈망하며 살아가는 이들이 있었다. 소중화 의식을 갖고 있던 조선의 선비들과 반청반만反淸反滿 의식을 지닌 한인들은 공통적으로 '명에 대한 향수'를 갖고 있었다. 명나라의 유민이라는 표식은 조선 선비들과 중국의 한인 양쪽을 하나로 묶어 주는 연결 고리이자 한중 지식인 교류의 물꼬를 트는 핵심 요소였다.

이와 같이 청조 치하에서 살아가는 한인은 조선 선비들에겐 아직까지 남아 있는 중화의 표상이었다. 홍대용이 유리창琉璃廠 근처 건정동에서 만난 항주의 세 선비인 육비, 엄성, 반정균 역시 망한 명나라를 그리워하며 살아가는 한인이었다. 청 왕조의 통치 아래 명나라의 회복을 염원하며 사는 한인, 이는 곧 조선의 선비들에겐 독립지사의 이미지를 갖는 존재였다. 조선의 선비들은 잃어버린 조국에 대한 슬픔을 삼키며 살아가는 한인들을 만나 중화를 함께한다는 마음을 나누고 싶었던 것이다.

중국인 원작설을 지지하는 연구자들은 북곽선생은 청 왕조에 아부하는 한인을, 범은 청 왕조를 상징하는 것으로 본다. 「범의 꾸짖음」에서 범은 절대적인 힘을 갖는 존재로 나타나므로 청 왕조와 연결되고, 북곽선생은 범에게 굽실거리니 그러한 해석은 자연스러워 보인다.

그렇지만 여기에는 두 가지 모순이 있다. 하나는 청 왕조를 상징하는 범이 긍정적으로 묘사되고 있다는 점이다. 작가가 한인이라면 범을 절대 긍정의 이미지로 묘사할 리 없다. 앞서 살폈듯이 한인이 비분해하는 이유는 망한 조국에 대한 슬픔과 청의 억압적인 통치에 있다. 비분해하는 한인은 명나라의 회복을 간절하게 염원하기에 슬픈 노래를 부르며 숨어 사는 자다. 이들은 언젠가 오랑캐인 청이 무너지고 명나라가 회복될 것이라는 희망을 품고 있다.

그런데 「범의 꾸짖음」의 범은 일관되게 긍정적인 이미지로만 나타난다. 작품 첫머리에 인간과 맹용 사이의 상대적인 관계가 나타나긴 하지만, 전체적으로는 절대자의 면모와 진리 수호자의 모습을 보여 주고 있다. 비분해하는 중국인(한인)에게 진리 수호자는 명 왕조다. 「범의 꾸짖음」을 쓴 이가 한인이라면 청 왕조를 상징한다는 범을 긍정적으로 그려

낼 리가 없는 것이다.

또 하나는 범이 꾸짖는 내용은 대청 의식과는 아무런 관련이 없다는 것이다. 만일 비분해하는 중국인이 청 왕조에 아첨하는 같은 종족에게 울분을 느껴「범의 꾸짖음」을 쓴 것이라면, 범이 꾸짖는 내용도 의당 그와 관련되어야 한다. 그렇지만 범이 꾸짖는 내용은 유학자들, 나아가 인간의 위선과 허위, 폭력과 잔인함에 관한 것이다. '북곽선생=아첨하는 한인, 범=청 왕조'임을 뒷받침해 주는 구체적인 증거는 어디에도 나타나지 않는다.

게다가 연암 당시에 한인끼리는 청에 고개 숙이며 살아가야 하는 자신들의 괴로운 처지를 서로 잘 이해하고 있었다. 청 왕조는 반청복명反淸復明의 인사를 걸러 내고 한인들의 민족의식을 말살하기 위해 혹독하고도 잔인한 문자옥과 변발령을 시행했다.[27] 청 왕조의 강압적인 정책 속에서 한인들은 조그만 일에도 혐의를 받을까 두려워해, 입만 열면 중국 황제들의 공덕을 칭송하고 은혜에 감격한다는 아첨의 말을 했다. 사람들과 필담을 하고 나면 평범하게 주고받은 말일지라도 반드시 불살라 버리고 쪽지 하나도 남기지 않으려 했다. 혹시라도 오해를 받을 수 있는 글자 때문에 큰 피해를 당할까 두려워서였다. 연암은 이와 같은 한인들의 현실을 잘 이해하고 있었다.[28] 청 왕조에 아첨하는 한인은 소수가 아니었다. 한인이라면 누구를 막론하고 청 왕조의 비위를 맞추는 말을 할 수밖에 없었다. 한인들이 비분해하는 가장 큰 이유는 자신들의 문화를 빼앗긴 채 하고 싶은 말도 못하고 오랑캐 치하에서 살아가야 하는 시대 현실에 있었다. 따라서「범의 꾸짖음」의 작가를 중국인으로 보고, 풍자의 대상인 북곽선생을 청 왕조에 아첨하는 한인으로, 절대적 존재인 범을 청 왕조로 해석하는 견해는 논리적으로 모순을 지니고 있다.

이제 예상 독자의 문제까지 검토함으로써 작가를 중국인으로 볼 경우의 문제점을 구체적으로 들여다보기로 하자. 가게 주인 심유붕은 벽에 걸린 글을 베끼는 연암에게 "선생은 이 글을 베껴 무얼 하려는 겁니까?"라고 묻는다. 이때 연암의 대답은 다음과 같다.

> 고국으로 돌아가 우리나라 사람들에게 한번 읽혀 주려는 겁니다. 응당 배를 잡고 웃다 너무 웃어 고꾸라져 입안의 밥알들이 벌 날 듯 튀어나오고 갓끈이 썩은 새끼줄처럼 끊어질 것입니다.

곧 조선 사람들이 「범의 꾸짖음」을 읽으면 배를 잡고 고꾸라질 정도로 웃을 것이라는 기대를 숨기지 않고 있다. 연암은 「범의 꾸짖음」을 베낀 동기에 대해 사람들을 포복절도케 하려는 것임을 숨기지 않았다. 그런데 위의 구절은 연암의 다른 글에도 나타난다.

> 세상에는 진실로 이 세계를 부질없는 꿈으로 여기고 인간 세상을 유희하는 사람이 있다. 그가 석치의 죽음을 듣는다면 참으로 한바탕 웃으며 참세상으로 돌아갔다고 여길 터이니, 입안의 밥알들이 벌 날 듯 튀어나오고 갓끈이 썩은 새끼줄처럼 끊어질 것이다.[29]

친구인 정철조鄭喆祚의 죽음을 애도하며 쓴 제문 가운데 일부다. "입안의 밥알들이 벌 날 듯 튀어나오고 갓끈이 썩은 새끼줄처럼 끊어질 것이다"噴飯如飛蜂 絶纓如拉朽라는 표현은 「범의 꾸짖음」의 구절과 토씨 하나 다르지 않고 똑같다. 특정한 의도를 갖는 표현임을 짐작케 한다.

입속의 밥알이 벌 날 듯 튀어나오고 단단한 갓끈이 썩은 새끼줄처럼 끊어질 것이라는 표현은 가장 통쾌하게 웃는 상황에서 쓰인다. 특히 갓은 유학자의 신분을 상징하는 사물이라는 점에서 갓끈이 썩은 새끼줄처

4부 맥락의 글쓰기, 전략의 글쓰기

럼 끊어진다는 표현에는 풍자의 의미도 엿보인다. 연암은 이 표현을 엄숙하고 진중珍重해야 할 제문에서 사용하고 있다. 이 세상을 유희하는 사람이 석치가 죽었다는 말을 듣는다면 참세상으로 돌아갔다고 여기며 한바탕 크게 웃을 거라는 것이다. 이 웃음에는 죽음에 대한 역설적인 통찰과 깊은 페이소스가 어우러져 있다. 고통스런 세상을 떠나 참세상으로 돌아갔으니 정말로 통쾌한 일이겠으되, 이제 그가 없는 세상에 살게 되었으니 슬픈, 반어적인 뉘앙스가 담긴 중층의 웃음이다. 통쾌하되 슬픈, 즐겁지만 즐겁지 않은 복합적인 감정이 뒤섞인 웃음이다.

「범의 꾸짖음」에서의 웃음의 의미도 이와 다르지 않다. 유쾌하기만 한 웃음이 아니라 깊은 페이소스와 비장미를 함축한 웃음일 거라 예상하게 된다. 연암은 국내 사람들에게 이 웃음을 안겨 주기 위해 「범의 꾸짖음」을 베낀다고 밝혔다. 「범의 꾸짖음」이 아주 통쾌하지만 어떤 슬픈 자화상이 어우러져 있을 것이라는 생각을 갖게 한다.

웃음이라는 코드는 보편적이면서 매우 개별적이다. 인류가 공통으로 웃는 상황이 있지만 그 민족, 그 사회에서만 통하는 웃음 코드가 있다. 그 사회에 속한 이들에게 웃음을 주려면 그 사회의 정서와 문화를 교감할 수 있어야 한다. 이런 까닭에 어떤 나라에서는 매우 재미있는 이야기가 다른 나라에서는 전혀 웃음을 주지 못하기도 한다.

그렇다면 만일 원작자가 중국인이라는 입장을 받아들여 '범'을 청 왕조로, '북곽선생'을 아부하는 한인으로 보았을 때, 범이 북곽선생을 꾸짖는 상황은 조선 사람들에게 얼마만큼 웃음을 줄 수 있을까? 북벌北伐이 국가적 이념인 조선의 현실에서 청 왕조로 상징되는 범이 진리를 전하고 한인을 꾸짖는 내용이 통쾌한 웃음을 줄 리는 없다. 북학을 주장하는 학자들조차 청 왕조를 이적夷狄으로 보는 시각만큼은 굳게 지키고 있다. 범의 상징이 처음엔 청淸이었다가 절대자로 확장된 것이라는 주장도 있긴 하나, 이는 논리의 비약이다. 예상 독자의 반응을 고려해 볼 때, 범과 북곽선생을 대청 의식과 관련해서 이해하는 태도는 논리적으로 어색하다. 「범의 꾸짖음」을 비분해하는 중국인이 창작했다는 관점에서 읽으면, 그 내용이 조선 사람들에게 통쾌한 웃음을 유발할 요소는 없는 것이다.*

그렇다면 왜 연암은 「범의 꾸짖음」의 작가를 비분해하는 중국인(한인)으로 설정했을까? 이는 '한인'의 표상이 국내의 보수적인 사대부들에게 정서적인 친밀감을 가져다주는 존재였기 때문이다. 연암은 자신이 주요 공격 대상으로 삼은 계층인 보수적인 사대부들이 우호적으로 여기는 '비분해하는 한인'을 작가로 만들어 논점 흐리기를 시도했다. 연암이 작가라면 북곽선생은 위선적인 유학자임이 쉽게 드러나지만, 작가를 한인으로 생각하면 북곽선생은 중국의 현실과 관련한 인물이 된다. 그리하여 보수적인 사대부들은 북곽선생이 자신들을 겨냥한 인물임을 생각지 못하고 아첨하는 한인이라고 생각하게 된다. 「범의 꾸짖음」의 노골적인 풍자성은 굴절되고, 연암 자신은 논란의 중심에서 빠져나오게 되는 것이다.

● 우언의 진실과 후지의 성격

작품의 성취도만 고려하면 「범의 꾸짖음」은 연암 작품임이 분명해 보이는데도 중국인 원작설을 수용하는 결정적인 이유는 두 가지로 생각해 볼 수 있다. 첫째는 「범의 꾸짖음」이 7월 28일이라는 구체적인 날짜 속에 나왔다는 점이다. 둘째는 「범의 꾸짖음 후지」는 대청 의식과 관련한 내용을 다루고 있는데, 일반적으로 후지는 본문의 후기 역할을 한다는 점에서 본문의 내용도 후지처럼 대청 의식과 관련해서 파악해야 한다는 것

---

* 『열하일기』는 임금인 정조까지 읽어 볼 정도로 조선 사람들에게 널리 읽혔다. 특히 「범의 꾸짖음」은 더욱 크게 회자되었다. 그 내용이 민감한 조선의 현실을 다루었기 때문일 것이다.

이다.

먼저 전자를 생각해 보자면, 『열하일기』는 엄연히 사실에 바탕을 둔 일기라는 양식 속에 창작되었는데, 일기 기록에서 허구를 말했을 리 없다는 것이다. 따라서 비록 「범의 꾸짖음」에 연암의 흔적이 상당 부분 있다 해도, 연암의 말을 그대로 믿고 원작의 존재만큼은 인정해야 하는 것이다. 이 입장은 기왕의 연구 성과에 한정해서 살펴보자면 가장 많은 학자들의 지지를 받고 있다. 연암이 전면적으로 수정했든 부분적으로 다듬었든 일단 중국인 원작이 있었을 것이며, 이에 바탕을 두고 연암이 손질을 가했을 거라는 생각이다.

연암 창작설을 주장하는 학자들은 연암의 이와 같은 언급은 자신에게 돌아올 해를 피하기 위한 장치로 본다. 이가원李家源 선생은 이에 대해 "그 구성 방법이나 문체의 포장舖張이나 모든 면에서 연암의 자작이 아닐 수 없다. 이는 다만 그 내용에 있어서 국내의 수많은 위학자군僞學者群의 노염이 폭발될까 우려해 실명씨失名氏의 작으로 의탁해 버린 것이다"라고 했으며, 후대의 많은 학자들이 이 주장에 동조한다. 그리하여 7월 28일 내용 전체를 「범의 꾸짖음」을 구성하는 허구적 장치로 이해하려 한다.

그럼에도 여전히 「범의 꾸짖음 후지」의 문제가 남는다. 후지後識는 발跋, 후기後記 등으로도 불리는데, 글을 쓰게 된 경위를 부연의 형식으로 쓴 것이다. 「범의 꾸짖음 후지」에서는 글의 저자를 비분해하는 중국인으로 추정했으며, 이어 청나라가 무너지지 않고 계속 부강해진 연유, 청나라 문화 정책에 대한 비판을 기술했다. 후지의 특성을 고려하자면 의당 「범의 꾸짖음」의 원작자는 중국인이며, 「범의 꾸짖음」은 대청 의식과 관련한 내용이어야 한다. 연암 창작설을 주장하는 학자들이 「범의 꾸짖음」과 후지와의 관련성 문제는 다루지 않고 있는데, 반박할 마땅할 근거가 없어 의도적으로 빠뜨렸거나 간과했기 때문으로 보인다. 이 문제에 대답을 할 수 없다면 연암 창작설도 매우 궁색해진다. 연암의 글쓰기 방식을 살펴봄으로써 이 문제를 풀어 보기로 한다.

『열하일기』는 연행록의 전통 속에서 나왔다. 연행록은 기본적으로 객관적인 기록물이거나 또는 여행기의 성격을 갖는다. 공식 수행원이 썼을 경우엔 기록물의 성격이 강하고, 개인 자격으로 참여한 자제군관이 쓰면 여행기의 특성이 두드러진다. 그런데 『열하일기』는 순전히 객관적인 기록물 혹은 순수한 여행기의 특성만 갖는 것이 아니다. 「열하일기 서문」熱河日記序에서 "우언寓言을 겸하면서도 끝내 이치를 이야기하는 것으로 귀결"했다고 말했듯이, 『열하일기』는 우언의 성격을 겸하고 있다. 그 당시 사람들도 『열하일기』가 우언을 많이 섞었다고 보았으며, 특히 「범의 꾸짖음」에 대해 우언의 맥락에서 이해하고 있다.[30]

「범의 꾸짖음」을 여행기나 보고서의 관점에서 접근하면 사실의 측면에서 작품을 이해하게 되지만, 우언의 맥락에서 접근하면 '진실'의 차원에서 이해할 필요가 있다. 곧 「범의 꾸짖음」은 사실의 언어가 아니라 우언의 언어인 것이며, 따라서 사실이냐 아니냐의 여부가 아니라 진실성 여부가 작가의 의식에 중요한 요소로 자리 잡는 것이다. 연암이 사실성을 도외시했다는 의미가 아니다. 주지하다피시 연암은 사실성을 아주 중요하게 생각한 작가다. 하지만 진실을 드러내기 위해 때로는 허구의 언어, 우언의 언어를 적절하게 활용했다. 연암은 진실을 보여 주기 위해 '사실'에 윤색을 가하거나 의도적으로 허구를 삽입하기도 했다.[31]

연암은 『열하일기』를 연행록의 전통적 특징인 기록물로 쓰려 하지 않았다. 연암은 사실의 재현을 추구한 것이 아니라 진실한 세상을 세우는 일에 관심을 두었다. 그리하여 창조적이고 비판적인 현실 인식을 통해 바람직한 미래를 실현하고자 했다. 따라서 연행록이 지니고 있는 특성,

즉 사실과 보고의 기록이라는 선입견에 매이면 연암의 글쓰기 전략에 속고 만다. 우언은 진실을 말하기 위한 전략적인 장치다. 연암에겐 무슨 일이 있었는가가 아닌, 무엇을 어떻게 말하느냐가 중요했다. 그러므로 연암의 진짜 의도를 파악하려면 7월 28일에 무슨 일이 있었느냐에 연연하지 말고, 연암이 어떤 진실을 말하고 싶어 했는지를 추적해야 한다. 「범의 꾸짖음」이 왜 군이 7월 28일자에 기록되었느냐는 그다지 의미를 갖지 못한다. 「범의 꾸짖음」은 다른 어떤 날짜에 삽입되어도 상관없다. 다만 연암이 그 날짜를 선택했을 뿐이다. 독자의 입장에선 그러한 상황이 필연적인 것처럼 여겨질 테지만, 연암에겐 전략적인 장치이다. 「범의 꾸짖음」은 어느 날짜에 삽입해도 상관없었으나, 연암은 하필 7월 28일에 수록했다. 여기에는 옥전현玉田縣이라는 공간이 중요한데, 뒤에서 이야기할 것이다. 연암은 일기라는 형식 속에 우언을 끼워 넣음으로써 어떤 이들에겐——예컨대 위선적인 유학자들——우언을 일기로 생각하게 하려는 치밀한 전략을 세웠다. 그리하여 「범의 꾸짖음」 전체를 사실의 언어로 여기도록 만들었다. 일기와 우언의 절묘한 교직交織, 그것은 『열하일기』를 구성하는 연암의 핵심 전략 가운데 하나다.

또 하나, 후지의 문제를 생각해 보자. 후지는 기본적으로는 본문의 부록 역할을 한다. 글을 쓰게 된 경위나 과정을 설명할 필요가 있거나 빠뜨린 말을 보충할 때 후지라는 형식으로 첨가한다. 따라서 후지는 오늘날의 후기에 해당한다고 볼 수 있다. 후지의 전반적 내용은 대청 의식에 관한 것이므로 본문도 의당 청나라 현실에 관한 내용일 것으로 예상하게 되는 것이다.

그렇지만 연암에게 후지는 단순히 덧붙이는 말이 아니다. 연암이 후지를 쓴 작품은 10여 편인데, 모두 『열하일기』에만 실려 있다. 이 작품들 전체를 살펴보면, 후지는 단순히 보조물로 기능하지 않는다. 후지는 본문과 대등하게 독립적이고 개별적인 서사敍事를 담고 있다. 어떤 후지는 본문보다 더 형식적으로 뛰어나고 주제 의식이 선명하다. 예컨대 「요술 이야기 후지」는 앞의 「요술 이야기」에 비해 더 완결된 구조와 문학성을 갖고 있다. 오히려 「요술 이야기」가 보조적이라는 생각을 갖게 한다. 둘 다 요술을 소재로 삼았지만 「요술 이야기」가 요술 장면을 단순히 소개한 것임에 반해, 「요술 이야기 후지」는 대화체의 구성을 활용해 수준 높은 인식론과 현실 문제를 풀어낸다. 「허생전」은 후지가 두 개나 된다. 「허생전」과 후지는 서로 별개의 서사를 다룬다. 두 후지도 각기 다른 이야기를 한다. 그중 한 후지에선 허생을 명나라 유민이라고 추측했다. 후지는 일종의 부록이 아닌 자율적이면서 완결된 구조를 갖는다. 연암의 후지는 산문의 전통 속에 위치하지 않고 서사의 맥락 속에 있다고 보는 것이 맞다.

그렇다고 후지가 본문과 전혀 별개의 특성을 갖는 것은 아니다. 본문과 깊은 관련을 갖고 있으면서 한편으로는 독립적인 구성을 취한다. 예컨대 「허생전」과 그 후지는 별개의 구성을 갖지만, 둘 다 '허생'이라는 인물의 정체에 대해 이야기한다. 「요술 이야기」와 「요술 이야기 후지」도 서로 다른 주제 의식을 이야기하지만, 둘 다 요술을 제재로 삼는다.

「범의 꾸짖음」 본문과 후지도 마찬가지다. 「범의 꾸짖음」 본문은 인간과 자연의 관계를 이야기하고 있다. 후지에서는 민족과 민족 간의 관계를 말한다. 둘은 서로 다른 주제 의식을 보여 주는 듯하지만 실은 존재의 평등과 상생에 관한 내용이다. 곧 후지는 「범의 꾸짖음」 본문에 종속되지 않고 서로 대등한 관계에 있다. 사실 「범의 꾸짖음」은 홍대용洪大容이 쓴 『의산문답』의 다른 버전이라고 불러도 무방할 정도로 둘의 주제 의식은 닮았다. 「범의 꾸짖음」은 『의산문답』의 핵심적인 주제를 우언의 장치를 통해 전달하고 있을 뿐이다. 이 점 역시 뒤에서 이야기할 것이다.

이러한 점들로 보건대 연암이 「범의 꾸짖음 후지」에서 원작자를 중국인이라고 밝히고 대청 의식에 대해 기술한 것이 반드시 「범의 꾸짖음」 본문과 연결되어야 하는 것은 아니다. 후지는 후지 나름대로 독자적인 구성을 취하고 있다. 연암이 후지에서 짐짓 자신이 쓴 글이 아니라고 눙친 것은 단순히 해害를 피하기 위해서일 뿐만 아니라, 자신의 글쓰기 전략을 가장 극적으로 보여 주기 위한 미학적 장치다.

연암이 「범의 꾸짖음」 도입부에서, 「범의 꾸짖음」이 절세의 기문奇文이라고 언급한 것은 「범의 꾸짖음」이야말로 자신의 최고 득의작임을 스스로를 객관화시켜 자부한 발언이라 본다. '절세의 기문'이라고 한 것은 「범의 꾸짖음」 본문뿐만 아니라 도입부와 후지까지 다 포함하는 의미다.

● **옥전현과 발총지유의 상징 의미**

「범의 꾸짖음」에는 작가 문제를 푸는 데 열쇠가 되는 두 개의 중요한 상징적 어휘가 있다. 하나는 「범의 꾸짖음」을 발견한 배경 공간인 '옥전현玉田縣'이고, 또 하나는 후지에 나타난 '발총지유'發塚之儒(남의 무덤을 파는 유학자)다. 두 단어에는 은밀한 상징이 숨어 있다. 먼저 옥전현부터 살펴보자.

『열하일기』의 7월 28일자 기사는 새벽에 풍윤豊潤을 출발해 고려보高麗堡에 도착한 뒤부터 옥전현에 이르기까지 모두 80리의 여정을 담고 있다. 옥전현에 관한 정보는 7월 28일자 기사의 첫머리에 나타나며, 「범의 꾸짖음」의 도입부에서 다시 나타난다. 해당 지문은 다음과 같다.

> 옥전玉田의 옛 이름은 유주幽州다. 옛날의 무종국無終國으로 주나라 소공召公이 봉해진 곳이다. 『정의』正義에서는 "소공이 처음 무종에 봉해졌다가 뒤에 계주薊州로 옮겼다"고 했고, 『시경』 서문에서는 "부풍 옹현 남쪽에 소공의 정자가 있으니, 곧 소공의 식읍食邑이다"

라고 했으나, 어느 말이 옳은지 모르겠다.(중략)

저녁이 되어 옥전현玉田縣에 이르니 무종산無終山이 있다. 누군가가 연나라 소왕昭王의 사당이 이곳에 있다고 했다.

옥전에 관한 똑같은 정보를 같은 날짜의 기사에서 반복해 기술하고 있다는 점도 흥미롭다. 연암이 7월 28일에 옥전현에 들렀다는 기록만큼은 실제임이 틀림없다.

그렇다면 「범의 꾸짖음」이 왜 하필 7월 28일자 옥전현이란 공간과 연관되어 있는지를 생각해 보자. 앞에서 7월 28일이란 날짜는 그다지 중요한 문제가 아니라고 했다. 7월 28일은 그날이 연행 노정 가운데 옥전현에 들른 날에 불과하므로, 중요한 것은 왜 하필 옥전현에서 「범의 꾸짖음」을 다루었는가가 문제다.

옥전현이란 명칭은 밭에 돌을 심어 옥(은)을 거둔 전설을 바탕으로 붙여진 것이다. 연암은 「동란섭필」銅蘭涉筆에서 이와 관련한 고사를 소개하고 있다.

세상에 전하는 말로는, 옹백雍伯이란 사람이 옥을 심었다고 하니 지금 우리들이 지나왔던 옥전현玉田縣이 바로 이곳이다. 『오후청』五侯鯖에 이르기를, "설경薛瓊이란 사람은 지극한 효자인데, 집이 가난했다. 나무를 하다가 우연히 늙은 농부를 만났는데, 그가 물건 하나를 건네주면서 '이것은 은銀의 열매인데 서쪽 벽의 흙을 써서 구리로 된 화분에 심으면 은을 얻을 것이다'라고 했다. 그 말대로 심었더니 열흘이 지나자 싹이 나오고 다시 열흘이 지나자 꽃이 피었는데, 꽃은 광채가 나는 조개의 조각처럼 은색으로 생겼다. 열매를 맺자 모두 은이 달렸다"라고 한다. 태사太史 고역생高棫生이 내게 말하기를, "서역西域에서는 양의 배꼽을 심는다고 합니다. 양을 사로잡아 먼저 배꼽을 채취해서 땅에 깊이 심으면 1년이 되어 양이 생긴다고 합니다. 양이 땅 위에 엎드려 있는 모습은 마치 가축과 같은 모양인데, 우렛소리를 들으면 배꼽이 떨어진다고 합니다. 이는 『원사』元史에 실려 있는 이야기입니다"라고 한다. 양의 배꼽을 심을 수 있다면 은과 옥도 심을 수 있을 것이다.[32]

연암은 옥전현의 유래와 배경에 대해 잘 알고 있었다. 은의 열매(돌)를 옥으로 만드는 일은 실제로는 허구에 불과하다. 그러나 이 고사에는 효자에게 복을 내린다는 진실이 담겨 있다. 곧 돌을 옥으로 만드는 일은 허구의 진실이다. 곧이곧대로 믿기 어려운 유래담이지만 진실이 담겼기에 의미가 있다. 또 옥전현에는 연나라 소왕의 무덤이 있다. 연암은 이 사실도 잘 알고 있었다. 다른 연행록 기록에 의하면 연나라 소왕의 무덤 앞에 있는 화표주華表柱는 늙은 여우로 변해 감쪽같이 사람을 홀린다고 한다. 곧 옥전현은 허구적 진실과 더불어 남을 홀린다는 이미지를 간직한 곳이다. 작가가 누구인지를 헷갈리게 해서 독자를 감쪽같이 속인 「범의 꾸짖음」과 그 이미지가 절묘하게 겹치는 공간이다.

그뿐만이 아니다. 옥전현 성의 북쪽에는 의산翳山이 있다.[33] 의산은 의무려산翳巫閭山을 가리킨다. 앞의 인용문에서 연암도 언급했듯이 옥전의 옛 이름은 유주幽州인데, 유주의 진산鎭山이 바로 의무려산이다. 『열하일기』「산해관기」山海關記를 보면, "태항산이 북쪽으로 뻗어 의무려산이 되었는데, 순임금이 중국의 열두 산을 봉할 때 의무려산을 유주의 진산으로 삼았다"라고 증언했다. 그런데 『의산문답』翳山問答의 의산翳山 역시 바로 의무려산이다. 뒤에서 밝히겠지만, 연암이 「범의 꾸짖음」을 창작한 모티프가 되는 작품이 『의산문답』이다. 정리하자면 옥전현의 옛 이름인 유주의 진산이 의무려산인데, 이 의무려산이 바로 「범의 꾸짖음」을 쓴 토대가 된 『의산문답』의 배경 공간인 것이다.(「범의 꾸짖음」과 『의산문답』의 관계는 뒤에서 자세히 다룰 것이다.) 이러한 사실을 단순히 우연으로 돌릴 수는 없다. 연암이 「범의 꾸짖음」을 옥전현에서 보았다고 한 데는 매우 의도적인 고려가 담겨 있다.

이번엔 후지에 보이는 발총지유發塚之儒의 상징 의미에 대해 살펴보자.

> 연암씨는 말한다. 이 글은 비록 작자의 성명은 없으나 아마 가까운 시기 중국인이 비분悲憤해서 지었을 것이다. 세상의 운세가 긴 밤으로 들어가면서 오랑캐의 화〔夷狄之禍〕가 맹수보다 더 심하다. 선비 가운데 부끄러움이 없는 자는 문장을 주워 모아 세상에 아첨을 하고 있다. 어찌 남의 무덤을 파는 유학자로서 범에게 잡아먹힐 자가 아니겠는가? 지금 이 글을 읽어 보니 말이 이치에 많이 어긋나서 거협胠篋, 도척盜跖과 취지가 같다. 그러나 천하의 뜻있는 선비가 어찌 하루라도 중국을 잊을 수 있겠는가? 「범의 꾸짖음 후지」

위의 언급으로 인해 「범의 꾸짖음」의 작가가 비분해하는 중국인이라는 입장이 힘을 얻었다. "선비 가운데 부끄러움이 없는 자는 문장을 주워 모아 세상에 아첨을 하고 있다"는 문장은 자연스레 북곽선생과 연결되고, 북곽선생의 정체는 청조에 아부하며 살아가는 위선적인 한인 지식인으로 귀결된다.

사실 윗글엔 석연치 않은 부분이 많다. 「범의 꾸짖음」의 도입부에선 「범의 꾸짖음」에 대해 '절세의 기문奇文'이라고 말하고선 위에서는 '말이 이치에 많이 어긋난다'고 해 전혀 상반되는 언급을 했다. 또 오랑캐의 화禍가 맹수보다 심하다고 했지만, 이 글에 바로 이어지는 글에선 청나라가 한당 시절에도 없던 전례 없는 태평 시절을 이루고 있다고 했다. 둘 중의 하나가 진실이라면 다른 쪽은 거짓이 된다. 즉 전략적인 발언이다.

무엇보다 모호한 것은 '남의 무덤을 파는 유학자', 즉 발총지유發塚之儒의 정체다. 윗글에 따르면 '문장을 주워 모아 세상에 아첨을 하는 자=남의 무덤을 파는 유학자〔發塚之儒〕=범에게 잡아먹힐 자'의 등식이 성립되고, 이는 곧 북곽선생과 연결된다. 그런데 '발총지유'는 연암의 다른 글에도 반복해서 나타나고 있어 흥미롭다. 연암 사상과 관련해 어떤 '상징'을 갖는 개념인 것이다. '발총지유'가 나타나는 글을 제시하면 다음과 같다.

> 세상이 말세로 떨어져
> 허위만을 숭상하고 꾸미니
> 시를 읊으면서 무덤을 도굴하는
> 위선자요 사이비 군자라네
> 은자인 체하며 빠른 출세를 노리는 짓을
> 예로부터 추하게 여겼느니
> 이에 「역학대도전」易學大盜傳을 짓는다.
>
> 「방경각외전 자서」放璚閣外傳自序

> 이제 알리라 그려 놓은 계수나무가
> 살아 있는 오동나무만 못하다는 걸
> 손뼉 치며 초나라 왕을 놀라게 한들
> 이는 바로 옷차림만 빌린 것이고
> 푸르고 푸른 언덕의 보리를 노래한 건
> 입속의 구슬을 몰래 빼내기 위함이라

제 속이 속된 줄은 생각 안 하고
아름다운 붓 벼루만 애써 찾거든
육경의 글자로만 글을 엮는 건
비하자면 사당에 의탁한 쥐와 꼭 같지
고전의 자구 해석한 말 주워 모으면
못난 선비들은 입이 다 벙어리 되네

「좌소산인에게 주다」贈左蘇山人

서자호西子湖에서 서로 만나 보니,
그대가 자신을 부끄러워하지 않을 줄 아노라.
입안에 구슬을 머금지 않았으니,
보리 읊조린 유자를 슬퍼함이라

「홍덕보 묘지명」洪德保墓誌銘 명사銘詞

　　첫 번째 글의 "시를 읊으면서 무덤을 도굴하는"詩發含珠과 두 번째 글의 "푸른 언덕의 보리를 노래"한 것, 세 번째 글의 "보리 읊조린 유자"가 모두 발총지유發塚之儒를 가리키는 말이다. 발총지유는 '무덤을 파는 유학자'란 뜻으로, 『장자』莊子 「외물」外物 편에 나온다. 한 타락한 유학자가 무덤을 도굴하다가 시체의 입에 반함飯含한 구슬을 보고, "푸르고 푸른 보리, 무덤가에 자랐구나. 살아서 베풀지 않았으니 죽어서 구슬 머금은들 무엇 하리"靑靑之麥 生於陵陂 生不布施 死何含珠爲라는 시를 읊으며 시체의 입을 벌려 구슬을 꺼낸 우화에서 나왔다. 유학자를 도굴꾼에 비유해서 시문을 지을 때 남의 훌륭한 구절을 훔쳐 내어 아름답게 꾸미는 짓을 비유한 것이다. 이동환 교수는 「홍덕보 묘지명」의 발총지유에 대해, '입으로는 시례詩禮를 담론하면서 뒤로는 발총과 같은 흉악한 짓을 하는 유자'를 의미한다고 보았다.³⁴ 세 글에 나오는 발총지유가 모두 동일한 상 징을 지니고 있음은 쉽게 파악된다.

　이를 염두에 두면서 첫 번째 글을 보자. 학문을 팔아먹는 큰 도둑, 곧 역학대도易學大盜는 북곽선생의 이미지와 딱 맞아떨어진다. 허위를 숭상하고 꾸미는 사이비 군자, 은자인 척하는 유학자가 역학대도이자 북곽선생이다. 여기에 이르니 첫 번째 구절인 "세상이 말세로 떨어져"世降衰季라는 표현이 「범의 꾸짖음 후지」의 "세운世運이 긴 어둠으로 들어갔다"는 말과 중첩됨을 확인할 수 있다.

　두 번째 글인 「좌소산인에게 주다」도 후지와 직접 연결되어 있다. 이 글에서 발총지유는 붓 벼루만 애써 찾고, 육경의 글자로만 글을 엮으며, 훈고訓詁의 언어만 주워 모으는 자다. 북곽선생이야말로 『시경』, 『주역』 등의 경전 구절만 엮어 자기 위선을 덮는 데 사용하는 자다. 게다가 "고전의 자구 해석한 말 주워 모으면, 못난 선비들은 입이 다 벙어리 되네" 掇拾訓詁語 陋儒口盡啞라는 말은 후지의 "문장을 주워 모아 세상에 아첨을 하고 있다"掇拾章句 以狐媚當世는 말과 거의 동일한 맥락에 있다.

　곧 연암에게 발총지유는 허위와 가식으로 자신을 꾸미며, 입으로는 온갖 그럴듯한 말을 해대지만 실제로는 자신의 위선과 추악함을 합리화하고 변명하기에 급급한 조선의 거짓 선비들이다.³⁵ 「방경각외전 자서」는 연암이 청년 시절에 쓴 작품이고, 「좌소산인에게 주다」는 서른 즈음에 쓴 시이며, 「홍덕보 묘지명」은 마흔여섯 즈음에 쓴 글이다. 발총지유에 대한 문제의식은 젊은 시절부터 연암 내면에 지속적으로 자리 잡아 왔다. 곧 「범의 꾸짖음」의 북곽선생은 「방경각외전 자서」에서 언급한 역학대도의 이미지를 구체적으로 현현顯現한 인물이다.

　이렇게 보면 후지의 서두는 중국의 현실을 이야기한 것 같지만 실제로는 조선의 현실을 풍자한 연암의 생각을 고스란히 담았다. 단 하나의 어휘 '중국인'華人을 '조선인'으로 치환하기만 하면, 후지는 젊은 시절부터 연암이 비판해 온 암울한 조선의 현실과 위선적인 유자들에 대한 생각을 고스란히 반영하고 있다. 그런 점에서 보자면 '오랑캐의 화'夷狄之禍에서 오랑캐[夷狄]가 꼭 청나라를 가리킨다기보다 조선을 의미할 수도 있겠다. 홍대용을 비롯한 북학파들은 조선이 이적夷狄이란 사실을 굳이 꺼려 하거나 숨길 필요가 없다고 생각했다. 화이론華夷論을 따르자면 조선은 지리적으로는 이적夷狄의 나라인 것이다.[36] 일반적으로 조선 사람들에게 이적은 청나라를 가리키지만 연암은 객관적으로 조선을 이적으로 부른다는 점을 활용해, 이적의 의미를 중의적으로 숨겨 놓음으로써 알아들을 자는 깨닫도록 장치한 것이다. 그렇다면 '비분해하는 중국인'은 실제로는 비분해하는 조선 사람 박지원이다. '말이 이치에 많이 어긋'났다고 말한 것은 풍자의 대상인 위선적인 유학자들의 칼날을 슬쩍 피해 가기 위한 '빈말'이다.

- 『향조필기』의 영향과 범 상징의 전통

「범의 꾸짖음」의 원작자가 중국인이라면, 연암이 '절세의 기문'이라고 평가할 만큼 뛰어난 작품이므로 「범의 꾸짖음」은 중국에서 전해지고 있을 확률이 높다. 이에 따라 원작인 「범의 꾸짖음」을 찾으려는 학자들의 노력도 있었다. 그렇지만 아직까지 중국에서 「범의 꾸짖음」은 발견되지 않았다. 「범의 꾸짖음」이 연암의 순수 창작물이라면 원작 「범의 꾸짖음」은 끝내 발견되지 않을 것이다.

그런데 「범의 꾸짖음」의 전반부가 왕사정王士禎이 지은 『향조필기』香祖筆記와 흡사하다는 점을 발견한 논의가 있어 흥미를 끈다.[37] 해당 부분을 다시 인용해 보기로 한다. 두 글의 유사성을 제대로 비교하기 위해 원문까지 제시한다.

범은 슬기롭고 성스러우며 문무를 겸비했고, 자애롭고 효성스럽고 지혜롭고 어질며, 웅장하고 용맹스러워 천하에 적수가 없다. 그러나 비위狒胃는 범을 잡아먹고 죽우竹牛도 범을 잡아먹으며, 박駁도 범을 잡아먹는다. 오색사자五色獅子는 큰 나무가 있는 동굴에서 범을 잡아먹는다. 자백兹白도 범을 잡아먹고, 표견豹犬은 날아서 범과 표범을 잡아먹으며, 황요黃腰는 범과 표범의 심장을 꺼내 잡아먹는다. 뼈가 없는 활猾은 범과 표범에게 잡아먹혔다가 그 뱃속에서 범과 표범의 간을 먹는다. 추이酋耳는 범을 만나면 찢어서 씹어 먹는다. 범이 맹용猛獮을 만나면 눈을 감고 감히 보지 못하지만, 사람은 맹용을 두려워하지 않고 범을 두려워한다. 범의 위세가 정말 대단하지 않은가?

虎睿聖文武, 慈孝智仁, 雄勇壯猛, 天下無敵. 然狒胃食虎, 竹牛食虎, 駁食虎, 五色獅子食虎於巨木之岫, 兹白食虎, 豹犬飛食虎豹, 黃要取虎豹心而食之, 猾(無骨)爲虎豹所吞 內食虎豹之肝, 酋耳遇虎, 則裂而啖之. 虎遇猛獮 則閉目不敢視, 人不畏猛獮而畏虎. 虎之威其嚴乎? 「범의 꾸짖음」

범은 서방의 맹수여서 뭇 짐승들이 모두 범을 두려워한다. 그러나 전기傳記의 기록을 보면 범을 제압할 수 있는 자가 한둘이 아니다. 예컨대 사자는 구리 머리에 철색鐵色인데 범과 표범을 잡아먹을 수 있고, 박駁은 말과 같이 생기고 외뿔인데 범을 잡아먹으며, 자백은 의거국義渠國에서 나온 짐승으로 범과 표범을 잡아먹는다. 추이는 범과 생김새가 비슷한데 범을 만나면 곧 죽여 버리고, 표견은 날며 범과 표범을 잡아먹고, 황요는 족제비와 생김새가 비슷한데 범과 표범의 심장과 간을 꺼내 먹는다. 죽우도 범을 뚫릴 수 있으니, 새끼를 대나무 사이에 낳아 두고는 범이 지나가면 곧 무서워 뚫게 한다. 그리고 위猬도 범을 제압할 수 있으니 『낙고기』諸皐記에는 비위가 범을 잡아먹는다 했고, 활은 뼈가 없는데 범의 뱃속에 들어가 안에서 범을 물어뜯는다 한다. 한 무제 때 서역에서 승냥이 비슷한 짐승을 바쳐 상림上林에 보냈더니 범이 그놈을 보고는 눈을 감은 채 감히 뜨지도 못했는데, 혹자는 이를 맹용이라 했다. 오색사자는 큰 나무 구멍에서 범을 잡아먹는다. 근자에 남해자南海子에서 코끼리가 범과 싸우는 걸 보았는데, 왕왕 범을 죽이곤 했다. 그런즉 범의 위세라는 것도 변변찮은 것이다.

虎爲西方猛獸, 毛族皆畏之, 然觀傳記所載, 能制虎者, 不一而足. 如獅子銅頭鐵色, 能食虎豹, 駮如馬, 一角, 食虎豹, 玆白出義渠国, 食虎豹, 酋耳似虎, 遇虎則殺之, 䮲犬能飛食虎豹, 黃腰形似鼠狼, 取虎豹心肝而食, 竹牛能伏虎, 生子竹中, 虎行過即㥨伏. 又猬能制虎, 『諸皐記』狒胃食虎, 猬無骨, 入虎腹, 自内齧虎. 漢武帝時, 西域貢獸如狸, 以付上林, 虎見之, 閉目不敢視, 或曰猛慵也. 五色獅子, 食虎于巨木之岫. 近見南海子象與虎鬪, 往往殺虎. 則虎之威, 亦僅僅耳.

『향조필기』 권5

원문을 비교해 보면 순서만 바뀌었을 뿐, 「범의 꾸짖음」이 『향조필기』를 거의 똑같이 끌어다 사용했다는 사실을 쉽게 알아챌 수 있다. 연암이 왕사정의 『향조필기』를 읽고 『열하일기』에서 즐겨 인용했다는 사실은 김명호 교수가 밝힌 바 있다.[38] 김명호 교수는 연암이 왕사정의 저술들을 크게 참조했다고 하면서, "그중에서도 특히 빈번히 인용하는 것은 『향조필기』로, 『열하일기』의 「금료소초」 편은 연암이 그 서문에서 밝힌 바와 같이 거의 대부분 『향조필기』로부터 발췌했다"라고 했다. 따라서 연암이 「범의 꾸짖음」에서 『향조필기』의 내용을 끌어다 썼다는 사실은 꽤 자연스럽다. 만일 「범의 꾸짖음」을 누가 쓴 것인지 연암이 정말로 몰랐다면, 「범의 꾸짖음」이 『향조필기』를 그대로 인용했다는 사실을 연암이 언급하지 않을 리 없다. 게다가 『향조필기』 인용문의 마지막 부분은 연암의 「코끼리에 대한 기문」象記에 수용되어 활용되고 있다. 그 양상을 한번 비교해 보겠다.

> 강희 시대에 남해자에 두 마리의 사나운 호랑이가 있었다. 오래되어도 길들일 수가 없자 황제는 화가 나서 호랑이를 내몰아 코끼리 우리로 들여보내라고 명령을 했다. 코끼리가 몹시 겁을 먹고 그 코를 한 번 휘두르자 두 호랑이가 그 자리에서 죽어 버렸다. 코끼리가 호랑이를 죽일 마음이 있었던 건 아니었으나, 냄새나는 것이 싫어 코를 휘두르다가 잘못 맞은 것이다. 「코끼리에 대한 기문」

> 근자에 남해자南海子에서 코끼리가 범과 싸우는 걸 보았는데, 왕왕 범을 죽이곤 했다. 그런즉 범의 위세라는 것도 변변찮은 것이다.
> 『향조필기』 권5

곧 「코끼리에 대한 기문」의 인용문은 『향조필기』의 내용을 끌어와 부연한 것이 분명해 보인다. 그렇다면 연암이 『향조필기』의 내용을 끌어와 「범의 꾸짖음」에 활용하고서 짐짓 모른 척했다고 보는 것이 합리적일 것이다.

「범의 꾸짖음」 후반부에서 범이 인간의 폭력성과 잔인함을 꾸짖는 내용이 유몽인柳夢寅의 「호정문」虎穽文과 닮았다는 사실도 이미 기존 논의에서 지적했다. 「호정문」은 인간이 범을 잡는 사건을 기술한 글로, 인간과 범으로 대표되는 인성人性과 물성物性의 대결을 다루고 있다. 사람은 만물의 영장으로서 다른 존재와 달리 스스로 몸을 도모할 수 있는 존재다. 그리하여 무인인 홍공이 인간에게 해를 끼치는 범을 물리치고자 함정을 만들어 놓는다. 그러고는 얼핏 잠이 들었는데, 꿈속에 한 창귀倀鬼가 범을 타고 나타나서 인간의 잔인성에 대해 하소연한다. 창귀는 심정이 포악하고 잔인하기로는 인간보다 심한 것이 없다고 하면서, "천지 사이에 깃들여 사는 만물은 모두 하늘이 낳고 기르는 바인데, 인간은 반드시 그것을 해친다"라고 힐난한다. 나아가 인간은 "약속을 저버리며 마음으로 음해하고 입을 놀려 해치고 무기를 휘둘러 이기고 코를 베고 발뒤꿈치를 자르고 목매달아 죽이고 베어 죽이며, 심지어는 일족을 죽인다"라고 항변한다.[39]「범의 꾸짖음」이 더 구체적이고 극적으로 인간의 야만성과 잔인함을 폭로할 뿐,[40] 인간의 약탈성과 잔인함을 비판하는 내용은 둘이 거의 같다.

그러고 보면 인간과 범의 대결을 다루는 양상은 고전 설화와 산문에서 지속적으로 이어 오는 관습이기도 하다.[41] 인간과 대결을 벌이는 대표적 짐승으로 늘 범이 등장한다. 따라서 인간과 자연의 대결을 염두에 둘 때, 자연의 대표적인 상징물로 범을 등장시키는 것은 매우 자연스런 고전의 전통이다. 수많은 동물 가운데 범을 등장시킨 것은 인간과 대결 구도를 갖는 존재의 대표 상징으로서 선택했다고 보는 편이 타당할 것이다.

•『의산문답』의 영향

「범의 꾸짖음」에는 홍대용이 쓴 『의산문답』의 영향이 강하게 반영되어 있다. 김태준 교수는 「범의 꾸짖음」과 『의산문답』이 장면 구성과 인물 배치, 인물의 대결 양상 등에서 매우 흡사하다는 점을 지적했다.[42] 먼저 두 작품은 다 같이 3장으로 이루어진 희곡적 장면 구성을 보여 준다는 것이다. 「범의 꾸짖음」에서는 제1장이 범의 세계인 산, 제2장은 과부가 사는 어두운 방, 제3장은 들판으로 이루어졌는데, 『의산문답』 역시 제1

장은 조선의 세속 학계, 제2장은 연경燕京, 제3장은 그 중간 지점인 의무려산鹽巫閭山이라는 것이다. 다음으로 두 작품은 모두 꾸짖는 자와 꾸지람을 당하는 자의 대결을 주축으로 구성되어 있다고 했다. 나아가 두 작품의 주제적 의도는 실학實學으로 허학虛學을 해체하고 있으며, 그중에서도 낙론洛論의 인물성동론人物性同論에 기반하고 있다는 것이다. 두 작품의 유사성을 지적한 혜안은 상당히 의미 있음에도 더 이상 이에 관한 논의는 확장되지 않았다. 등장인물간의 대결 구도라는 점은 흥미롭지만, 나머지는 실질적인 관련성이 약하다고 판단했음 직하다.

김태준 교수가 비교한 작품의 범위는 「범의 꾸짖음」 본문과 『의산문답』이다. 그런데 「범의 꾸짖음」의 전체 범주를 어디까지로 하느냐 하는 문제를 먼저 따져 보지 않을 수 없다. 일반적으로 연구자들은 「범의 꾸짖음」 본문과 후지를 분리해서 보고 있으며, 후지는 본문의 후기 정도로 생각한다. 후지가 '덧붙이는 말'로서의 성격을 갖기 때문이다. 그렇지만 연암의 후지는 본문과 대등하게 독립적이고 개별적인 서사를 담고 있다. 연암이 옥전현에 들른 때부터 이미 「범의 꾸짖음」의 우언은 시작되며, 후지는 본문과 대등한 위상을 갖고 있다. 이와 같은 구조 속에서 『의산문답』과 다시 비교해 보기로 한다.

『의산문답』의 전체 구조는 크게 세 부분으로 구성되어 있다. 첫 부분은 인간과 사물의 관계를 다룬 인물균人物均에 관한 내용이며, 두 번째 부분은 천지의 체형體形과 정상情狀을 이야기하는 우주 무한론, 세 번째 부분은 화이론華夷論에 관한 내용이다. 글의 마지막에서는 당시 동아시아의 대의명분이었던 화이론을 비판하며 역외춘추론域外春秋論으로 끝맺는다. 역외춘추란 내가 서 있는 곳이 세계의 중심이며 이전의 역외, 즉 바깥 오랑캐라 불리던 땅도 세계의 중심이 될 수 있다는 논리이다. 한편 「범의 꾸짖음」 본문은 인간과 사물의 관계에 대해 이야기하고, 후지는 대청 의식에 대해 다루고 있다. 이렇게 보면 「범의 꾸짖음」의 본문은 『의산문답』의 첫 부분과, 후지는 『의산문답』의 세 번째 부분과 그 주제 의식이 일치한다. 그 일치 양상을 다음과 같이 제시해 보기로 한다.

① 인간과 사물의 관계에 관한 부분:

사람의 입장에서 만물을 보면 사람이 귀하고 만물이 천한 것이 된다. 하지만 만물의 입장에서 사람을 보면 만물이 귀하고 사람이 천한 것이 된다. 이런 이치로 볼 때 하늘의 입장에서 보면, 사람이나 만물이나 다 마찬가지인 것이다. 무릇 짐승과 초목이 아는 것과 깨달음이 없다고 했지만, 아는 것이 없는 까닭에 거짓이 없고 깨달음이 없는 까닭에 몹쓸 짓도 하지 않는다. 따라서 이런 이치로 본다면 만물을 사람보다 훨씬 귀하게 볼 수 있는 것이다.[43] 『의산문답』

무릇 천하의 이치는 하나이니, 범의 성품이 악하다면 사람의 성품도 악할 것이고, 사람의 성품이 선하다면 범의 성품도 선할 것이다. 네 온갖 말은 다섯 가지 윤리에서 벗어나지 않고, 경계하거나 권면하는 따위도 항상 예, 의, 염, 치인 사강四綱에 있다. 그렇지만 마을에 코가 베이거나 발이 잘리거나 얼굴에 범죄자 낙인을 하고 다니는 자들은 모두 오륜을 어긴 자다. 형벌의 도구인 오랏줄, 도끼, 톱을 날마다 쓰기 바빠 겨를이 없는데도 사람들의 나쁜 짓을 막지 못하고 있다. 범의 집안에는 본래 이런 형벌이 없다. 이로 보건대 범의 성품이 사람보다 어질지 않더냐? …… 네놈들이 이理를 말하고 성性을 논할 때 툭하면 하늘을 들먹이지만, 하늘이 명령한 바로써 본다면 범이든 사람이든 만물의 하나일 뿐이다. 「범의 꾸짖음」

② 화이론에 관한 부분:

은나라에서 머리에 쓰는 관인 장보나 주나라의 갓인 위모나 오랑캐가 몸에 그림을 그리는 문신이나, 남만에서 이마에 그림을 그리는 조제는 모두 다 같은 자기들의 풍속인 것이다. 하늘에서 본다면 어찌 안과 밖의 구별이 있겠느냐? 「의산문답」

사람이 처한 입장으로 보면 중화와 오랑캐가 진실로 구분이 있지만, 하늘이 명령한 바로써 본다면 은나라 모자든 주나라의 모자든 각기 그때의 제도를 따른 것일 뿐이다. 하필이면 청나라의 붉은 모자만을 의심해야 하겠는가? 「범의 꾸짖음 후지」

사람과 천지 만물은 똑같이 귀한 존재이며, 하늘의 입장에서 만물을 보아야 한다는 생각은 『의산문답』의 전반부를 이루는 핵심 내용이면서 「범의 꾸짖음」 본문의 핵심 내용이기도 하다. 모든 민족은 각자의 풍속과 제도를 갖고 있을 뿐이라는 문화의 상대성은 『의산문답』의 후반부를 이루는 핵심 내용이면서 「범의 꾸짖음 후지」의 핵심 내용이다. 다만 『의산문답』이 화이론을 비판하는 역외춘추론까지 나아간 반면, 「범의 꾸짖음 후지」에서는 양비론의 방식으로 문화의 상대성을 옹호한다는 차이가 있다. 후지의 주제 의식에 대해서는 뒤에서 자세하게 다룰 것이다. 『의산문답』의 중간 부분에 나오는 지전설地轉說과 우주론은 『열하일기』의 「곡정필담」鵠汀筆談에 똑같이 나온다. 곧 연암의 『열하일기』에는 『의산문답』의 주제들이 고스란히 들어 있다. 지전설과 우주론은 「곡정필담」에 담아내고, 인물균과 화이론에 관한 담론은 「범의 꾸짖음」에서 다루었다. 인물균과 화이론은 존재의 평등에 관한 담론이어서 하나로 엮을 수 있기에 연암은 전략적으로 이같이 배치했다고 본다. 다만,『의산문답』이 대화체의 방식인 반면 연암은「범의 꾸짖음」에서 서사적 우언의 방식을 활용함으로써 독자들은「범의 꾸짖음」과『의산문답』과의 연관성을 눈치챌 수가 없었다.

정리하면「범의 꾸짖음」은 중국인이 쓴 작품을 연암이 다시 개작한 것이 아니라『의산문답』의 주제와 구성을 빌려 왔으며,『향조필기』와「호정문」의 모티프를 차용해 연암이 직접 창작한 작품이다. 두 작품에 공통으로 나타나는 주제의 경우, 연암이『의산문답』의 주제 의식을 빌려 온 듯 보이나 실제로는 연암과 담헌이 평소에 허심탄회한 대화를 통해 서로 생각을 공유한 것이라 본다.

중국인 원작설에 얽매이는 한「범의 꾸짖음」의 주제는 대청 의식을 벗어나기 어렵다. 분분한 작가 논란을 일으키려는 것이 연암의 의도였고, 그 예상은 적중했다. 연암의 작가 논란 전략은 단순히 자신에게 돌아올 해害를 피하기 위한 방편에 그치지 않는다. 그것은 연암의 글쓰기 미학을 실현하기 위한 치밀한 장치다. 그 결과 작가인 연암 자신은 뒤로 슬쩍 빠지고 명료한 주제는 모호해졌다. 매우 심각하고 충격적인 내용은 희석되고 분산되었다. 연암의 노련한 글쓰기 전략에 말려든 덕분에 우리는「범의 꾸짖음」이 진짜로 이야기하려 했던 노골적이고 신랄하며, 통쾌하되 서글픈 주제 의식을 소홀히 하고 말았다.

필자는 연암 창작설을 주장하는 학자들과 입장을 같이하는데, 여기서 새로 제기한 근거들을 통해 작가 논란을 종결짓고픈 마음도 있다. 그렇다면 이제「범의 꾸짖음」이 연암의 창작물이라는 입장 아래「범의 꾸짖음」의 구조와 서술 미학에 대해 이야기해 보겠다.

(3) 「범의 꾸짖음」의 구성과 주제

「범의 꾸짖음」 전체는 크게 셋으로 구성되어 있다. 프롤로그에 해당하는 도입 부분, 「범의 꾸짖음」 본문, 후지로 나눌 수 있다. 「범의 꾸짖음」 본문은 창귀가 범에게 인간을 추천하는 부분과 북곽선생이 범에게 혼나는 부분으로 다시 나누려 한다. 구체적인 양상은 다음과 같다.

- **도입부: 모호하게 만들기와 관심 끌기**

「범의 꾸짖음」의 도입부는 프롤로그라고도 볼 수 있겠는데, 연암은 여기서 두 가지 전략을 구사한다. 하나는 '모호하게 만들기'이고, 두 번째는 '관심 끌기'다. 전자가 독자를 의식한 글쓰기 행위라면, 후자는 작가의 글쓰기 능력을 구현하는 미학적 장치다. 먼저 '모호하게 만들기'에서는 「범의 꾸짖음」의 작가를 자신이 아니라고 하여 작품과 작가의 거리두기를 시도, 본문의 노골성을 약화시키고 작가 자신은 논란에서 비켜 나가려 한다. 도입부는 구체적인 날짜가 있는 데다 상황 묘사가 자세해서 「범의 꾸짖음」이 벽에 걸린 글을 베낀 것이라는 증언을 자연스럽게 믿도록 한다. 날짜와 장소를 구체적으로 드러냈으며, 어떻게 글을 베끼게 되었는지를 자세히 밝혀 놓았다. 그렇지만 이미 기존 학자들도 지적했듯, 글을 베낀 과정이 허구라는 정황들이 많다. 글자도 모르는 장사꾼의 가게에 절세의 기문奇文이 걸려 있다는 점, 주인이 자신이 지은 것이 아니라고 밝혔음에도 "이것은 선생께서 지은 거죠?"라고 거듭 되묻는 점, 식견을 갖춘 정 진사가 엉터리로 베꼈다는 점 등은 곧이곧대로 믿기엔 상당히 의심이 간다.[44] 「범의 꾸짖음」 본문의 전반부를 연암 자신이 베꼈다고 했음에도, 전반부에 "의醫는 의疑다", "무巫는 무誣다" 등의 조선식 동음이의어가 활용된다는 점도 기존 논의에서 지적하고 있다. 정 진사가 잘못 베낀 후반부를 수정했다고 했지, 자신이 베낀 전반부를 다시 고쳤다고는 하지 않았다. 그럼에도 연암 자신이 베낀 부분에 조선식 동음이의어가 나타난다는 점은 이치에 맞지 않는다.

　곧 연암은 7월 28일에 옥전현에 들른 실제 경험에 「범의 꾸짖음」을 발견하는 우언의 장치를 절묘하게 섞어 독자를 모호하게 만들었다. 거짓이나 사실만을 말하는 것보다 참과 거짓을 적절하게 섞어 놓으면 더 극적이고, 대중은 더 쉽게 끌린다고 한다. 독일의 선동가였던 요제프 괴벨스Joseph Goebbels(1897~1945)는 "거짓과 진실을 적절하게 배합하는 것이 100퍼센트의 거짓보다 더 큰 효과를 낸다"라고 말했다. 7월 28일자 기사가 극적으로 보이고 호기심을 끌어당기는 것도 그러한 이유다. 사실에 근거한 경험과 우언의 장치는 극적 효과를 주어 독자로 하여금 글 내용에 빠져들게 한다. 글의 내용을 문면 그대로 믿는 독자도 있을 테고, 연암의 장치임을 알아채는 독자도 있을 것이다. 사실임을 믿을 수밖에 없는 설정과 허구임을 알아채도록 하는 장치가 섞여 작가는 모호함 속으로 숨어든다.

　'관심 끌기' 전략은 글을 베끼게 된 과정을 극적으로 구성해 놓은 것을 말한다. 이와 관련해 김성탄金聖嘆의 서사론을 적용해서 「범의 꾸짖음」의 도입 부분을 분석한 다음, 도입부가 신비감을 미적 기반으로 한다고 주장한 논의도 있다.[45] 「범의 꾸짖음」 도입부는 점층의 전략을 구사하고 있다. 어느 가게로 들어가면서 기문을 베끼기까지의 과정을 점층적으로 묘사해 기문의 내용에 호기심을 느끼도록 구성했다. '옥전현→ 성안 → 가게 → 행랑채 → 방 안 → 사방의 벽 → 벽 위 → 액자의 글'로 초점이 좁혀지는 구성은 구심적求心的인 방식이다. 넓은 곳으로부터 점차 초점이 액자의 글로 좁혀지도록 함으로써 독자의 관심이 하나로 초점화된다. "이른바 세상에 드문 기이한 글이었다"라고 한 것은 「범의 꾸짖음」이 자신의 득의작임을 스스로에게 과시한 것이면서, 독자들에겐 글의 내용에 흥미를 갖도록 유도한다. 또한 "이것은 선생께서 지은 거죠?"라고 되물은 것은, 글의 작가가 자신이 아님을 독자들이 분명하게 인지하도록 하면서 글의 정체에 대해 궁금증을 일으키게 한다.

- **본문 전반부: 인간의 자기모순 극대화**

본문의 전반부는 창귀가 범에게 인간을 추천하는 내용으로 구성되어 있다. 단락별로 간단하게 정리해 보겠다.

> ① 범은 천하무적이다. 그러나 범을 잡아먹는 맹용도 많다. 범은 맹용을 두려워하나, 사람은 맹용을 두려워하지 않고 범을 두려워하니 범의 위세가 대단하다.
> ② 범이 사람을 잡아먹으면 창귀는 굴각이 되고, 이올이 되고, 육혼이 되어 범에게 먹을거리로 사람들을 일러바친다.
> ③ 굴각이 뿔도 없고 날개도 없이 머리가 까맣고 교대로 걸으며 꼬리가 머리에 있는 동물을 추천한다.
> ④ 이올이 의원과 무당을 추천하나 범은 의醫는 의疑고, 무巫는 무誣라고 일침을 가한다.
> ⑤ 육혼이 덕이 높은 선비를 추천하자 범이 처음엔 구미가 당기다가 선비의 실체를 알고 불쾌해한다.

서두는 범의 위상에 관한 것이다. 범은 천하무적이지만, 범과 맹용, 사람은 서로 물고 물리는 상대적인 관계에 있다. 세 존재의 삼각관계는 연암 사상의 핵심이라 할 사물의 상대성을 이야기한다. 아무리 천하무적의 존재일지라도 관계 속에서는 상대적이다. 이 점 「코끼리에 대한 기문」에 잘 반영되어 있다. 하지만 그럼에도 "범의 위세가 대단하지 않은

가?"라고 말했다. 범을 잡아먹는 맹용이 많다 해 놓고 이같이 말했으니 반어적으로 읽힌다. 대단하긴 하지만 어떤 상황에서는 변변치 않다는 것이다. 한편으로는 인간이 가장 무서워하는 존재가 범이니 꼭 잘못된 말이라고 볼 수도 없다. 유학에서 인간은 만물의 영장이라고 말한다. 그러한 인간들도 범에게만은 꼼짝을 못하니 범의 위세가 대단한 것이다.

다음은 창귀에 관한 민간의 전통 설화를 바탕으로 범과 인간의 관계를 극적으로 드러낸 내용이다.

> 범이 개를 잡아먹으면 취하고, 사람을 잡아먹으면 신령스러워진다. 범이 한 번 사람을 잡아먹으면 사람이 죽어 변한 창귀倀鬼는 굴각이 되어 범의 겨드랑이에 붙어 있는데, 범을 인도해 부엌에 들어가 혀로 솥의 귀를 핥게 한다. 그러면 주인은 배고픈 생각이 들어 아내를 시켜 밤중에 밥을 짓도록 한다.
> 범이 두 번째로 사람을 먹으면 그 창귀는 이올이 되어 범의 광대뼈에 있으면서 높은 곳에 올라 사냥꾼이 있는지를 살핀다. 만약 골짜기에 함정을 파고 쇠뇌를 설치해 놓았으면 먼저 가서 그 덫을 풀어 버린다.
> 범이 세 번째로 사람을 먹으면 그 창귀는 육혼이 되어 범의 턱에 붙어 있으면서 알고 있는 친구들 이름을 많이 일러바친다.
> 범이 창귀를 불러 모았다.
> "날이 저무는데 어디서 먹을 것을 구해야겠느냐?"

인간은 한갓 범의 먹잇감으로 전락한다. 게다가 범의 하수인으로 등장하는 창귀는 인간이 범에게 잡아먹혀 귀신으로 변한 존재다. 범에게 잡아먹힌 순서대로 이름이 붙는데, 첫 번째로 잡아먹힌 창귀는 굴각, 두 번째로 잡아먹힌 창귀는 이올, 세 번째로 잡아먹힌 창귀는 육혼이라 불린다. 본래 인간이었던 존재가 범의 먹잇감으로 인간을 추천하는 아이러니가 발생한다. 이미 이 장면부터 인간의 모순성이 극명하게 드러난다. 윗글은 오늘날엔 매우 생소한 굴각, 이올, 육혼 등이 등장해 낯설고 기이한 느낌을 준다. 그러나 이들 귀신은 예전의 민간 전통에서는 익히 알려진 존재였다.

차례대로 등장하는 굴각, 이올, 육혼을 통해 인간은 점점 희화화되고 내리 깎인다. 굴각의 말부터 살펴보자.

굴각이 대답했다.
"제가 예전에 점을 쳐 두었습니다. 뿔도 없고 날개도 없이 머리가 까만 동물로, 눈 속에 발자국이 있는데 왼발 오른발 교대로 듬성듬성 났고 꼬리를 살펴보니 머리에 있어서 꽁무니를 감추지 못했습니다."

발자국이 왼발 오른발 교대로 난 것은 인간의 걸음걸이를 비유한 것이고, 꼬리가 머리에 있다는 것은 상투를 희화화한 표현이다. 머리가 까맣다는 말의 원문은 검수黔首인데, 일반 백성을 의미한다. 어디에도 인간의 권위는 없다. 희화화의 방식으로 인간들의 겉모습을 우스꽝스럽게 만들었다.

다음의 이올은 인간 중에 특히 의원과 무당을 풍자한다.

이올이 말했다.
"동문에 먹을 것이 있는데, 그 이름은 의원입니다. 입에 온갖 풀을 머금고 있어서 살코기가 무척 향기롭습니다. 또 서문에도 먹을 것이 있는데, 그 이름은 무당입니다. 온갖 귀신에게 아양을 떠느라 날마다 깨끗하게 목욕재계합니다. 이 두 가지 중에 고기를 고르십시오."

범이 수염을 떨치며 화난 빛으로 말했다.

"의원 의醫는 의심할 의疑다. 그 의심스런 바를 사람들에게 시험해 해마다 수만 명을 죽게 만든다. 무당 무巫는 속일 무誣다. 귀신을 속이고 백성을 미혹케 해 해마다 수만 명의 목숨을 앗아 간다. 그래서 사람들의 분노가 뼛속으로 들어와 금잠金簪으로 변했으니 독해서 먹을 수가 없다."

여기서는 인간의 신분적 속성을 희화화한다. 그 가운데 의원과 무당이 풍자의 대상이다. 동문에 의원이 있고 서문에 무당이 있다는 말은 당시의 제도를 반영한 것으로 보인다. 조선 시대에는 도성의 동쪽과 서쪽에 활인서活人署를 설치해 각각 의원과 무당을 두고 질병을 치료했다. 의원은 의약 치료를 맡고 무당은 종교적 치료를 맡아 환자를 입체적으로 치료했다. 곧 의원과 무당은 인간의 몸과 영혼을 치료하고 낫게 해 주는 특별한 존재였다. 그런데 연암은 의원 의醫는 의심할 의疑고, 무당 무巫는 속일 무誣라고 했다. 동음이의어를 활용해 이름의 의미를 전도顚倒시키고 있다. 연암은 의원과 무당이 의심스럽게 하고 남을 속여서 백성을 죽이는 사기꾼이라고 조롱한다. 특별히 의원과 무당을 끌어들인 것은 언어유희를 구사하기에 적절한 글자로 떠올랐을 수도 있겠다. 무엇보다 의원과 무당에 대한 연암의 시선은 이익李瀷, 정약용丁若鏞 등 실학자들의 인식과 동일 선상에 있다. 이익의 『성호사설』星湖僿說 「용의살인」庸醫殺人 편에서는 의원들이 생명을 살리는 일에는 관심 없고 오로지 돈벌이에만 관심을 둔다고 하면서 이들이 사람의 목숨을 해쳐, 사람을 살리는 일은 적고 사람을 죽이는 일이 많다고 꼬집었다. 또 정약용의 『마과회통』麻科會通「오견편」吾見篇 '속의'俗醫에서는 의원이 사람의 병을 다루는 힘을 가졌다는 점을 내세워 제멋대로 세력 있는 집만 가려 다니고 가난한 사람들은 무시하는 행태를 비판하고 있다. 연암 역시 인간의 생사를 주관하는 의원과 무당이 백성을 혹세무민惑世誣民해 돈을 착취한다고 생각한다.

마지막으로 육혼이 희화화하는 대상은 선비다.

육혼이 말했다.
"숲 속에 고기가 있습니다. 어진 간과 의로운 쓸개에 충성스럽고 결백한 마음을 품고 있습니다. 예악을 실천하면서 입으로는 제자백가의 말을 외우고 다니고 마음으로는 만물의 이치에 통달했으니 이름을 '덕이 높은 선비'碩德之儒라고 합니다. 등살이 불룩하고 몸이 살져 다섯 가지 맛을 다 갖추고 있습니다."

숲 속은 유림儒林을 은유한다. 선비 집단이 먹이 대상인 고기로 전락했다. 어짊[仁]과 의로움[義], 충성[忠]과 깨끗함[潔], 예와 악은 유학자의 정신 지향이자 삶의 지침이다. 그렇지만 유학자의 덕목들은 범의 맛을 돋우는 요리 재료로 폄하되었다. '등살이 불룩하고 몸이 살져 있다'背盎體胖는 표현도 『맹자』와 『대학』에서 따온 말로, 일은 하지 않고 글만 읽어 몸이 뒤룩뒤룩 살찐 모습을 풍자하는 뜻으로 바뀌었다.

인간에 대해서는 반응이 없다가 의원, 무당에 대해서는 화를 내던 범은 선비 집단에 이르러서는 침을 흘리며 크게 웃는다. 짐짓 석덕지유碩德之儒에 구미가 당기는 모습을 보여 주는 것이다. 그러자 창귀들이 앞다투어 다음과 같이 아뢴다.

창귀들이 앞다투어 범에게 아뢰었다.

"한 번은 음陰이었다가 한 번은 양陽이 되는 것을 도라고 하는데, 유자들은 꿰뚫고 있습니다. 오행五行이 서로 낳고 육기六氣가 서로 조화를 이루는데, 선비가 이를 이끌어 줍니다. 음식이 맛있기로는 이보다 좋은 것은 없습니다."

범은 발끈해 낯빛이 변하더니 정색을 하고 불쾌해하며 말했다.

"음양이란 하나의 기운이 나타났다 사라졌다 하는 것인데, 기를 둘로 나누었으니 그 고기는 잡스러울 것이다. 오행은 자리가 정해져 있어 애초에 서로 낳는 관계가 아닌데도 지금 억지로 자식과 어미로 만들고 짠맛과 신맛 등을 분배해 놓았으니 그 맛은 순수하지 못할 것이다. 육기는 스스로 운행하므로 서로 펴고 이끌어 줄 필요가 없는데도 지금 망령되이 도와주고 보충해 준다 일컬으며 사사로이 자기의 공로를 드러내려 하니 그것을 잡아먹으면 너무 딱딱해 체하거나 토하지 자연스레 소화가 되겠느냐?"

『주역』에 나오는 "한 번은 음이 되고 한 번은 양이 되는 것을 도道라고 한다"는 말은 유학에서 사물의 발생과 현상을 설명하는 기초 단위다. 또 오행이 서로 상생한다는 오행상생설과 음陰, 양陽, 풍風, 우雨, 회晦, 명明의 육기가 서로 조화를 이루며 이끌어 준다는 설은 유가의 철학 이념이자 행동 원리다.

하지만 이에 대해 범은 불쾌감을 표시한다. 음양은 하나의 기운일 뿐이며, 오행은 상생하지 않고, 여섯 기운은 스스로 운행할 뿐이라 한다. 범은 지금 정통 유학에서 근간으로 삼는 우주의 질서 원리를 거부하고 있다. 범의 입장은 연암의 생각과 그대로 일치한다. 연암은 이理와 기氣를 둘로 나누어 보는 이기이원론理氣二元論을 반대하고 기일원론氣一元論

을 주장했다. 나아가 오행상생설을 비판했으며, 만물은 스스로 운행한다고 주장했다.

우선 연암은 홍대용과 더불어 기일원론을 주장했다. 그는 「답임형오논원도서」答任亨五論原道書에서, "만물이 생겨남에 어느 것도 기가 아님이 없다. 천지는 큰 그릇이다. 그것을 채우는 것이 기라면 차도록 하는 것은 이理다"라고 해, 기가 어떠하냐에 따라 이가 결정된다고 생각했다. 홍대용도 "이는 기가 선하면 역시 선하고, 기가 악하면 역시 악하다. 이는 주재하는 바가 없고 오로지 기가 하는 바를 따를 따름이다"라고 했다. 이기이원론에서는 이와 기를 나누고 이가 우월하다고 보는 차별적 세계관을 갖지만, 기일원론에서는 차별적 세계관을 부정하고 평등의 세계관을 주장한다. 그리하여 연암은 『열하일기』에서 인간은 벌레의 한 종류일 뿐으로, 모든 사물과 생명체의 기원은 먼지(塵)에서 출발한다고 보았다. 여기서 먼지는 일종의 기로 보아도 좋을 것이다. 인간을 포함한 만물의 기원을 이와 기로 나누어 차별적으로 인식하는 전통 성리학과는 다른 입장이다.

나아가 연암은 전통적인 오행상생설을 비판한다. 「홍범우익 서문」洪範羽翼序은 오행상생설을 정면으로 비판하는 글이다. 이 글에서 연암은 오행이 하는 일은 정덕, 이용, 후생의 도구에 지나지 않으며, 오행의 작용은 조화로운 삶을 통해 모든 일이 제대로 돌아가게 하는 일에 불과하다고 했다. 한나라 시절에 모든 일을 오행五行에 배당하고 확대 적용함으로써 허황된 주장이 생겨났다고 비판했다. 그러면서 다음과 같이 말한다.

> 쇠와 돌이 서로 부딪치거나 기름과 물이 서로 끓을 때는 모두 불을 일으킬 수 있다. 벼락이 치면 불타고 황충을 묻어 두면 불꽃이 일어나니, 불이 오로지 나무에서만 일어나지 않는다는 것도 분명하

다. 그러므로 상생한다는 것은 서로 자식이 되고 어미가 되는 것이 아니라, 서로 힘입어서 산다는 것이다.[46] 「홍범우익 서문」

오행상생설에 의하면 나무는 불을 낳고, 불은 흙을 낳는다. 곧 나무는 불의 어미가 되고 불은 나무의 자식이 된다. 그러나 그에게 오행상생은 어미가 자식을 낳는 관계가 아니라, 서로를 힘입어 살아가는 것이다. 이것과 저것이 서로 비추어 주는, 서로가 주고받는 공생의 관계다. 물질과 세계를 바라보는 연암의 세계관이 드러난다. 모든 존재는 서로를 의지하며 힘입어 살아간다는 것이다. 「범의 꾸짖음」 뒷부분에서 "범과 메뚜기, 누에와 벌, 개미는 사람과 함께 길러지는 것이니, 서로 어그러져서는 안 되는 것이다"라는 부분도 이와 동일한 시각을 보여 주는 말이다. 나아가 육기가 스스로 운행할 뿐이라는 취지의 말은 「답임형오논원도서」에 잘 나타나 있다.

정리하자면 연암은 「범의 꾸짖음」 본문의 전반부에서 범과 인간, 맹용 간의 상대성을 통해 절대적인 존재는 없다는 점을 들려준다. 이를 바탕으로 범과 인간의 관계를 재정립, 범을 두려워하는 인간을 만들었다. 인간만이 만물의 영장이라는 생각을 비판하려는 의도로 보인다. 차례대로 등장하는 굴각, 이올, 육혼과 범의 대화 구조는 문장의 길이와 풍자의 강도에서 점층적으로 구성되었다. 조롱의 대상이 일반 백성에서 유학자로 구체화될수록 문장의 분량도 2배씩 늘어나며 조롱의 강도도 높아진다. 연암은 범을 통해 자신의 세계관을 대신 이야기한다. 무엇보다 범에게 잡아먹힌 사람의 영혼인 창귀가 범의 하수인이 되어 인간을 먹잇감으로 추천하는 상황은 인간의 모순성을 극적으로 드러낸다. 그 모순된 인간 중에서도 유학자를 비판의 중심에 둠으로써 앞으로의 방향이 유학자에 대한 조롱이 될 것임을 예고한다.

● **본문 후반부: 인간의 잔인성 고발과 자연과의 평등**

「범의 꾸짖음」 본문의 후반부에서는 장면이 급작스레 전환되어 북곽선생과 동리자, 범이 등장한다. 앞서 저녁이었던 시간적 배경이 밤으로 바뀌었다. 장소는 바뀌었지만 시간은 연속성을 가짐으로써 후반부에 등장하는 범이 전반부의 범과 동일한 존재임을 암시해 준다.

후반부는 북곽선생과 과부인 동리자가 밀회를 나누는 장면과 범이 북곽선생을 꾸짖는 장면으로 나눌 수 있다. '범의 꾸짖음'이라는 작품 제목을 고려하면 앞쪽은 북곽선생의 실체가 드러나는 부분, 뒤쪽은 작품의 주제 의식을 보여 주는 부분이라 하겠다. 먼저 앞쪽의 내용을 살펴보겠다.

> 정나라의 한 마을에 벼슬을 하찮게 여기는 선비가 있었으니 북곽선생이었다. 마흔의 나이에 손수 교정한 책이 1만 권이었으며 사서오경의 뜻을 풀어서 다시 지은 책이 1만 5천 권이었다. 황제는 그의 의로움을 갸륵하게 여겼으며, 제후들은 그의 이름을 흠모했다. 마을의 동쪽에는 아리따운 젊은 과부가 있었으니 동리자였다. 황제는 그 정절을 가상히 여겼고 제후들은 그 정숙함을 사랑해, 그 마을 사방 몇 리 땅을 내려 '동리 과부의 마을'이라고 이름 지어 주었다. 동리자는 수절을 잘하는 과부라 했지만 아들이 다섯이었고, 각기 그 성이 달랐다.
> 하루는 다섯 아들이 서로 의논했다.
> "강 북쪽엔 닭이 울고 강 남쪽엔 별이 빛나는데, 방 안에서 소리가 나네. 어쩌면 북곽선생의 목소리와 저토록 닮았을까?"
> 다섯 형제는 번갈아 문틈으로 엿보았다. 동리자가 북곽선생에게 부탁하고 있었다.

"오랫동안 선생님의 인품을 흠모했습니다. 오늘 밤 선생님의 글 읽는 소리를 듣고 싶사옵니다."
북곽선생은 옷깃을 여미고 무릎 꿇고 앉아 시를 읊었다.

"원앙새는 병풍에 있고
반딧불은 반짝반짝 빛나네.
가마솥과 세발솥,
무얼 본떠 만들었나?

사물로 내 뜻을 비유하는 흥興으로 썼구나."
다섯 아들은 서로 의논했다.
"『예기』에 '과부의 문엔 들어가지 않는다'고 했는데, 북곽선생은 어진 분이잖아."
"나는 정나라 성문이 무너진 곳에 여우 굴이 있다고 들었어."
"나는 여우가 천 년을 묵으면 둔갑해 사람 모양으로 된다고 들었어. 이는 여우가 북곽선생으로 둔갑한 게 아닐까?"
다섯 아들은 서로 꾀를 냈다.
"듣기로는, 여우의 갓을 얻은 사람은 천금을 가진 부자가 되고, 여우의 신발을 얻은 사람은 대낮에도 몸을 숨길 수 있으며, 여우의 꼬리를 얻은 사람은 남을 잘 꼬드겨 반하도록 만들 수 있다고 했어. 저 여우를 잡아 죽여 나눠 갖는 게 어때?"
이에 다섯 아들은 안방을 둘러싸고 들이닥쳤다. 북곽선생은 소스라치게 놀라 허둥지둥 도망치면서도 사람들이 자신을 알아볼까봐 두려워, 다리 하나를 들어 목에 걸고 귀신처럼 춤추고 웃으며 문을 뛰쳐나갔다. 달아나다가 들판의 구덩이에 빠지고 말았는데, 그 속에는 똥이 가득했다.

겉으로 드러난 북곽선생은 명리에 연연해하지 않는 독서 군자이다. 유학의 이상적인 군자상이다. 동리자 역시 사람들의 추앙을 받는 정절의 여인이다. 그러나 반전이 일어난다. 다섯 아들이 모두 성이 달랐다. 실제로는 다섯 남편을 거친 부정한 여자임을 의미한다. 그러한 동리자와 북곽선생이 밤에 몰래 만나 밀회를 한다. 북곽선생 역시 의로운 척할 뿐 실제로는 뒤에서 호박씨를 까는 인물이었다. 윗글은 다음과 같은 특징을 보인다.

첫째, 전체적으로 억양반복의 구조를 취하고 있다. 북곽선생과 동리자를 들어올렸다가 누르는 방식을 취한다. 억양법은 이미 앞의 '육혼과 범의 대화'에서도 나타났다. 석덕지유를 추어올리다가——언어 표현상으로는 풍자이긴 하지만——그 실체를 들고 내리 깎았다. 그리고 다시 북곽선생을 높였다가 희화화했다. 유학자를 들었다 놨다 하면서 조롱하고 있다. 연암은 「문단의 붉은 기에 쓴 머리말」에서 억양반복은 맞붙어 싸워 모조리 죽이는 것이라고 했다. 유학자의 허위와 위선을 반복해서 까발림으로써 그 권위는 여지없이 추락하고 우스꽝스러워졌다.

둘째, 경전을 비롯한 고전의 구절이 선비의 허위를 풍자하는 데 활용되고 있다. 북곽선생이 동리자에게 구애하는 문구는 『시경』의 한 대목이다. 이뿐만 아니라 『주역』, 『맹자』, 『사기』, 『장자』, 『예기』, 『서경』 등 경전의 수많은 구절을 「범의 꾸짖음」 곳곳에서 인용해 패러디하고 있다.[47] 이 구절들은 경전의 권위를 해체하고 유학자의 위선과 가식을 조롱하는 데 활용된다.

셋째, 뒷부분이 범의 목소리를 빌려 인간의 가면을 벗겨 낸다면, 이 부분에선 인간 자신의 위선적인 행동을 통해 인간의 가식을 보여 준다.

북곽선생이 도망갈 때 다리 하나를 들어 목에 걸고 귀신처럼 춤추며 문을 뛰쳐나가는 장면에 이르면, 유학자의 체통은 가장 우스꽝스러운 꼴로 떨어진다. 곧이어 가장 더럽고 냄새나는 똥구덩이에 빠짐으로써 유학자의 긍지도 함께 똥구덩이 속으로 들어간다. 유학자의 행동이란 똥물 속에 들어갈 깜냥에 불과하다는 상징으로 읽는다.

「범의 꾸짖음」 전체 구조로 보면 범에게 잡아먹힌 인간인 창귀에 의해, 다음은 인간 자신에 의해, 그러곤 범의 입에 의해 차례대로 인간의 허울이 벗겨지는 서사 전개를 갖고 있다. 특히 인간 가운데 가장 엘리트 집단인 선비 계층, 더 구체적으로 선비 가운데서도 가장 이상적인 독서군자가 풍자의 목표가 됨으로써 인간의 숭고함과 권위는 가장 낮은 곳으로 추락한다. 「범의 꾸짖음」은 뒤로 갈수록 인간 존재의 허위성을 퍽 노골적인 방식으로 보여 주기 시작한다.

마침내 범과 북곽선생은 조우한다. 똥구덩이에 빠진 북곽선생이 아등바등 더위잡고 올라가자 범이 가로막는다.

> 아등바등 더위잡고 올라가 머리를 내놓고 바라보니 범이 길을 막고 있었다. 범은 이맛살을 찡그리고 구역질을 하면서 코를 막은 채 머리를 왼쪽으로 돌리며 숨을 내쉬었다.
> "그 선비, 역겹구나."
> 북곽선생은 머리를 조아리며 엉금엉금 기어 나왔다. 세 번 절을 하고 꿇어앉고서 고개를 들어 아뢰었다.
> "범님의 덕이야말로 참 지극하십니다. 성인은 당신의 변화를 본받고, 제왕은 당신의 걸음걸이를 배웁니다. 사람의 자식은 당신의 효를 본받고, 장수는 당신의 위엄을 취합니다. 명성은 신령스런 용과 나란하여 용님은 바람을 일으키고, 범님은 구름을 만드십니다. 인

간 세상의 천한 이 몸은 감히 당신 아래서 다스림을 받겠습니다."

범은 구역질을 하며 코를 막고 한마디 한다. "그 선비, 역겹구나." 선비란 존재가 코를 틀어막아야 할 만큼 역겨운 처지가 되어 버렸다. 북곽선생이 온갖 아양을 늘어놓은 말은 『주역』의 「혁괘」革卦와 「건괘」乾卦에서 따온 것이다. 북곽선생의 입에서 나오는 고전의 문구는 언제나 자신의 허위를 감추거나 자기 앞가림을 하는 데 쓰인다. 진리의 도구인 경전은 지식인의 위선을 감추는 데 이용될 뿐이다. "인간 세상의 천한 이 몸은 감히 당신 아래서 다스림을 받겠습니다"라는 북곽선생의 아첨에 이르면 인간과 짐승의 지위는 뒤바뀌어, 인간은 스스로 짐승의 하수인을 자처한다. 앞서 등장한 이올, 굴각, 육혼과 동일한 처지로 전락하고 말았다. 여기에 이르러 유학자의 위상은 창귀와 동등한 자리에 선다.

범은 북곽선생을 향해 인간 세계의 허위를 신랄하게 꾸짖는다. 작품 제목을 생각하면, 범이 꾸짖는 내용이야말로 작품의 주제 의식이다. 범이 꾸짖는 내용에 더 주목할 필요가 있다. 범의 꾸짖음을 간단하게 정리해 보겠다.

① 선비 유儒는 아첨할 유諛다. 범의 성품이 악하다면 사람의 성품도 악하고, 사람의 성품이 선하면 범의 성품도 선하다.
② 오륜과 사강四綱은 나쁜 짓을 막는 데 아무런 기능도 못한다. 범의 성품이 사람보다 어질며 범의 도는 광명정대光明正大하다.
③ 인간은 자신에게 은혜를 끼친 짐승을 함부로 잡아먹는다.
④ 인간들은 잔인하고 야비한 짓을 일삼는다.
⑤ 하늘이 명령한 바로 본다면 범이든 사람이든 만물의 하나일 뿐이다. 모든 생명체는 함께 길러지는 것이며 서로 어그러져서는 안 된다.

⑥ 선악으로 판별한다면 인간은 천지의 큰 도둑이고, 인의를 해치는 큰 도적이다.
⑦ 인간은 짐승보다 훨씬 더 남을 해치고 자기들끼리 잡아먹는다.
⑧ 범은 남을 원망하거나 미워하지 않고 하늘의 도에 순종하며 살아가므로 지극히 의롭다.
⑨ 인간은 인자하지 못하다. 수많은 함정을 만들어 죽이고 무기를 만들어 포악함을 드러내며 붓으로 남을 해친다. 인간은 가장 잔혹하게 서로를 잡아먹는 존재다.

사물과 대비하는 방식으로 인간의 위선과 폭력을 드러내고 있다. 인간이 만물의 주인이라는 자만에 빠져 다른 생명체를 멋대로 해치는 가장 폭력적이고 잔인한 모습을 보여 준다. 유학자를 조롱하는 언어는 거침이 없다. 선비 유儒는 아첨할 유諛와 같다고 해 문자의 의미를 전복시키더니, 범의 입을 빌려 역겹다, 잔인하고 야비하다, 인의仁義를 해치는 큰 도적이다 등등 극단적인 말들을 서슴없이 내뱉는다. 그 가운데 일부분만 들어 보겠다.

대개 자기 소유가 아닌데도 이를 취하는 것을 도盜라 하고, 생명을 해치고 물건을 빼앗는 것을 적賊이라 한다. 너희들은 밤낮없이 돌아다니면서 팔을 걷어붙이고 눈을 부라리며 남의 것을 빼앗고 훔치면서도 부끄러운 줄을 모른다. 심지어는 돈을 형님(옛날 돈은 네모난 구멍이 뚫렸으므로 공방형孔方兄이라 불렀다)이라 부르고, 장수가 되려고 아내를 죽이기도 하니, 인류의 도리를 다시 논할 수가 없을 정도다. 그런데다 다시 메뚜기에게서 밥을 가로채고 누에한테서는 옷을 빼앗으며 벌을 쫓아내어 꿀을 훔친다. 더 심한 놈은 개미 새끼로 젓을 담가 조상에게 제사를 지내기도 한다. 그 잔인하고 야비한 행위가 네놈들보다 심한 이가 누가 있겠느냐? 네놈들이 이理를 말하고 성性을 논할 때 툭하면 하늘을 들먹이지만, 하늘이 명령한 바로써 본다면 범이든 사람이든 만물의 하나일 뿐이다. 하늘과 땅이 만물을 기르는 어짊으로 논하자면 범과 메뚜기, 누에와 벌, 개미는 사람과 함께 길러지는 것이니, 서로 어그러져서는 안 되는 것이다. 그 선악으로써 판별한다면, 벌과 개미의 집을 공공연히 빼앗아 가는 놈이야말로 천지의 큰 도둑이 아니겠느냐? 메뚜기와 누에의 살림을 제 마음대로 훔쳐 가는 놈이야말로 인의仁義를 해치는 큰 도적이 아니겠느냐?

범은 인간 사회의 추악성과 야비함을 직설적으로 폭로한다. 인간은 생명을 손쉽게 해치고, 남의 것을 빼앗으며, 돈을 떠받들고, 자기 명예를 위해서라면 가까운 사람도 서슴없이 해친다. 다른 생명체를 함부로 죽이고 윤리를 빙자해 자기 이익을 챙긴다. 한마디로 도적盜賊이라는 것이다. 「양반전」에서는 양반을 도둑〔盜〕이라고 했는데, 이 글에서는 남을 해치고 죽이는 적賊의 의미까지 덧붙였다. 풍자의 대상은 서로 다르지 않지만 그 강도는 매섭도록 강력해졌다. 유학자를 대상으로 이처럼 맹렬하고 노골적으로 공격한 말은 일찍이 없었다. 윗글에서 연암은 그가 전 생애에 걸쳐 비판 대상으로 설정한 위선적인 유학자들에 대한 비판의 모든 것을 쏟아 내고 있다.

이러한 생각들이 「범의 꾸짖음」에만 나타나는 것은 아니다. 「옥갑야화」의 「허생전」이나 「방경각외전」의 「마장전」·「양반전」에서 잘 드러나듯, 연암은 자신의 글 전편全篇에 걸쳐 현실을 모순과 불합리가 가득한 곳으로 바라보고 위선적인 인간들, 편견에 갇힌 유학자들을 매섭게 비판한다. 연암이 생각하기에 인간 사회는 자잘한 예법이나 따지고, 인간을 우열로 가르며, 자신과 다른 생각을 손쉽게 배척하고, 약자와 타자를 잔인하게 해치는 공간이었다. 그 조롱과 비판의 강도는 매우 강력해서, 풍자를 당하는 대상에겐 굉장히 불쾌하고 화가 나며, 참을 수 없는 모욕감을 준다. 풍자의 강도가 셀수록 통쾌함의 강도도 커지고, 당하는 쪽은 더욱 기분 나쁘다.

그러나 연암의 궁극적인 의도는 인간과 유학자에 대한 조롱 자체에 있지 않다. 그는 "범이든 사람이든 만물의 하나일 뿐"이라는 사실을 말하고 싶은 것이다. 따라서 범과 메뚜기 등 자연 생명체들은 사람과 함께 길러지는 것이기에 서로 맞서 다투면 안 되는 것이다. 하늘의 입장에서는 사람이나 범이나 똑같은 자연 사물의 하나다. 개미든 사람이든 모든 생명체는 같은 하늘 아래 각자 자리에서 어우러져 살아가는 존재다. 연암에 따르면 사물의 처지에서 나를 보면 나 역시 사물의 하나일 뿐이며, 만물 중에 생을 누리는 것치고 선하지 않는 것이 없다.[48] 하늘은 천하 만물을 비교하고 따져 차등을 두지 않는다. 인간은 만물의 주인이라는 자만에서 벗어나 타자를 함부로 해쳐서는 안 되며, 모든 존재가 공생하며 살아가야 한다는 것이 「범의 꾸짖음」 본문의 주제 의식이다.

그가 자연 사물의 편에 서서 바라본 것은 사물 생태의 어떤 양상들, 예컨대 자연 사물의 미적 가치나 자연 사물의 살아가는 꼴이 비정하고 야만적인 인간 사회를 자각하도록 만들 수 있다고 여겼기 때문으로 보인다. 그가 늘 고민했던 인간 사회의 여러 문제에 대한 대안을 자연 사물의 생태에서 마련하고자 한 것이다. 요컨대 연암은 자연 생태의 원리를 통해 타락한 인간 사회의 도덕을 다시 회복시키고자 하는 염원을 품었던 것이다.[49]

북곽선생은 자리를 옮겨 엎드려서 엉거주춤 절을 두 번하고 머리를 거듭 조아렸다.

"옛글에 아무리 악한 사람일지라도 깨끗이 목욕해 몸가짐을 가다듬으면 상제도 섬길 수 있다고 했습니다. 인간 세상의 천한 이 몸은 감히 당신 아래서 다스림을 받겠습니다."

숨소리를 죽이고 가만히 귀를 기울였으나 오래도록 아무런 말도 들리지 않았다. 참으로 황송하기도 하고 두렵기도 해 손을 모으고 머리를 조아렸다가 고개를 들어 보니, 동녘은 밝아 오고 범은 이미 사라졌다. 아침 일찍 밭일 가던 농부가 물었다.

"선생님, 무슨 일로 새벽에 들판에 절을 올리십니까?"

북곽선생이 말했다.

"내 들으니 '하늘이 높다 하나 감히 머리를 숙이지 않을 수 없고, 땅이 두텁다 하나 감히 조심스레 걷지 않을 수 없다'고 했다네."

북곽선생의 말은 각기 『맹자』와 『시경』에서 가져온 것이다. 북곽선생은 시종일관 경전의 문구를 끌어와 자신을 변명하고 합리화하는 데 사용한다. 그가 수없이 읽고 썼다는 경전들이란 이같이 자신의 위선을 가리는 데 활용될 뿐이다. 1만 5천 권을 저술하고서 자신을 변명하는 데 경전을 이용했으니, 「옥갑야화」에서 글자가 화禍의 뿌리라고 말한 허생의 생각을 확인시켜 준다.

윗글은 「범의 꾸짖음」 본문의 마지막 부분이다. 범이 사라지는 순간에도 북곽선생은 처음과 똑같이, "인간 세상의 천한 이 몸은 감히 당신 아래서 다스림을 받겠습니다"라는 말로 굽실거린다. 범은 인간의 위선과 허위, 야만과 폭력에 대해 거침없이 조롱하고 폭로하며 때로는 다그쳤다. 인간의 추악함에 관한 모든 극단적인 면을 다 까발린 것처럼 보인다. 인간 입장에선 참을 수 없는 모욕감을 느낄 만하다. 그렇지만 북곽선생은 여전히 살기에 급급할 뿐이고, 계속 조아릴 뿐이다. 농부의 물음에 짐짓 예전과 같이 『시경』의 구절을 들먹이며 자신의 행동을 변명할 뿐이다. 결국 인간과 사물 사이에 변한 것은 아무것도 없다. 인간과 자연의 화해와 공존은 이처럼 힘들고 어렵다. 북곽선생을 노골적으로 풍자하면서도 희화화를 통해 그에게 연민을 느끼도록 한 것은, 연암이 선비 계층에 갖는 이중적인 마음일 것이다. 풍자의 대상이지만 한편으로는 자신이 속한 계층이기에 깊은 페이소스를 느끼는 것이다. 그럼으로써 「범의 꾸짖음」은 통쾌하되 진한 슬픔이 묻어나는 작품이 되었다.

 그런데 연암은 왜 특별히 유학자 집단에게 비판의 초점을 두었을까? 유자儒者는 인간 사회를 이끌어 가는 주체이자 나라의 운명을 책임진 지식인이다. 그런데 연암은 그런 유학자들이 세상을 오염시킨 주범이고, 세상을 왜곡되게 만든 장본인이라고 생각한다. 연암은 조선의 선비들이 우물 안 개구리처럼 견문이 적어, 편견만 가득하다고 판단한다.[50] 이와 관련한 내용이 「북학의 서문」에 나타난다. 자신보다 낮은 신분의 사람들은 천하다며 어울리지 않는다. 「양반전」에서 나타나듯, 일은 하지 않으면서 체면과 허례에 집착해 자기 배만 불리려 한다. 또 「허생전」에서 보듯, 천하 대의를 위한 아무리 좋은 계책을 내도 실행할 생각도 능력도 전혀 없다. 연암은 조선의 선비들을 구제 불능이라고 생각한 듯하다. 「범의 꾸짖음」은 연암의 이러한 생각이 가장 극단적이고 노골적인 형태로 드러난 작품이다. 다루는 내용이 중국을 배경으로 하므로 조선의 현실에서 비켜선 듯 보이나 이는 이이제이以夷制夷의 전략일 뿐이다. 게다가 조선 시대 학자들은 관습적으로 전거典據를 중국을 배경으로 끌어다 썼다.

 「범의 꾸짖음」 본문은 가장 비천한 존재를 끌어다 가장 존귀한 존재를 조롱하는 형식을 취함으로써 그 조롱과 풍자의 강도가 강력해졌다.

가장 비천한 존재란 범에게 잡아먹힌 영혼인 창귀를 말한다. 범 역시 서두에서 짐짓 천하무적이라고 기술했지만, 한편으로 범은 인간들에게 큰 해악을 끼쳐 왔기에 인간과는 늘 대결 구도에 있었다. 범은 인간에게 큰 피해를 끼치는 짐승, 잡아서 없애야 하는 존재이기도 했다. 그렇지만 연암은 서두에서 범을 절대적인 위상을 지닌 존재로 만들어 호환 마마의 이미지를 부각해, 짐승일 뿐이라는 통념을 의도적으로 약화시켰다. 반면 유학자는 인간 중에서도 가장 우월한 존재, 가장 높은 정신세계를 갖춘 계층이다. 그런 유학자가 죽은 귀신과 짐승에게 마음대로 농락당하고 조롱받았던 것이다. 연암 역시 유학자의 한 사람이라는 점에서 「범의 꾸짖음」은 인간의 자기모순, 부조리를 드러냄과 동시에 매서운 자기반성을 촉구하는 글이기도 하다.

- **후지: 본문과의 관련성 흐리기**

후지는 일반적으로 본문의 보조 역할을 한다. 본문을 쓰게 된 동기나 경위를 밝힘으로써 본문에서 미처 다루지 못한 사안을 덧붙여 준다. 그렇지만 연암의 후지를 일반적인 후지의 전통에서 접근한다면 오독誤讀할 위험이 있다. 무슨 말인가 하면, 연암의 후지는 문文의 전통이 아닌 사史의 맥락에서 이해할 필요가 있다는 것이다. 특히 오늘날 소설로 분류되는 「범의 꾸짖음」과 「허생전」의 후지는 더더욱 그러하다.

후지는 문文의 전통에서는 본문의 후기 역할을 한다. 그러나 「범의 꾸짖음 후지」는 우언과 서사의 맥락에서 접근해야 하며, 그랬을 때 '후지'는 「범의 꾸짖음」 본문과 대등한 구조로 기능한다.

후지 전체 내용은 대청對淸 의식을 다루고 있지만, 작가의 의도가 상당히 모호한 모습을 띠고 있다. 먼저 후지 서두를 보자.

연암씨는 말한다. 이 글은 비록 작자의 성명은 없으나 아마 가까운 시기 중국인이 비분해서 지었을 것이다. 세상의 운세가 긴 밤으로 들어가면서 오랑캐의 화가 맹수보다 더 심하다. 선비 가운데 부끄러움이 없는 자는 문장을 주워 모아 세상에 아첨을 하고 있다. 어찌 남의 무덤을 파는 유학자로서 범에게 잡아먹힐 자가 아니겠는가?
지금 이 글을 읽어 보니 말이 이치에 많이 어긋나서 거협, 도척과 취지가 같다. 그러나 천하의 뜻있는 선비가 어찌 하루라도 중국을 잊을 수 있겠는가?

위의 문장으로 「범의 꾸짖음」의 작가가 중국인이라는 입장이 힘을 얻었다. 무엇보다 '남의 무덤을 파는 유학자', 즉 발총지유의 정체가 호기심을 끄는데, 그 상징에 대해서는 앞에서 이야기했다. 「방경각외전」과 「좌소산인에게 주다」, 「홍덕보 묘지명」에도 발총지유가 등장하는 데서 알 수 있듯, 발총지유에 대한 연암의 문제의식은 오랫동안 지속되었다.
앞에서 이야기했듯이 위의 인용문은 중국의 현실을 이야기한 것 같지만 실제로는 조선의 현실을 풍자하고 있다. 곧 연암은 「범의 꾸짖음」의 본문과 후지 뒷부분을 이어 주는 듯이 글을 기술함으로써 「범의 꾸짖음」 본문의 주제를 대청 의식과의 연관 아래 바라보도록 했다. 그럼으로써 국내 선비들을 강력하게 비판하려는 자신의 의도를 숨겼다.
「범의 꾸짖음」의 원작자 문제를 다룬 연암은 이어 청나라가 번영을 누리는 현실을 이야기한다.

지금 청나라가 세상을 다스린 지 겨우 4대에 불과한데도 문무를 겸비하고 장수를 누리지 않는 황제가 없다. 태평한 100년 동안 온 천하가 평안하니 이 일은 한漢·당唐 때도 없었다. 그들이 평안을 온전히 하면서 기반을 굳건히 세우는 뜻을 관찰하니 아마도 또한 하늘이 명을 내려 임금의 자리에 앉힌 듯싶다.

옛날 누군가가 일찍이 하늘이 자세하게 말해 준다는 말을 의심해 성인 맹자에게 질문을 했다. 성인은 분명히 하늘의 뜻을 체득해 말씀했다. "하늘은 말로써가 아니라 행동과 일로써 보여 주신다." 나는 언젠가『맹자』를 읽다가 이 부분에 이르러 의혹이 점점 심해진 적이 있다. 감히 묻는다. "행동과 일로써 보여 주신다면 오랑캐로써 중화를 바꾸어 놓은 것은 천하의 큰 치욕인데, 백성들의 원통함은 어떻게 할 것인가? 향기로운 제물과 비린내 나는 제물은 각기 그 덕에 따라 다르겠지만, 온갖 귀신은 무슨 냄새로 제물을 받겠는가?"

따라서 사람이 처한 입장으로 보면 중화와 오랑캐가 진실로 구분이 있지만, 하늘이 명령한 바로써 본다면 은나라 모자든 주나라의 모자든 각기 그때의 제도를 따른 것일 뿐이다. 하필이면 청나라의 붉은 모자만을 의심해야 하겠는가?

글을 요약하면서 연암의 의도를 밝히자면 이렇다. 지금 오랑캐인 청나라는 통치자 모두가 장수를 누리고 100년간 태평 시대를 구가하고 있다. '거란의 요, 여진의 금, 몽골의 원나라가 100년 이상을 가지 못했듯이 하늘은 오랑캐를 100년 이상 지속하지 못하게 한다'胡運不百年고 했다. 맹자는 하늘은 말이 아닌 행동과 일로 보여 준다고 했다. 그렇다면 오랑캐인 청나라가 100년 이상 지속하면서 중화의 문물을 오랑캐 문화로 바꾸어 버린 것은 천하의 큰 치욕이고 원통한 일이 될 터인데, 청나라가 부강한 이 현실을 어떻게 받아들여야 할까?

사람의 눈으로 보면 중화와 오랑캐의 구별이 있겠지만 공평무사한 시각으로 본다면 문화는 각기 그 당시의 제도를 따르는 것일 뿐이다. 청나라의 붉은 모자만을 오랑캐 문물이라고 배척해야 할 이유는 없는 것이다. 곧 오랑캐인 청나라도 은나라, 주나라와 마찬가지로 자국의 문화와 제도를 갖고 살아갈 뿐이다. 문화의 상대성을 이야기하는 발언이면서 중화와 야만으로 나누는 전통적인 화이론華夷論을 비판하고 있다. 이 발언은 앞에서도 제시했듯『의산문답』에서 "은나라에서 머리에 쓰는 관인 장보나 주나라의 갓인 위모나 오랑캐가 몸에 그림을 그리는 문신이나, 남만에서 이마에 그림을 그리는 조제는 모두 다 같은 자기들의 풍속이다. 하늘에서 본다면 어찌 안과 밖의 구별이 있겠느냐?"라는 말과 하나로 통한다.

그렇지만 하나의 생각으로 통하던「범의 꾸짖음」과『의산문답』은 다른 결론으로 나아가는 듯 보인다.『의산문답』이 중화와 오랑캐의 구별을 부정하는 데까지 나아간다면,「범의 꾸짖음 후지」는 청조의 문화 정책을 비판한다.『의산문답』은 중화[華]와 오랑캐[夷]는 하나라고 하면서 만일 공자가 동이東夷에 들어와 살았다면 중화의 법을 써서 오랑캐를 변화시키고 주나라의 도를 역외域外, 즉 중화의 바깥에서 일으켰을 것이라는 역외춘추域外春秋를 이야기한다.『춘추』는 공자가 주나라를 중국 역사의 정통으로 취해서 쓴 역사로, 후세인들은 이에 바탕을 두어 주나라의 땅과 민족을 중화라 부르고 나머지를 오랑캐라 일컬어 왔다. 그러나 공자가 만일 다른 오랑캐 나라 땅에서 살았다면, 그곳 역시 중화의 문물로 변화시켰을 것이다. 곧 중화와 오랑캐는 이미 정해져 있는 것이 아니라 자신이 서 있는 곳이 세계의 중심이 되고 중화가 될 수 있다는 논리다.

그런데「범의 꾸짖음」에선 청 왕조가 힘을 사용해 한족의 의복과 모자를 바꾸도록 강요한 정책을 비판하고 있다.

청나라가 스스로 도모하는 방식도 서투르다. 앞 시대의 오랑캐 천자들이 중국을 본뜨다가 쇠망한 것을 징험해 쇠 비석에 글을 새겨 파수를 보는 전정에 묻었다. 그들은 자신들의 옷과 모자를 부끄러워하지 않은 적이 없었다고 말하면서도 오히려 다시 강하고 약한 형세를 의관에 연연하니 그 얼마나 어리석은가?

문왕의 지략과 무왕의 뛰어난 업적으로도 오히려 마지막 왕의 쇠망을 구하지 못했거늘, 하물며 말단의 옷과 모자에서 자강自强을 구해야겠는가? 옷과 모자가 참으로 전쟁에서 편리하다면 북쪽 오랑캐와 서쪽 오랑캐는 유독 전쟁에서 사용해선 안 되는 옷과 모자란 말인가?

힘으로 능히 서북쪽의 오랑캐로 하여금 중국의 옛 풍속을 따르게 한 다음에야 비로소 천하에서 가장 강해질 것이다. 천하 사람들을 욕된 구렁텅이에 가두고 호령하기를, "조금만 너희의 수치를 참고 우리를 좇아 강하게 되라"라고 하니, 나는 모르겠다, 그 강하게 되는 바를.

앞부분에선 청나라의 붉은 모자를 옹호하더니, 이번에는 반대로 청나라의 의관 정책을 비판한다. 청조는 명나라를 무너뜨리고 명대의 전통과 종교를 존중하는 태도를 보였지만 의관만큼은 무력을 사용해서라도 바꾸려 했다. 의관은 공자의 피발좌임被髮左衽, 즉 오랑캐는 머리를 풀어헤치고 옷깃을 왼쪽으로 여민다는 언급 이래 오랑캐와 중화를 가르는 상징이었다. 그렇기 때문에 중국의 왕조들은 의관을 매우 중요하게 여겼다. 중국의 의관은 주周나라부터 명대明代에 이르기까지 3천 년간 큰 변화 없이 지속되었다. 그런데 청 왕조는 한인의 민족의식을 없애기 위해 머리를 깎고 옷을 바꾸는 체발역복剃髮易服을 시행했다. 의관을 바꾸면 의식도 저절로 바뀐다고 생각한 것이다. 이는 '머리를 남기면 머리카락을 남기지 말고, 머리카락을 남기면 머리를 날려라'라는 구호만큼이나 살벌하고 강압적인 것이었다.* 청조는 군대를 동원해 무력을 사용했고, 따르지 않는 한인들은 가차 없이 목을 베었다. 하지만 한인들에게 체발역복은 정신적인 굴복과 수치를 상징하는 것이었기에 저항도 만만치 않았다. 연암은 지금 청 왕조가 자강을 명분으로 내세워 무력으로 체발역복을 시행한 문제점을 지적하는 것이다. 그리하여 백성들이 반란을 일으켜 청나라의 모자를 벗어 땅에 내팽개친다면 청 황제는 그 자리에서 천하를 잃어버릴 것이라 경고한다.

이렇게 놓고 보니 후지의 앞부분과 뒷부분은 모순되지 않는다. 앞부분은 조선의 입장에서 청의 모자를 오랑캐라고 배척하는 태도를 비판한 것이고, 뒷부분은 청 왕조가 무력으로 모자를 바꾸려 한 태도를 비판하는 것이니 실상은 둘 다 모자(의관)를 절대시하는 조선과 청조의 태도를 비판하고 있다. 둘 다 "은나라 모자든 주나라의 모자든 각기 그때의 제도를 따른 것일 뿐이다"라는 중간 부분의 말을 구체적으로 드러내 준다.

그러므로 실제로는 『의산문답』의 결론과 「범의 꾸짖음 후지」의 결론은 다르지 않다. 둘 다 문화의 상대성을 지지하는 발언이다. 그 구성 방식에서 「범의 꾸짖음 후지」가 중간에 주제 의식이 있는 중괄식으로 구성하고, 그 앞뒤를 논조가 서로 다른 듯한 뉘앙스를 갖도록 만들어 놓아 둘의 유사점을 전혀 알아차리지 못한 것이다. 다만 『의산문답』이 더 적극적으로 밀고 나간 점은 있다.

정리하자면 「범의 꾸짖음 후지」는 본문에 종속되지 않고 본문과 병

---

* 의관을 바꾸는 표면적인 명분은 실용적이라는 데 있었다. 소매가 짧고 머리를 잘랐기 때문에 전쟁에서 거추장스럽지 않고 활동하기에 편리했다.

렬적인 구성을 취하는 글이다. 후지 서두에서 중국인이 「범의 꾸짖음」을 창작했을 것으로 추정하고, 곧이어 청나라 현실에 대해 이야기함으로써 「범의 꾸짖음」 본문도 대청 의식과 관련된 글인 것처럼 보이도록 했다. 그러나 작가가 '중국인'이라는 말만 '조선인'으로 치환하면, 그 실제는 연암이 젊은 시절부터 문제의식을 가졌던 표현과 상징어로 채워져 있었다. 곧이어 전개되는 청나라 현실에 관한 이야기도 전반부와 후반부의 뉘앙스가 서로 달라 연암의 의도를 간파하기 힘들었지만, 궁극의 의도는 각 민족의 제도와 문화를 존중하고 인정해 주자는 것이었다. 조선은 청의 문화를, 청은 명의 문화를 존중해야 한다는 논리였다. 후지는 『의산문답』의 마지막 부분과 주제 의식을 같이하고 있었다.

(4) 세상에 없는 기이한 글, 「범의 꾸짖음」
「범의 꾸짖음」의 본문과 후지는 겉으로는 서로 다른 주제를 이야기하는 것 같지만 실제로는 하나의 주제 의식을 이야기했다. 「범의 꾸짖음」 본문은 관계의 상대성을 바탕으로 인간과 자연의 평등에 대해 말하고 있다. 범이든 사람이든 만물의 하나일 뿐이며, 모든 생명체는 함께 길러지는 것이므로 서로 대립하거나 해쳐서는 안 되는 것이다. 그런데 이러한 자연의 생태 질서를 깨뜨리는 존재가 인간, 그중에서도 도덕과 예의를 수호하는 임무를 지닌 유학자들이다. 그리하여 북곽선생으로 표상되는 유학자의 위선과 폭력, 추악함과 야만성에 대해 날카롭게 비판했다.

후지는 각 민족의 제도와 문화는 동등하다는 것을 이야기한다. 사람의 시각에서 보면 중화와 오랑캐의 구별이 있지만, 객관적인 시각에서 보면 각 나라의 제도는 다양한 삶의 양식 가운데 하나일 뿐이다. 그리하여 의관에 대해 배타적 우월 의식을 갖는 조선과 청, 양쪽을 싸잡아 비판했다.

이렇게 놓고 볼 때 「범의 꾸짖음」의 본문과 후지는, 모든 존재는 평등하다는 주제 의식 아래 갈라져 나온 제재다. 그런데 유학자에 대한 비판과 화이론 비판이 모두 그 시대의 가장 강력한 헤게모니였던 담론을 부정하는 것이기에 연암은 자신이 쓰지 않은 척 슬쩍 비껴가는 전략을 구사했던 것이다.

「범의 꾸짖음」은 내용면에서는 고전 시대 풍자 문학이 도달한 최대치를 보여 주며, 형식적으로는 연암의 글쓰기가 도달한 최고 수준의 성취를 보여 준다. 실제와 허구를 섞어 놓아 독자를 속이는 전략부터 본문과 후지의 병렬적 구성, 인간이 인간을 고발하는 자기모순의 기법 등 기존 글쓰기에서 볼 수 없었던 참신한 방식들이 활용되고 있다. 새로운 형식적 장치들은 「범의 꾸짖음」의 작가와 주제 의식을 모호함 속으로 끌고 가 다의성을 확보하게 만든다. 연암은 도입부에서 벽 위에 걸린 「범의 꾸짖음」을 보고 '절세의 기문'이라고 칭찬했는데, 실은 자기 자신의 글에 대한 자부를 은연중에 드러낸 것이라 하겠다.

고전 시대에 자신이 직접 창작하고서 자신이 쓰지 않은 척 그럴듯하게 꾸며 낸 작가가 있었던가? 연암이 직접 창작한 작품임을 확인하고 「범의 꾸짖음」을 들여다보면, 그 촘촘한 형식 미학에 놀라지 않을 수 없다. 「범의 꾸짖음」은 정말로 '절세의 기문'이 될 자격을 갖추었다.

미주

시작하며

1. 김택영, 『소호당전집』(韶濩堂全集) 권3, 「중편연암집서」(重編燕巖集序): "朴燕岩先生者, 其生也在淸之中世, 而其文欲爲先秦則斯爲先秦, 欲爲遷則斯爲遷, 欲爲愈與軾則斯爲愈與軾, 將雄囷鉅, 優遊閑暇, 傑然睥睨于千載之上, 而爲東邦諸家之所未有也."
2. 김윤식, 『운양속집』(雲養續集), 「답인론청구문장원류서」(答人論靑丘文章源流書): "自麗末郡賢, 宗性理之學, 爲文而無學問根據者, 人病其無實而不取也. 是以操觚之士, 未嘗有涵養硏素之工, 而開口傳談性命, 掇拾宋賢書牘, 以自潤其文, 此文之一病也. 能脫此病者, 其惟燕岩乎."
3. 시라 밀즈 지음, 김부용 옮김, 『담론』, 인간사랑, 2001, 25쪽.
4. 박종채 지음, 박희병 옮김, 『나의 아버지 박지원』, 돌베개, 1998, 24~25·33쪽.

1부 글쓰기의 본질

1. 박희병, 「박지원의 산문시학」, 『한국의 생태사상』, 돌베개, 1999.
2. 박종채 지음, 박희병 옮김, 『나의 아버지 박지원』, 돌베개, 1998, 184쪽.
3. 박지원, 『연암집』, 「증좌소산인」(贈左蘇山人): "點竄六經字, 譬如鼠依社. 掇拾訓詁語, 陋儒口盡啞."
4. 박지원, 『연암집』, 「공작관문고자서」(孔雀舘文稿自序): "語不必大, 道分毫釐. 所可道也, 瓦礫何棄? 故檮杌惡獸, 楚史取名, 椎埋劇盜, 遷固是叙. 爲文者惟其眞而已矣."
5. 박종채 지음, 박희병 옮김, 위의 책, 185쪽.
6. 박지원, 『연암집』, 「종북소선자서」(鍾北小選自序): "嗟乎! 庖犧氏歿, 其文章散久矣."
7. 「답경지지이」(答京之之二): "讀書精勤, 孰與庖犧? 其神精意態, 佈羅六合, 散在萬物, 是特不字不書之文耳."
8. 박종채 지음, 박희병 옮김, 위의 책, 179쪽.

9. 「증좌소산인」에 관련 내용이 있다.
10. 「증좌소산인」: "始知畵桂樹, 不如生梧檟."
11. 박지원 지음, 신호열·김명호 옮김, 『연암집』상, 돌베개, 2007, 39~45쪽.
12. 박지원 지음, 김혈조 옮김, 『열하일기』2, 돌베개, 2009, 389쪽.
13. 박희병, 『한국의 생태사상』, 돌베개, 1999, 28~29쪽.
14. 김용헌, 「조선 후기 실학적 자연관의 몇 가지 경향」, 《한국사상사학》23, 한국사상사학회, 2004.
15. 박종채 지음, 박희병 옮김, 앞의 책, 45쪽.
16. 박지원 지음, 신호열·김명호 옮김, 『연암집』중, 돌베개, 2007, 402쪽.
17. 위의 책, 15쪽.
18. 박제가 지음, 정민·이승수·박수밀 외 옮김, 「제이사경문」(祭李士敬文), 『정유각집』(貞蕤閣集) 하, 돌베개, 2010: "詩存乎心, 是心之靈, 無古無今. 唐宋元明, 過去之簿, 山川草木, 不字之句."
19. 이서구, 『척재집』(惕齋集) 권1, 「제이무관덕무호서시권」(題李懋官德懋湖西詩卷) 3·4구: "要將腐臭化新奇, 南渡諸家自得師. 合與誠齋充後進, 眼前物景摠成詩."
20. 이덕무, 『청장관전서』(靑莊館全書) 권16, 「내제박치천종산」(內弟朴稚川宗山): "文章有悟處, 然後立脚, 勿以中郞, 爲末季怪品侮之. 齋心靜會, 必透得玲瓏竇一轉眼, 則萬物皆吾文章也."
21. 유득공, 『영재집』(泠齋集) 권11, 「육서책」(六書策): "盈天地之間, 聲色而已. 審聲取象, 立爲文字, 萬國悉然."
22. 박제가, 『정유각집』, 「형암선생시집서」(炯菴先生詩集序): "盈天地之間者皆詩也. 四時之變化, 萬籟之鳴呼, 其態色與音節自在也. 愚者不察, 智者由之. 故彼仰脣吻於他人, 拾影響於陳編, 其於離本也亦遠矣."
23. 박제가 지음, 정민·이승수·박수밀 외 옮김, 위의 책: "詩之爲物, 本無定體."
24. 유득공, 『영재집』권7, 「호산음고서」(湖山吟稿序): "其言曰字比則竹也蒲也, 章比則簾也席也. 今夫字焦然黑而已, 竹萋然黃蒲藺然白而已. 及夫編竹爲簾, 織蒲爲席, 排比重累, 動蕩成紋, 漪如也燦如也, 得之於黃白之外. 況乎積字成句, 布句成章, 有非枯竹死蒲而已者邪?"

2부 글쓰기의 기본 방침

1. 송백옥, 『동문집성』(東文集成), 「연암박선생집문초인」(燕巖朴先生集文鈔引): "燕巖朴先生, 才情橫溢, 書無不讀, 理無不究, 創爲不古不今之文, 當其筆酣墨飽也. 寫意逼眞, 而忘其俚, 使字不律, 而忽爾雅."
2. 박지원 지음, 신호열·김명호 옮김, 『연암집』 상, 돌베개, 130쪽.
3. 박종채 지음, 박희병 옮김, 『나의 아버지 박지원』, 돌베개, 1998, 179쪽.
4. 위의 책, 185쪽.
5. 이지 저, 김혜경 옮김, 『분서』 1, 한길사, 2004, 348~350쪽.
6. 이덕무, 『청장관전서』(靑莊館全書) 권11, 「아정유고」(雅亭遺稿) 3, 「제향조평비시권」(題香祖評批詩卷): "專門漢魏損眞心, 我是今人亦嗜今. 晚宋晚明開別逕, 蘭公一語托知音."
7. 유만주, 『흠영』 권6: "江漢之文, 始從豊聞, 詡心口之太不相應. 縱橫變化, 不及趙錫汝, 典雅醇正, 不及雷, 而刺肌沁骨, 又不及祇. 只可服者, 一副蒼然古色而已."
8. 박종채 지음, 박희병 옮김, 앞의 책, 186쪽.
9. 「답경지지삼」(答京之之三): "足下讀太史公, 讀其書, 未嘗讀其心耳. 何也? 讀項羽思壁上觀戰, 讀刺客, 思漸離擊筑. 此老生陳談, 亦何異於廚下拾匙? 見小兒捕蝶, 可以得馬遷之心矣. 前股半蹲, 後脚斜翹. 丫指以前手, 猶然疑蝶則去矣. 四顧無人, 哦然而笑, 將羞將怒, 此馬遷著書時也."
10. 박종채 지음, 박희병 옮김, 위의 책, 187쪽.
11. 「호질」(虎叱): "歸令國人一讀, 當捧腹軒渠, 嘔噱絶倒, 噴飯如飛蜂, 絶纓如拉朽."
12. 박종채 지음, 박희병 옮김, 위의 책, 184쪽.
13. 위의 책, 183쪽.
14. 「족손증홍문정자박군묘지명」族孫贈弘文正字朴君墓誌銘: "千古寫照之文, 莫如司馬遷. 每於人疵處厭略處, 必極力摹寫. 要知疵處略處, 人之餘也, 餘者神所寄也, 所謂筆之前, 文之外也. 戴葭湄爲人寫照曰, 貌圓而以方寫之, 貌長而以短寫之. 寫者方且短, 而肯者圓而長, 此語最宜操觚家. 余嘗於衆中一見此人, 今讀此篇, 約略得筆墨蹊徑."
15. 「족손증홍문정자박군묘지명」: "君年新進, 將業其家世, 而顧病於酒益飮, 疸而黃. 引鏡自照, 抵鏡於地曰, '我其久於世哉.' 書空若有思, 因整衣冠, 辭訣於父母, 語多悲愴. 家大驚, 始知其病, 方邀醫治疸, 未及, 而君因痞不言, 數日而歿. 善相人多奇中."
16. 「족손증홍문정자박군묘지명」: "貴之徵嗇, 富之徵濁, 壽之徵虐. 慈諒者天之蹐, 㾓無滓者貧之宅, 好施多予者無高爵."
17. 박희병, 『연암을 읽는다』, 돌베개, 2006, 41쪽.

3부 글쓰기의 과정

1. 「소단적치인」(騷壇赤幟引): "善爲文者, 其知兵乎! …… 故爲文者, 其患常在乎自迷蹊逕. 未得要領, 夫蹊逕之不明, 則一字難下, 而常病其遲澁. 要領之未得, 則周匝雖密, 而猶患其疎漏. 譬如陰陵失道, 而名騅不逝, 剛車重圍, 而六騾已遁矣. 苟能單辭而挈領, 如雪夜之入蔡, 片言而抽綮, 如三皷而奪關."
2. 박종채 지음, 박희병 옮김, 『나의 아버지 박지원』, 45쪽.
3. 「종북소선자서」(鍾北小選自序): "不屑於蟲鬚花蘂者, 都無文心矣, 不味乎器用之象者, 雖謂之不識一字可也."
4. 「초정집서」(楚亭集序): "由是觀之, 天地雖久, 不斷生生, 日月雖久, 光輝日新. 載籍雖博, 旨意各殊. 故飛潛走躍, 或未著名, 山川草木, 必有秘靈. 朽壤蒸芝, 腐草化螢."
5. 「수소완정하야방우기」(酬素玩亭夏夜訪友記): "有雛鵲折一脚, 蹣跚可笑. 投飯粒益馴, 日來相親. 遂與之戲曰: '全無孟嘗君, 獨有平原客.'"
6. 박종채 지음, 박희병 옮김, 앞의 책, 232쪽.
7. 박희병, 『연암을 읽는다』, 돌베개, 2006, 34쪽.
8. 박종채 지음, 박희병 옮김, 위의 책, 45쪽.
9. 위의 책, 142쪽.
10. 서응순(徐應淳), 『경당유고』(絅堂遺稿), 「논문여이근장」(論文與李近章): "魏叔子曰: 能作不如能改, 能改不如能刪. 句中刪字, 不如篇中刪句, 刪句不如刪意, 刪意不如刪題."
11. 박종채 지음, 박희병 옮김, 위의 책, 188쪽.
12. 「소단적치인」: "善爲文者, 其知兵乎? 字譬則士也, 意譬則將也. 題目者, 敵國也, 掌故者, 戰場墟壘也."
13. 김혈조, 「연암 박지원의 '백자증정부인박씨묘지명' 연구」, 《한문학보》 제22집, 우리한문학회, 2010, 243~279쪽. 김혈조 교수는 마지막 네 번째 제목은 연암의 아들 박종채가 선친의 문집을 편찬하는 과정에서 붙인 것이고, 연암이 최종적으로 붙인 제목은 '유인박씨묘지명'이라고 보았다.
14. 홍길주 지음, 정민 외 옮김, 『19세기 조선 지식인의 생각 창고』, 돌베개, 2006, 85~86쪽.
15. 박종채 지음, 박희병 옮김, 위의 책, 109~110·129~130쪽.
16. 정민, 「연암선생서간첩」, 『고전문장론과 연암 박지원』, 태학사, 2010, 324쪽.
17. 위의 책, 325~326쪽.
18. 위의 책, 328~329쪽.
19. 강국주, 「종북소선서의 개수와 작자 문제」, 《고전문학연구》 30집, 한국고전문학회, 2006, 287~321쪽. 「종북소선서」의 작가는 지금까지 연암으로 알려져 왔으나, 강국주 선생은 논문

을 통해 「종북소선서」의 본래 작가는 이덕무임을 밝혔다. 담헌구장 『종북소선』에 실린 「종북소선서」는 이덕무의 작품인데, 연암이 이를 개수(改修)한 것이라 추론했다.

20. 정민, 위의 책, 291쪽.
21. 박종채 지음, 박희병 옮김, 위의 책, 188쪽.
22. 정민, 앞의 책, 303쪽.
23. 유몽인 지음, 신익철 외 옮김, 『어우야담』, 돌베개, 2006, 423쪽.
24. 박종채 지음, 박희병 옮김, 앞의 책, 189쪽.

4부 맥락의 글쓰기, 전략의 글쓰기

1. 이에 관해서는 박수밀, 「한문산문의 교육에의 활용가능성 고찰」, 《온지논총》 22집, 온지학회, 2009, 172~175쪽 참조.
2. 임형택, 「박지원의 인식론과 미의식」, 『한국한문학과 미학』, 태학사, 2003, 447쪽.
3. 에드워드 렐프 지음, 김덕현·김현주·심승희 옮김, 『장소와 장소상실』, 논형, 2005. 이푸 투안 지음, 구동회·심승희 옮김, 『공간과 장소』, 대윤, 2007.
4. 정민, 「황금대기로 본 연암의 글쓰기 방식」, 『고전문장론과 연암 박지원』, 태학사, 2010, 162쪽.
5. 이해웅, 『계산기정』(薊山紀程) 3권, 「초육일」(初六日), '석조사'(夕照寺).
6. 정민, 앞의 책, 143쪽.
7. 이와 관련해서는 이승수, 「대청 사행과 형가의 문학적 형상」, 《한국한문학연구》 36집, 한국한문학회, 2005에 잘 나와 있다.
8. 심승희, 「장소 개념의 스펙트럼과 잠재력」, "공간, 장소, 지역의 문화사회학", 한국언어문화학회 2012 여름 학술대회 발표문, 9쪽.
9. 『국역 조선왕조실록』 명종 15년 경신(1560, 가정 39) 9월 10일 기사에 관련 내용이 있다.
10. 박지원, 『열하일기』, 「황금대」(黃金臺): "日約余同尋黃金臺. 余乃博訪于人, 而無知者, 求之古記, 其說不一. 述異記以爲, 燕昭王爲郭隗築臺, 今在幽州燕王故城中. 土人呼爲賢士臺, 亦謂之招賢臺. 今皇都乃冀州之地, 則燕王故城, 吾不知在於何處, 況所謂黃金臺乎? 太平御覽云, 燕昭王置千金于臺上, 以延天下士, 謂之黃金臺. 則後世徒傳其名, 而無其臺可知也."
11. 박지원, 『열하일기』, 「황금대」: "暇日與盧爲觀東嶽廟廠戲, 同車出朝陽門, 將歸, 逢高太史械生. 高興凌簑軒野同載, 謂將尋黃金臺. 凌是越中人, 且奇士, 初至燕, 爲訪古迹. 要余偕行, 盧大喜, 謂有天緣. 旣至, 不過數丈頹阜, 如無主荒墳, 強爲名之曰黃金臺. 別爲之

記."
12. 박지원 지음, 김혈조 옮김,『열하일기』3, 돌베개, 2009, 364쪽.
13. 권연웅,「노이점의 수사록: 해제 및 원문 표점」,《복현사림》22, 경북사학회, 1999, 146쪽. 노이점의『수사록』은 남권희에 의해 처음 소개되었으며, 김동석에 의해 박사 학위 논문이 제출되기도 했다. 노이점과 관련한 정보는 이들 논문에서 도움을 받았다. 김동석,「수사록 연구: 열하일기와 비교연구의 관점에서」, 성균관대학교 박사 학위 논문, 2003. 남권희,「새로 발견된 노이점의 수사록에 대한 서지적 연구」,《한국도서관정보학회지》23, 한국도서관정보학회, 1995.
14. 박지원,『열하일기』,「황금대」: "盧君以漸, 在國以經行稱. 素嚴於春秋尊攘之義, 在道逢人, 無論滿漢, 一例稱胡, 所過山川樓臺, 以其爲腥膻之鄕, 而不視也. 古跡之如黃金臺射虎石太子河, 則不計道里之迂曲, 號名之繆訛, 必窮搜乃已."
15. 박지원 지음, 김혈조 옮김,『열하일기』1, 돌베개, 2009, 249~150쪽.
16. 박지원,『열하일기』,「황금대」: "日約余同尋黃金臺. 余乃博訪于人, 而無知者. 求之古記, 其說不一 …… 盧君一日得之於蒙古人博明, 其所錄示曰, 長安客話. 出朝陽門, 循壕而南, 至東南角, 巋然一土阜是也. 日迫崦嵫, 茫茫落落, 吊古之士登斯臺者, 輒低回睠顧, 有千古之思云. 盧君由是憮然罷行, 不復言黃金臺."
17. 박지원,『열하일기』,「황금대기」(黃金臺記): "出朝陽門, 循壕而南, 有數丈頹阜, 曰此古之黃金臺也. 世傳燕昭王築宮, 置千金于臺上, 招延天下之士, 以報強齊. 故弔古之士至此, 莫不悲懷, 感慨彷徨而不能去. 嗟乎! 臺上之黃金盡, 而國士不來. 然天下之人本無讐怨, 而報仇者無窮已時, 則未必非此臺之金, 相仍於天下也. 請爲歷數報仇之大者, 以告海內之積金多者."
18. 박지원,『열하일기』,「황금대기」: "易曰, 二人同心, 其利斷金. 此必盜賊之繇也. 何以知其然也? 斷者, 分也. 所分者金, 則其同心之利, 可知矣. 不言義, 而曰利, 則其不義之財可知矣. 此非盜賊而何? 我願天下之人, 有之不必喜, 無之不必悲. 無故而忽然至前, 驚若雷霆, 嚴若鬼神, 行遇草蛇, 未有不髮竦而卻立者也."
19. 앙리 르페브르 지음, 양영란 옮김,『공간의 생산』, 에코리브르, 2011을 참조할 것.
20. 김택영,『연암집』,「호질문발」(虎叱文跋): "或曰, 先生爲世俗僞學而作, 沈商云云, 乃其假託, 豈其然乎?"
21. 김택영,『소호당집』(韶護堂集),「박연암호질문발」(朴燕巖虎叱文跋)」: "蓋先生, 惡世俗僞儒之無實行, 而好苛論, 作此以譏之, 而恐招怨謗, 托彼以掩焉耳!"
22.「호질」의 작가 연구사에 대한 최초의 작업은 박기석,「호질의 작자」,『한국문학사의 쟁점』, 집문당, 1986에서 꼼꼼하게 잘 밝혀 놓았다. 이후 김균태,「호질」,『한국고전소설작품

론』, 집문당, 1990과 정학성, 「호질」에 대한 재성찰, 《한국한문학연구》 40, 한국한문학회, 2007에서도 「호질」 작가 논란에 대한 연구사를 검토했다. 「호질」의 작가 논란에 대해서는 앞의 논문들에서 상세하게 고찰했으므로 이를 참고하기 바란다.

23. 「옥갑야화」: "或曰, 此皇明遺民也. 崇禎甲申後多來居者, 生或者其人, 則亦未必其姓許也."

24. 홍대용, 『담헌서』(湛軒書), 「건정동필담」(乾淨術筆談): 但入京以後, 行止不得自由, 且無引進, 尋謁無處, 每徜徉于街市屠肆之間, 想望於悲謌慷慨之跡, 而竊自傷其不幸而生之後也. 忽乃事有湊合, 其人斯在, 邂逅相遇, 適我願兮. 從此而雖一朝溘然, 亦不可謂虛度此生也.

25. 김정중(金正中), 『연행록』(燕行錄), 「임자(壬子) 정월(正月) 초삼일(初三日)」: "余曰: '市古稱多慷慨悲歌之士, 而賈未之見. 足下居此久矣, 見之而不吾告, 何也?' 少伯曰: '今聖明在上, 復何有悲歌之士乎? 勿復言.'"

26. 『열하일기』, 「태학유관록」 8월 9일자 기사에 관련 내용이 있다.

27. 청대의 한인 말살 정책인 문자옥에 대해서는 박수밀, 「북경 유리창과 지식인 교류의 세층위」, 《한국언어문화》 제43집, 한국언어문화학회, 2010, 62~64쪽 참조.

28. 『열하일기』, 「황교문답서」(黃敎問答序)에서 연암은 청조의 강압적인 문자옥으로 인해 괴로움을 당하는 한인들의 처지에 대해 이야기했다.

29. 「제정석치문」(祭鄭石癡文): "世固有夢幻此世, 遊戲人間, 聞石癡死, 固將大笑, 以爲歸眞, 噴飯如飛蜂, 絶纓如拉朽."

30. 유득공은 『고운당필기』(古芸堂筆記) 권3 「열하일기」 편에서 연암의 『열하일기』에 대해 "著日記二十卷, 嘻笑怒罵, 雜以寓言, 其象記, 虎叱, 夜出古北口, 一夜九度河等篇, 極恢奇"라고 해, 연암이 『열하일기』 스무 권을 지어 탄식과 웃음, 노여움과 꾸짖음에 우언을 섞었는바, 「호질」도 그중 하나라고 말했다.

31. 이와 관련한 내용은 이종주, 「열하일기의 서술원리」, 『북학파의 인식과 문학』, 태학사, 2001, 407~488쪽 참조.

32. 박지원 지음, 김혈조 옮김, 『열하일기』 3, 449~450쪽.

33. 김경선(金景善), 『연원직지』(燕轅直指), 「옥전현기」(玉田縣記)에 관련 내용이 있다.

34. 이동환, 「박연암의 '홍덕보묘지명'에 대하여」, 『이조후기 한문학의 재조명』, 창비, 1983.

35. 정민 교수는 「홍덕보묘지명」의 영맥유(詠麥儒) 문제를 다루면서 발총지유와 북곽선생의 관련성을 언급하고, 연암에게 발총지유는 그 시대를 들여다보는 화두와 같았음을 진작 논증했다. 정민, 「'홍덕보묘지명'의 명사(銘詞)에 대하여」, 『고전문장론과 연암 박지원』, 태학사, 2010, 169~190쪽.

36. 홍대용, 『담헌서』(湛軒書) 권3, 「우답직재서」(又答直齋書): "東之爲夷, 地界然矣, 亦何必諱哉? 素夷狄行乎夷狄, 爲聖爲賢, 固大有事在, 吾何慊乎?"
37. 이학당, 「열하일기 '호질'의 창작과 필담의 의미」, 《한문학보》 19집, 우리한문학회, 2008. 정학성, 「'호질'에 대한 재성찰」, 《한국한문학연구》 40집, 한국한문학회, 2007.
38. 김명호, 『열하일기 연구』, 창비, 1990, 113~114쪽.
39. 유몽인, 『묵호선생문집』(黙好先生文集) 1, 「호정문」(虎穽文), 경인문화사, 1997, 285~286쪽. "吾將軍何辜, 而子懅之甚也. 子爲將軍殘心暴性, 而不知殘心暴性者, 莫人之心. 凡物之寓於兩間皆天地所生殖也, 而人必害之. 夫石有何辜, 而必推之磨之磋之琢之碎爲礫, 以百之糜爲沙. 而萬之木, 有何辜, 而必鉅之斧之斲之削之, 爨于竈以灰之, 斷于溝以腐之. 魚何辜筌而罩網, 而綱割其鬐, 脫其鱗而膾之. 鳥何辜, 矰而弋, 羅而黏拔其羽, 折其翼而炙之. 獸何辜, 取以罟罦, 以鐖于陷以穽, 刲腸割肚, 盡其毛皮, 而殂殂之, 非特此也. 人是同類, 折何頁之有, 而心以中焉. 舌以傷焉, 兵以剋焉, 則焉刑焉絞焉斬焉, 甚至族滅焉, 凡人之暴倍將軍. 百千之子." 유몽인 지음, 신익철 옮김, 『나홀로 가는 길』, 태학사, 2002, 54~55쪽.
40. 「호질」(虎叱): "汝之所以日夜遑遑, 揚臂努目, 挐攫而不恥. 甚者, 呼錢爲兄, 求將殺妻, 則不可復論於倫常之道矣. 乃復攘食於蝗, 奪衣於蚕, 禦蜂而剽甘. 甚者, 醢蟻之子, 以羞其祖考, 其殘忍薄行, 孰甚於汝乎?"
41. 이와 관련해서는 최천집, 「호질 창작의 연원과 배경」, 《어문논총》 48호, 한국문학언어학회, 2008 참조.
42. 김태준, 「호질과 의산문답 관련」, 『한국문학의 동아시아적 시각』 1, 집문당, 1999, 85~106쪽.
43. 홍대용 글, 이숙경·김영호 공저, 『의산문답』, 꿈이있는세상, 2006, 48쪽. 이하 『의산문답』의 번역은 이 책을 따르기로 한다.
44. 이와 관련해서는 성현경, 「호질의 구조와 원작자」, 《한국학보》 31, 일지사, 1983, 2~29쪽을 참조할 것.
45. 이승수, 「'호질'과 '허생전'의 독법 하나」, 《고소설연구》 20집, 한국고전여성문학회, 2005, 179~204쪽. 이승수 교수는 「호질」 도입부가 핵심 사안에 단계적으로 접근해 가는 월도회랑법(月度回廊法)을 활용하고 있다고 분석했다.
46. 「홍범우익서」(洪範羽翼序): "金石相薄, 油水相蕩, 皆能生火, 雷擊而燒, 蝗瘞而焰, 火之不專出於木, 亦明矣. 故相生者, 非相子母也, 相資焉以生也."
47. 이에 관한 구체적인 출처 확인은 박지원 지음, 신호열·김명호 옮김, 『연암집』, 돌베개, 2007을 참고할 것.

48. 박지원 지음, 신호열·김명호 옮김, 『연암집』상, 221·233쪽.
49. 박수밀, 「연암 박지원의 생태 미의식」, 《동방한문학》 49집, 동방한문학회, 2011, 372~374쪽.
50. 이와 관련한 내용이 「북학의서」에 나온다.